Albert Thiele

Präsentieren Sie einfach

Albert Thiele

Präsentieren Sie einfach

Mit und ohne Medien
Techniken und Strategien für Vorträge unter Zeitdruck

Frankfurter Allgemeine Buch

Bibliografische Informationen Der Deutschen Nationalbibliothek
Die Deutsche Nationalibliothek verzeichnet diese Publikation in der Deutschen Nationalbibliografie; detaillierte bibliografische Daten sind im Internet über http://dnb.ddb.de abrufbar.

Albert Thiele

Präsentieren Sie einfach

Mit und ohne Medien
Techniken und Strategien für Vorträge unter Zeitdruck

F.A.Z.-Institut für Management-,
Markt- und Medieninformationen GmbH
Frankfurt am Main 2007

ISBN 978-3-89981-123-0

Frankfurter Allgemeine Buch

Gestaltung / Satz
Umschlag: F.A.Z., Verlagsgrafik
Satz Innen: Nicole Jäger
Druck: Jütte-Messedruck Leipzig GmbH, Leipzig

Printed in Germany

Inhalt

Vorwort

Wer an Präsentationen teilnimmt, kann ein Lied davon singen: Grafisch überladene Folien, textlastige Aufzählcharts, Folienschlachten und unnütze Computeranimationen sind leider eher die Regel als die Ausnahme. Auf Kongressen und Fachtagungen genauso wie in Kundenpräsentationen und Schulungen. National wie international. Dies hängt damit zusammen, dass die faszinierenden Möglichkeiten von Multimedia und Powerpoint dazu verführen, diese Medien unüberlegt einzusetzen und die Perspektive des Publikums auszublenden. Langeweile und Desinteresse stellen sich dann beim Zuhörer ein – mit der fatalen Konsequenz, dass die Präsentationsziele verfehlt werden und die Reputation des Vortragenden Schaden nimmt.

Es wäre jedoch ein Irrtum, Powerpoint für diese Entwicklungen verantwortlich zu machen. Nicht die Präsentationssoftware, sondern der Präsentator ist der richtige Adressat der Kritik. Er hat es in der Hand, seine Darstellung hirnfreundlich vorzubereiten und durchzuführen. Er ist gefordert, Powerpoint mit Augenmaß einzusetzen und Gleichförmigkeiten zu vermeiden. Er kann dramaturgische und rhetorische Möglichkeiten nutzen, um Spannung zu erzeugen und die Aufmerksamkeit der Zuhörer auf einem hohen Niveau zu halten.

Dieses Buch stellt den Menschen in den Mittelpunkt und weist Powerpoint den Rang zu, der dieser Präsentationstechnik zusteht: Sie ist nicht mehr und nicht weniger als ein Hilfsmittel und damit ein Diener des Vortragenden. Mit diesem Konzept wird sichergestellt, dass Powerpoint nicht die Präsentationen dominiert und den Vortragenden an den Rand drängt. Im Gegenteil: Dieses Buch stellt „weiche" Präsentationsziele wie Vertrauensbildung, Kundenbindung und Nähe zum Zuhörerkreis in den Mittelpunkt. Diese Präsentationsziele wirken sich förderlich auf die Aufmerksamkeit des Publikums aus, und zwar noch mehr als Powerpoint dies kann.

Dass mit diesem Ansatz der Nerv der Zeit getroffen wird, zeigt sich in Zielen und Inhalten einschlägiger Seminare und Coachings: Dort nämlich erlebt die Kunst des freien Vortrags eine Renaissance. Hierbei stehen vor allem die Fähigkeit, sich für ein Thema zu begeistern, um auch die Zuhörer begeistern zu können, und das Storytelling ganz vorn: Dabei geht es um kleine Geschichten und Anekdoten, mit denen Sie Präsentationen eine ganz persönliche Note geben, Ihre Zuhörer fesseln und Ihre Kernbotschaften nachhaltig verankern.

Im Mittelpunkt dieses Buches steht daher die Frage, wie Sie die Wirkung Ihrer Person deutlich erhöhen und wie Sie Ihre eigene Persönlichkeit bestmöglich in Szene setzen können, und zwar mit und ohne Powerpoint. Außerdem hilft es Ihnen, Ihre Basisfähigkeiten für überzeugende, interaktive Vorträge wiederzuentdecken und weiterzuentwickeln, um dadurch Ihren Präsentationen eine neue Qualität zu geben.

Wenn Sie sich bestmöglich auf die vielfältigen internen wie externen Präsentationsanlässe vorbereiten wollen, empfehle ich Ihnen, zwei Bereiche – auch kombiniert – zu trainieren: die freie Rede und die Fähigkeit, Powerpoint hirnfreundlich und mit Augenmaß zu nutzen.

Dieses Buch vermittelt Ihnen Erfolg versprechendes Know-how, um

- Präsentationen – auch unter Zeitdruck – zuhörergerecht vorzubereiten und durchzuführen,
- auch beim Stegreifsprechen eine gute Figur zu machen,
- die Dramaturgie Ihrer Präsentationen so zu gestalten, dass Ihre Zuhörer von der ersten Sekunde bis zum Schluss aufmerksam bleiben,
- Powerpoint-Vorträge gekonnt mit Storytelling zu verknüpfen,
- Ihren Medieneinsatz auf die Kernaussagen zu konzentrieren,
- mit Störungen, Einwänden und unsachlichen Spielarten souverän zurechtzukommen,
- Redehemmungen und Bühnenstress in den Griff zu bekommen.

Dieser Ratgeber wendet sich an alle, die vor Gruppen oder in Gesprächen professionell und wettbewerbsfähig präsentieren müssen.

Ausgangspunkt und Ziel dieses Buches ist die Präsentationspraxis. Hierbei wurde besonderer Wert darauf gelegt, dass alle Inhalte leicht anwendbar sind. Theoretische Ausführungen sind zugunsten von Praxistipps, Empfehlungen und Referenzbeispielen auf ein Mindestmaß beschränkt.

Zusätzlich liefert dieses Buch:

- für Manager, die unter Zeitdruck stehen, in der beigefügten CD-ROM Aufbaupläne für die wichtigsten Präsentationsanlässe.
- für alle, die Stegreifvorträge halten müssen, „Wissensmodule“ und einfache Strukturpläne.
- für Lernwillige ein detailliertes Trainingsprogramm, das Ihnen zeigt, wie Sie Ihr Präsentationsverhalten im Alltag nachhaltig verbessern können.
- für breitbandig Interessierte einen Katalog von WWW-Links, die es erleichtern, relevante Materialien wie etwa Zitate, Storys, Sinnsprüche oder Fotos und Cartoons für Ihre Vorträge und Präsentationen zu finden.

Dieses Buch ist so konzipiert, dass Sie es auch als Nachschlagewerk und ständigen Ratgeber benutzen können. Betrachten Sie die Anregungen dieses Buches als Angebote und suchen Sie sich diejenigen Empfehlungen heraus, die zu Ihren Präsentationsanlässen, zu Ihrer Persönlichkeit und zu Ihren Karrierezielen passen. Denken Sie jedoch beim Verbessern Ihres Präsentationsstils stets daran: Sie können Ihre Zuhörer nur dann überzeugen, wenn Sie von ihnen als glaubwürdig und authentisch erlebt werden: Bleiben Sie sich daher selbst treu.

Für die Lektüre dieses Buches und für die Arbeit mit der CD-ROM wünsche ich Ihnen Freude und zahlreiche Aha-Erlebnisse. Möge Ihnen dieser Ratgeber helfen, Ihre Präsentationen

- mit einem schlüssigen, zielgruppenorientierten Konzept durchzuführen,
- mit Powerpoint und/oder anderen visuellen Hilfsmitteln zielwirksam zu bereichern,
- durch die positive Wirkung Ihrer Persönlichkeit und durch die professionelle Gestaltung Ihrer Überzeugungsarbeit erfolgreich zu gestalten.

Mit Interesse erwarte ich Ihre Anregungen, Verbesserungsvorschläge und Fragen zu diesem Buch: Dr.Thiele@t-online.de sowie www.albertthiele.de.

Mein Dank

Zahlreiche Unternehmen, Organisationen und Fachexperten haben mich bei meinen Recherchen für dieses Buch und für die CD-ROM unterstützt.

Für die Bereitstellung von Firmenpräsentationen und Beispielcharts bedanke ich mich bei den folgenden Unternehmen und Organisationen:

DaimlerChrysler AG, RWE AG, Deutsche Bahn AG, Volkswagen AG, Deutsche Lufthansa AG, Deutsche Telekom AG, ThyssenKrupp AG, Heidelberger Druckmaschinen AG, Verein Deutscher Ingenieure, BITKOM, WHU Otto Beisheim School of Management, IAO Fraunhofer-Institut für Arbeitswirtschaft und Organisation.

Mein Dank gilt natürlich auch dem F.A.Z.-Institut: Hier bedanke ich mich vor allem bei Frau Danja Hetjens für die professionelle und herzliche Zusammenarbeit sowie bei Herrn Jansen für die Gestaltung der CD-ROM.

Und nicht zuletzt gilt mein besonderer Dank Siegmar Saul für seine wertvollen Anregungen und Verbesserungsvorschläge bei der Manuskripterstellung und Eva Hering für ihre kompetente Unterstützung bei der Qualitätskontrolle der CD-ROM.

Düsseldorf, Juli 2007 Dr. Albert Thiele

Grundlegendes

Im schärfer werdenden Wettbewerb ist eine professionelle Präsentationstechnik unverzichtbar. Wer Erfolg haben will, muss fähig sein, seine Ideen, Produkte und Leistungsangebote überzeugend darzustellen: In der Neuakquisition, beim Altkunden, bei Tagungen, Kongressen und öffentlichen Anlässen sowie bei den zahlreichen internen Anlässen. Exzellente Präsentationen bieten nicht nur die Chance, ein Publikum zu gewinnen. Sie können auch durch die besondere Art und Weise Ihres Auftritts auf sich aufmerksam machen und die eigene Reputation fördern. Sie haben sogar die Möglichkeit, Ihre Präsentationstechnik zu einem persönlichen Markenzeichen und Alleinstellungsmerkmal zu machen.

Dieses Buch zeigt Ihnen bewährte und innovative Wege, um Qualität und Wirkungsgrad Ihrer Präsentationen und Vorträge zu verbessern, und zwar mit und ohne Powerpoint. Dabei sind neue Erkenntnisse der Kommunikationspsychologie und veränderte Einstellungen und Erwartungen der Kunden genauso berücksichtigt wie die aktuellen Entwicklungen bei Medien und Präsentationssoftware.

Weniger Powerpoint – mehr Persönlichkeit

Sie erfahren in diesem Ratgeber, wie Sie Powerpoint hirnfreundlich einsetzen und wie Sie durch dialogisches Präsentieren eine emotionale Beziehung zu Ihren Zuhörern entwickeln können. Hier besteht die Kunst darin, die Chancen der modernen Medien zielgruppenorientiert und mit Augenmaß zu nutzen und gleichzeitig sicherzustellen, dass Sie den Kontakt zu den Zuhörern nicht verlieren.

Es wäre fahrlässig, diese nicht rationalen Aspekte des Präsentierens zu vernachlässigen: Zwar sind zielwirksame, wohl strukturierte und visualisierte Argumente und Fakten für Ihre Überzeugungsarbeit unerlässlich. Ob Ihr Zuhörerkreis jedoch Ihr Angebot akzeptiert, hängt letztlich von emotionalen Faktoren ab. Hierzu gehören insbesondere Ihre Glaubwürdigkeit, die Art und Weise Ihres Auftretens und Ihre Fähigkeit, Nähe zum Publikum herzustellen und den emotionalen Nerv der Zuhörer zu treffen. Es ist Aufgabe Ihres „Beziehungsmanagements“, das Zusammenspiel zwischen Ihrer Persönlichkeit und Medien so zu organisieren, dass die emotionale Beziehung zum Publikum während der gesamten Präsentation gefördert wird.

Die Kernfrage lautet: Was können Sie vor, während und nach der Präsentation tun, um beim Publikum einen positiven, kompetenten und glaubwürdigen Eindruck zu hinterlassen?

Bei allen Auftritten, ob mit oder ohne Medien, sollten Sie stets beachten: Ihre Persönlichkeit wirkt nachhaltiger als das gesprochene Wort und Ihre optimierten Powerpoint-Charts. Das Motto „You are the message“ ist bei Stegreifvorträgen genauso zu beherzigen wie bei differenzierten, gut vorbereiteten Präsentationen. Das bedeutet: Von Ihrer persönlichen Wirkung – Auftreten, Erscheinungsbild, Gestik und Gesicht sowie Stimme und Sprechtechnik – hängt es ab, ob Ihr Publikum Ihnen glaubt oder nicht. Ihr Publikum hat ja keinen anderen Maßstab: Es muss Ihren Worten blind vertrauen. Es hat weder Zeit noch Gelegenheit, Ihre Zahlen, Fakten und Beweismittel zu prüfen. Es bleibt ihm daher nichts anderes übrig, als sich zu fragen, ob Sie ihm durch Persönlichkeit und Vortrag den Eindruck von Glaubwürdigkeit und Authentizität vermitteln.

Nutzen und Schwerpunkt des Buches

Dieses Buch bietet Ihnen Erfolg versprechendes Know-how, um Ihre Kernbotschaften beim Zuhörer nachhaltig zu verankern, Spannung zu erzeugen und dadurch die Aufmerksamkeit des Publikums auf einem hohen Niveau zu halten. Ein wichtiges Mittel dazu ist Storytelling. Sie lernen, dieses dramaturgische Element geschickt mit Powerpoint und/oder Flipchart zu verknüpfen. Die Kunst, Geschichten zu erzählen, ist als kommunikatives Stilmittel nicht neu: In der klassischen Rhetorik war Storytelling ein fester Bestandteil der Rednerschulung. Dies liegt darin begründet, dass Geschichten am besten geeignet sind, Kopfkino zu erzeugen und einen direkten Bezug zur Erlebniswelt der Zuhörer herzustellen. Daher rate ich all jenen, die ihren Präsentationen mit und ohne Medien eine neue Qualität geben wollen, Storytelling wiederzuentdecken und zu trainieren.

Natürlich gehören auch Tipps und Tricks für Powerpoint zu den Schlüsselthemen dieses Buches. Jeder Manager und Trainer sollte in der Lage sein, dieses Präsentationswerkzeug wirkungsvoll und hirngerecht einzusetzen. Hirngerecht bedeutet dabei vor allem, den psychologischen Voraussetzungen beim Zuhörer Rechnung zu tragen. In kognitiver Hinsicht geht es etwa darum, die Folien einfach zu gestalten, die Kernbotschaften hervorzuheben und dafür Sorge zu tragen, dass die Aufnahmefähigkeit der Zuhörer zu keiner Zeit überfordert wird. Im affektiven Bereich bedeutet hirnfreundlich, dass beim Vortrag Spannung erzeugt wird und die Aufmerksamkeit des Auditoriums aufrechterhalten bleibt. In diesem Ratgeber finden Sie differenzierte Anleitungen, wie Sie das Postulat „Präsentieren Sie hirnfreundlich" mit Leben füllen.

Bei mehr als 90 Prozent aller Präsentationen spielt Zeitdruck eine entscheidende Rolle. In diesem Ratgeber finden Sie eine Fülle von Techniken und Strategien, um bei geringer Vorbereitungszeit ein taugliches Konzept zu erstellen und beim Auftritt eine gute Figur zu machen. Ein spezielles Kapitel widmet sich der Frage, wie Sie sich gekonnt aus der Affäre ziehen, wenn Ihnen beim Stegreifvortrag keine Zeit zur Vorbereitung bleibt. Hinzu kommen Checklisten zu den Schlüsselthemen erfolgreicher Präsentationen sowie selbsterklärende Powerpoint-Charts auf der CD-ROM: Diese können Sie zum Schnellcheck oder als „Minirefresher" kurz vor Ihrer Präsentation durchgehen. Das übersichtliche Eingangsmenü auf der CD-ROM erlaubt es Ihnen, relevante Inhalte rasch aufzufinden und in wenigen Minuten in Erinnerung zu rufen.

In diesem grundlegenden Teil erfahren Sie,

- was unter Präsentationen zu verstehen ist,
- wie das Buch konzipiert und aufgebaut ist,
- wie Sie das Buch bestmöglich nutzen und
- welche besonderen Vorteile die CD-ROM bietet.

Präsentationen und ihre Anlässe

Dieses Buch hält zahlreiche Praxistipps für weit gefächerte Präsentationsanlässe bereit. Daher sind zunächst zwei begriffliche Klärungen notwendig:

Was verstehen wir unter einer Präsentation?

Präsentationen (syn. Vorträge) sind dadurch gekennzeichnet, dass ein Vortragender bestimmte Inhalte mit oder ohne Medienunterstützung einem bestimmten Zuhörerkreis vermittelt. Dabei stehen persönliche, rhetorische und mediale Wirkfaktoren sowie interaktive und dramaturgische Methoden zur Verfügung, um Motivations-, Informations- und/oder Überzeugungsziele zu erreichen. Die meisten Präsentationen sind mit Diskussionsphasen gekoppelt, in denen Fragen und Einwände beantwortet oder Lösungsvorschläge im Dialog mit den Zuhörern entwickelt werden.

Was sind die wichtigsten Anlässe für Präsentationen?

Ihr rhetorisches Geschick ist gleichermaßen auf unternehmensinternen wie -externen Bühnen gefordert. Wie breitbandig das Spektrum möglicher Präsentationsanlässe ist, zeigt die Übersicht. Ob eine Präsentation mit oder ohne Medien zweckmäßig ist, richtet sich nach Anlass, Ziel, Zuhörerschaft und den jeweiligen Rahmenbedingungen.

Beispiele für interne Anlässe

- Sie präsentierten Ihren Mitarbeitern eine organisatorische Neuerung.
- Sie berichten vor einem Führungsgremium über den Stand eines Projekts.
- Sie wollen den Vorstand für einen Lösungsvorschlag gewinnen.
- Sie erläutern ein Planungskonzept bei einer internen Konferenz.
- Sie werden während eines Meetings aufgefordert, die Ergebnisse Ihrer Chinareise aus dem Stegreif darzustellen.
- Sie stellen den Vertriebsmitarbeitern bei einer Jahrestagung Geschäftsergebnisse vor.
- Sie erklären den Teilnehmern eines Workshops eine komplizierte Technologie.
- Sie präsentieren einer Besuchergruppe das eigene Unternehmen.
- Sie sprechen bei einem Firmenjubiläum ein Grußwort.

Beispiele für externe Anlässe

- Sie präsentieren Ihr Unternehmen und Ihr Leistungsangebot bei Neukunden im In- oder Ausland.
- Sie präsentieren bestimmte Produktmodifikationen oder technische Neuerungen einem langjährigen Kunden.
- Sie erläutern einem Kunden in einer Teampräsentation den Stand eines Projekts.
- Sie präsentieren ein Zukunftsthema vor Managern im Rahmen von Fachtagungen, Kongressen, Events oder Messen.

- Sie halten bei einer externen Schulungsveranstaltung für Vertriebsleiter ein Fachreferat.
- Sie präsentieren einen fachlichen Inhalt vor Studenten einer Hochschule.
- Sic haben im Rahmen einer öffentlichen Veranstaltung ein Grußwort zu sprechen.

Konzeption und Aufbau des Buches

In der Übersicht (Abbildung 1) sehen Sie die Elemente der Qualitätsoptimierung bei Präsentationen. Diese Elemente haben jeweils die Form von Lernbausteinen und entsprechen den Kapiteln dieses Buches. Details zur Struktur der CD-ROM finden Sie auf Seite 20.

Das Know-how auf einen Blick

1. Stegreif- und Kurzvorträge	2. Überzeugend Auftreten	3. Aufmerksamkeit sichern	4. Interagieren und diskutieren
5. Präsentationen vorbereiten	6. Aufbaupläne	7. Visualisierung	8. Tipps & Tricks für Powerpoint

Trainingsprogramm — **CD-ROM**

Trainingsprogramm	Powerpoint-Charts	Serviceteil
9. Nachbereitung 10. Transferhilfen ▪ Übungsplan zur Förderung Ihrer Rhetorik (auf der CD-ROM)	☞ Quick-Infos zu den Kapiteln des Buches	▪ Checklisten ▪ Firmenpräsentationen ▪ WWW-Links ▪ Glossar

Abbildung 1: Gegenstand der Qualitätsoptimierung bei Präsentationen

Auch die Reihenfolge der Bausteine trägt dem erwähnten Zeitdruck beim Präsentieren Rechnung. Daher beginnt das Buch mit Präsentationsanlässen, bei denen Sie aus dem Stegreif oder mit kurzer Vorbereitung vortragen.

Damit Sie sich ein besseres Bild von der Gesamtstruktur machen können, hier zunächst Erläuterungen zu den einzelnen Kapiteln:

In *Kapitel I* lernen Sie Erfolg versprechende Strategien für *Stegreifvorträge und Präsentationen unter Zeitdruck* kennen. Behandelt werden unter anderem Strategien, wie Sie bei überraschenden Aufforderungen besonnen reagieren und Ihre Gedanken ordnen können. Das Kapitel enthält auch Hinweise zur Vorbereitung und zum Üben des Stegreifsprechens.

In *Kapitel II* geht es um *Überzeugendes Auftreten.* Dieses Thema ist sowohl für Stegreifvorträge also auch für vorbereitete Präsentationen unverzichtbar. Hier erfahren Sie,

- wie Sie sicher und souverän auftreten,
- wie Sie Ihre Körpersprache wirkungsvoll einsetzen,
- wie Sie ausdrucksstark sprechen,
- wie Sie Kontakt zum Auditorium halten,
- wie Sie mit dem Phänomen Stress während der Präsentation besser zurechtkommen.

Das *dritte Kapitel* beantwortet ein Schlüsselthema für erfolgreiche und kurzweilige Präsentationen: *Aufmerksamkeit wecken durch Storytelling und Dramaturgie.* Beantwortet wird die Frage, warum die Aufmerksamkeit im Publikum nachlässt und wie Sie durch Anekdoten, anschauliche Beispiele und aktivierende Techniken die Aufmerksamkeit auf hohem Niveau halten können. Ein besonderer Schwerpunkt liegt hier auf dem Thema Storytelling.

Das *vierte Kapitel* behandelt das Thema *Souverän interagieren und diskutieren.* Sie lernen wirkungsvolle Techniken kennen, um Einwände, Kritik und andere schwierige Situationen während oder nach der Präsentation souverän zu meistern. Eingeschlossen sind die Themen, wie Sie Diskussionen leiten und unsachliche Angriffe und Störungen neutralisieren.

Das *fünfte Kapitel* beschäftigt sich mit der *Vorbereitung von Präsentationen.* Vorgestellt wird ein bewährter Leitfaden, der Ihnen zeigt, wie Sie ein maßgeschneidertes Konzept für Ihre jeweilige Zielgruppe entwickeln. Sie können diesen Leitfaden für alle Präsentationsanlässe zugrunde legen. Behandelt werden unter anderem folgende Fragen:

- Wie definiere ich Sachziele und persönliche Ziele meiner Präsentation?
- Wie gehe ich vor, um Situation und Erwartungen des Kunden zu analysieren?

- Wie optimiere ich Einleitung, Hauptteil und Schluss der Präsentation?
- Wie bereite ich Bildschirmpräsentationen vor?
- Wie erstelle ich mein Stichwortskript sowie teilnehmergerechte Tischvorlagen?

Das *sechste Kapitel* liefert *Aufbaupläne* für Präsentationen. Die vorgestellten Strukturierungshilfen haben einen vielfältigen Nutzen: Sie sind anwendbar bei Stegreifvorträgen und eignen sich als Raster zur Strukturierung dieser Anlässe: Überzeugungspräsentationen, Firmenpräsentationen, Informationspräsentationen, Projektstatus vorstellen, Strategie vorstellen und Grußworte.

Die CD-ROM enthält zu diesen Präsentationsanlässen Beispielcharts, die es Ihnen erleichtern, unter Zeitdruck eine professionelle Präsentation zu erstellen und das relevante Know-how bewusst zu machen.

Im Mittelpunkt des *siebten Kapitels* steht die *Visualisierung*. Sie erfahren im Einzelnen,
- welche Funktionen Bilder bei Präsentationen übernehmen können,
- welche Bildertypen zur Verfügung stehen,
- welche Gestaltungskriterien zu beachten sind, um Charts und Schaubilder hirngerecht und imageförderlich zu gestalten.

Zu diesem Kapitel finden Sie ergänzend auf der CD-ROM eine Fülle von Beispielcharts und Musterpräsentationen namhafter Unternehmen, die Ihnen helfen, Ihre visuelle Strategie zu optimieren.

Das *Kapitel VIII* behandelt *Tipps und Tricks für Powerpoint*. Hier erfahren Sie, welche Dramaturgie für Bildschirmpräsentationen empfehlenswert ist, damit die emotionale Beziehung zum Zuhörerkreis nicht auf der Strecke bleibt. Unter anderem werden diese Fragen beantwortet:
- Wie organisiere ich das Zusammenspiel von Präsentator und Medien?
- Was ist beim gelenkten Standortwechsel zu beachten?
- Was bedeutet „Präsentieren nach dem Reißverschlussprinzip"?
- Welche Besonderheiten sind zu beachten, wenn Sie das Medium „Computer" im Gespräch einsetzen?
- Welche Chancen bietet das Flipchart als ergänzendes Medium?

Das kurze *neunte Kapitel* gibt eine Anleitung zur Erfolgskontrolle und speziellen *Nachbereitung von Präsentationen*.

Das *Kapitel X* ist dem Thema *„Transfer"* gewidmet. Sie erfahren, wie Sie relevante Inhalte im Alltag anwenden und wie Sie nachhaltig Ihr Präsentationsverhalten verbessern können.

Nutzen und Struktur der CD-ROM

Die CD-ROM ist als Informations- und Lernwerkzeug konzipiert. Ihre Inhalte kommen Ihnen vor allem dann entgegen, wenn Sie bei der Vorbereitung Ihrer Präsentationen unter Zeitdruck stehen und wenn Sie sich kurz vor einem Auftritt rasch relevante Praxistipps in Erinnerung rufen wollen. Das Eingangsmenü (Abbildung 2) zeigt Ihnen die Inhalte übersichtlich auf einen Blick. Durch modulare Struktur und einfache Menüführung ist sichergestellt, dass Sie mit einem Klick auf die Bild- oder Schriftelemente die gesuchten Informationen finden.

Abbildung 2 : Eingangsmenü der CD-ROM

☞ **Hinweis:**

Die Powerpoint-Folien der CD-ROM sind weitestgehend selbsterklärend. Daher entsprechen nicht alle den Empfehlungen für die Gestaltung von Vortrags-Charts. Betrachten Sie diese daher nicht als Chart-Muster, sondern eher als Muster für Tischvorlagen.

Die Inhalte dieses digitalen Werkzeugs

Auf der CD-ROM finden Sie selbsterklärende Powerpoint-Präsentationen zu den wichtigsten Kapiteln des Buches, ein komplettes Übungsprogramm sowie einen differenzierten Serviceteil. Dieser enthält Checklisten, WWW-Links, Firmenpräsentationen und ein Glossar.

- Die Powerpoint-Präsentationen korrespondieren weitestgehend mit den Kapiteln dieses Buches. In acht eigenständigen Präsentationen finden Sie Kerninformationen zu den Themen: Auftritt, Aufmerksamkeit erhalten, Interaktion, Vorbereitung, Aufbaupläne, Visualisierung, Medieneinsatz sowie Tipps und Tricks für Powerpoint.
- Der Übungsplan bietet die Chance, durch eigenständiges Training im Alltag Ihre rhetorischen Fähigkeiten weiter zu entwickeln. Ich habe für Sie diejenigen Übungen zusammengestellt, die sich in meiner Trainingspraxis bewährt haben und geeignet sind,
  - mehr Sicherheit beim Stegreifsprechen zu erreichen,
  - Strukturpläne für Vortrag und Argumentation einzuüben,
  - Dehnungslaute wie Äh-Sagen und Stereotype wegzutrainieren,
  - bestimmte Lernziele im Bereich von Gestik und Mimik zu erreichen und dadurch mehr Selbstvertrauen und Selbstsicherheit zu erlangen.
- Die *Checklisten* helfen Ihnen bei der raschen Anwendung der Empfehlungen. Die Themen der Checklisten: Stegreifvorträge, Auftritte, Übersicht „Schlüsselsignale"; Aufmerksamkeit sichern, Formulierungsbeispiele, zündende Einstiege, Interaktion/Diskussion, Brückensätze, Vorbereitung, Präsentationsraum, Kriterien für Charts, Powerpoint-Präsentationen, Anwendungsplan.
- Der Bereich *WWW-Links* bietet Ihnen Internet-Adressen von Anbietern und Informationen zu neuen und klassischen Medien, zur Präsentationssoftware, zu Clip-Arts, zu themenbezogenen Fachartikeln sowie zu ergänzenden Aspekten professioneller Präsentationstechnik.
- Die Rubik *Firmenpräsentationen* enthält Beispielcharts und Musterpräsentationen der Unternehmen DaimlerChrysler, Volkswagen, Deutsche Bahn, ThyssenKrupp, Deutsche Lufthansa, RWE, Heidelberger Druck, Verein Deutscher Ingenieure, Bitkom, WHU, Fraunhofer Institut. Sie können sich hier Anregungen für die Optimierung Ihrer Präsentationen und für die Weiterentwicklung der CD-Strategie Ihres Unternehmens holen.
- Sie können das beigefügte Glossar nutzen, um auf Mausklick verständliche Erklärungen und Definitionen zu finden. Bei der Beschreibung der Neuen Medien sind technische Fachbegriffe und Abkürzungen unvermeidbar.

Wie Sie das Buch bestmöglich nutzen

Damit Sie diesen Ratgeber zeitsparend nutzen können, ist er praxisbezogen und lernförderlich gestaltet, hat eine modulare Struktur und bietet zusätzlich Lernhilfen. Bei den Praxistipps für den Einsatz der verschiedenen Medien wurden geringfügige Wiederholungen und Redundanzen bewusst in Kauf genommen, damit sich lästiges Hin- und Herblättern – etwa durch Rückverweise – in Grenzen hält.

Folgende Arbeitshinweise helfen Ihnen, rasch die Praxistipps und Inhalte herauszufinden, die zu Ihrer aktuellen Situation passen:

- Sie können sich bei Bedarf einzelne Kapitel ohne Rücksicht auf die Reihenfolge herausgreifen und durcharbeiten.
- Sie können das Buch als Nachschlagewerk und ständigen Ratgeber benutzen. Stichwortverzeichnis, Gliederungshilfen zu Anfang der Kapitel und Checklisten mit Querverweisen zum Text erleichtern den schnellen Zugriff auf relevante Themen.
- Wenn Sie bereits gute Vorkenntnisse haben und häufig vor Gruppen präsentieren, können Sie direkt in die Powerpoint-Präsentationen auf der CD-ROM gehen, um relevante Informationen zeitsparend bewusst zu machen und auf die Schnelle zu checken, ob Sie die wichtigsten Punkte bedacht haben. Wenn Ihnen dazu die Zeit fehlt, sollten Sie mindestens einen Blick auf relevante Checklisten (im Anhang oder auf CD-ROM) werfen.
- Folgende Symbole im Fließtext verweisen auf die CD-ROM und den Übungsplan auf der CD-ROM:

	Dieses Symbol finden Sie immer dann im Fließtext, wenn die CD-ROM zum jeweiligen Thema zusätzliche oder weiterführende Informationen oder Beispiele liefert.
Ü	Dieser Buchstabe, der immer mit einer Ziffer verknüpft ist, signalisiert Ihnen, welche Übung des Trainingsprogramms zum jeweils behandelten Thema passt. Ü11 beispielsweise macht auf die Übung Nr. 11 aufmerksam: Wie kann ich mir Dehnungslaute (Äh-Sagen) abtrainieren?

- Denken Sie schon während des Lesens daran, interessante Tipps und Anregungen herauszuschreiben und einen Anwendungsplan zu erstellen.
- Wie Sie praktikable Anwendungspläne erstellen und günstige Voraussetzungen für die nachhaltige Verbesserung Ihres Präsentationsverhaltens schaffen, ist Gegenstand von Kapitel X. Einen vorstrukturierten

Anwendungsplan finden Sie auch auf der CD-ROM unter der Rubrik „Checklisten“ (Mein Anwendungsplan). Sie können dieses Dokument für Ihren Bedarf modifizieren.

Mein Start-Tipp

Machen Sie sich zu Anfang Ihre Leseziele und Ihren Lernbedarf bewusst. Der folgende Fragenkatalog hilft Ihnen, Ihre aktuellen Stärken und Ihren Lernbedarf zu erkennen:

Wie schätzen Sie Ihre Präsentationstechnik ein?

- Wie schätzen Sie Ihre persönliche Wirkung beim Vortragen und Argumentieren ein?
- Wo sehen Sie Ihre kommunikativen Stärken, wo Verbesserungspotenzial?
- Wie schätzen Sie Ihre Fähigkeit ein, aus dem Stegreif zu sprechen und Präsentationen bei kurzer Vorbereitungszeit zu halten?
- Inwieweit nutzen Sie Storytelling bei Präsentationen?
- Wie ist die Wirkung Ihrer Körpersprache und Stimme, wenn Sie präsentieren?
- Inwieweit gelingt es Ihnen, mit Einwänden, Störungen und kritischen Fragen in der Diskussion umzugehen?
- Wie kommen Sie mit Lampenfieber und Redehemmungen zurecht?
- Welche Möglichkeiten kennen Sie, um die Aufmerksamkeit des Publikums zu wecken und auf einem hohen Niveau zu halten?
- Inwieweit halten Sie das inhaltliche Konzept Ihrer Präsentationen für kundenorientiert und überzeugend?
- Inwieweit halten Sie Ihre eingesetzten Medien, Schaubilder und Charts für „hirngerecht“ und professionell?
- Wissen Sie, wie viele Folien Sie bei einem 30-minütigen Vortrag maximal zeigen dürfen?
- Welche Chancen und Risiken von Computerpräsentationen sind Ihnen bekannt?
- Wie beurteilen Sie die Präsentationskultur in Ihrem Team einerseits und in Ihrem Unternehmen andererseits? Inwieweit können Sie vom Wettbewerb lernen?

I Stegreifvorträge und Präsentationen mit geringer Vorbereitungszeit

In diesem Kapitel erfahren Sie,

- wie Sie Vorträge aus dem Stegreif halten und Ihre Gedanken bei Ad-hoc-Vorträgen ordnen sowie
- was Sie bei Präsentationen mit geringer Vorbereitungszeit tun können.

In der Managerkommunikation gibt es eine Fülle von Situationen, in denen Sie aus dem Stegreif einige Worte sagen müssen: Sie werden beispielsweise aufgefordert, die Neustrukturierung Ihres Unternehmensbereichs kurz vorzustellen, ein paar Worte zum aktuellen Stand eines Projekts zu sagen, die Erkenntnisse Ihrer Chinareise knapp zusammenzufassen oder ein Grußwort im Rahmen eines Events oder einer öffentlichen Veranstaltung zu sprechen. Diese Kommunikationssituation wird als Stegreifvortrag bezeichnet.

Hierbei geht es also darum, ohne Vorbereitung einen kurzen Vortrag zu halten. Diese Situation erleben zahlreiche Führungskräfte als besonders schwierig, obwohl Stegreifvorträge im beruflichen Alltag nichts Ungewöhnliches sind: Da sagt man gern und eloquent seine Meinung zu Themen, die in die eigene Zuständigkeit fallen, oder man kommentiert qualifiziert ein Sportereignis. Wenn uns ein Thema am Herzen liegt, halten wir es in der Regel für normal, spontan darüber zu sprechen. Und es gibt kaum jemanden, dem dies nicht gelingt.

Bei Stegreifvorträgen ist es lediglich notwendig, die vorhandenen Kenntnisse in eine strukturierte, situationsgerechte Form zu bringen. Dafür gibt es eine leicht erlernbare Technik.

Unter psychologischem Blickwinkel ist es vor allem ratsam, das inhaltliche Niveau Ihrer Stegreifbeiträge nicht zu hoch anzusetzen und die Angst vor Versprechern oder kleinen Verlegenheitspausen abzulegen. Niemand erwartet, dass Sie perfekt sprechen. Im Gegenteil: Ihre Zuhörer verzeihen kleine „Menschlichkeiten“, solange Sie Ihren Stegreifvortrag sympathisch zu Ende bringen. Die nachfolgenden Praxistipps helfen Ihnen dabei.

1 Erfolg versprechende Strategien für Stegreifvorträge

Bedenken Sie, dass Sie bei sachbezogenen Stegreifbeiträgen in der Regel über genügend relevantes Wissen zum Thema verfügen. Sie werden kaum gebeten, zu Themen zu sprechen, von denen Sie keine Ahnung haben. Wenn es um Konferenzen, Besprechungen oder andere Anlässe geht, sollten Sie sich auf die Themen und Probleme vorbereiten, die auf der Agenda stehen.

☞ **Hinweis:**

Bei Stegreifvorträgen besteht die Schwierigkeit darin, trotz der plötzlichen Aufforderung einige Sekunden Zeit zu gewinnen, um eine Ministruktur zu entwickeln.

So können Sie Zeit gewinnen

Wenn Sie bei einem spontanen Vortrag kein sofort abrufbereites Wissen verfügbar haben, geht es zunächst darum, Zeit zu gewinnen, um Ihre Gedanken zu ordnen. Bewährt haben sich diese Möglichkeiten:

- Sie bedanken sich beim Vorredner und machen nach einer kleinen Pause eine allgemeine Bemerkung zum Anlass, zum Vorredner oder zum Auditorium: „Vielen Dank, Herr Dr. Schumann. Ich freue mich darauf, Ihnen meine Eindrücke von der Messe in Barcelona schildern zu können. Es ist nicht ganz einfach, aus der Fülle an Informationen …“
- Sie weisen auf die verschiedenen Aspekte des Themas hin: „Tempolimit auf deutschen Autobahnen ist ein vielschichtiges Thema, bei dem neben den ökologischen Gesichtspunkten auch wirtschaftliche, technologische und politische Aspekte zu bedenken sind. In meinem Kurzvortrag werde ich eine Frage hervorheben, die in der öffentlichen Diskussion häufig zu kurz kommt …“ Diese Taktik ist risikolos, denn es gibt bei jedem Thema unterschiedliche Blickwinkel. Hierbei können Sie an die Merkstütze ETHOS (siehe Seite 110f.) denken.
- Sie können den „kontrollierten Dialog“ einsetzen und die Frage mit Ihren Worten zusammenfassen: „Herr Schumann, Sie fragen danach, ob es innovative Produktideen auf der Messe in Shanghai gegeben hat. Ich möchte Ihre Frage um einen Aspekt erweitern …“

- Sie stellen die Frage in einen größeren Zusammenhang: „Ihre Frage kann nur im Kontext der gesamten Kundenbindungsstrategie beantwortet werden …“
- Sie beginnen mit einer allgemeinen Vorbemerkung: „Zunächst ein allgemeiner Hinweis zum Medieneinsatz bei Präsentationen …“

Abrufbereite Storys und Zitate für alle Fälle

Natürlich können Sie auch ein anschauliches Beispiel, ein Zitat oder eine Story an den Anfang stellen. Die dürfen jedoch nur aus wenigen Sätzen bestehen. Hierbei folgen Sie dem Grundsatz „Vom Konkreten zum Abstrakten“. Dies hat einen doppelten Nutzen: Sie können sich leichter warm sprechen, als wenn Sie mit analytisch-abstrakten Inhalten beginnen. Und Sie verringern das Risiko, den Faden zu verlieren oder in einen Blackout zu geraten. Es lohnt sich daher, einige Storys, Zitate und Sinnsprüche im Kopf zu haben, mit denen Sie Ihren Stegreifvortrag beginnen können. Dies war das Erfolgsrezept von Ronald Reagan, der jahrelang Zitate und humorige Geschichten gesammelt hatte, um sie in seine Reden einzuflechten.

Exemplarisch ausgewählte Zitate und Sinnsprüche, die es Ihnen erleichtern, Zeit zu gewinnen:

- „Das Geheimnis der Langeweile ist es, alles sagen zu wollen.“ Unter dieses Motto Voltaires werde ich meinen Kurzvortrag stellen.
- An den Anfang meiner Rede möchte ich eine Lebensweisheit von Sir Peter Ustinov stellen: „Der Schlüssel zu einer guten Rede lautet: Man braucht einen genialen Anfang, einen genialen Schluss und möglichst wenig dazwischen.“
- Gern sage ich ein paar Worte zur Bedeutung des Themas. Aber keine Angst, ich halte mich an die Maxime Martin Luthers: „Tritt fest auf, mach's Maul auf, hör' bald auf.“
- Vielen Dank … Mark Twain sagte einmal: „Das menschliche Gehirn ist eine großartige Sache. Es funktioniert bis zu dem Zeitpunkt, wo Du aufstehst, um eine Rede zu halten.“
- „Was nicht in einer Minute zusammengefasst werden kann, ist weder durchdacht noch entscheidungsreif.“ An diesem Satz von Dwight D. Eisenhower werde ich mich in meinem Grußwort orientieren.

Die beste Vorbereitung auf Stegreifvorträge: Wissensmodule und Story-Logbuch

Sie sollten in jeder Kommunikationssituation in der Lage sein, zu den Zielen und strategischen Schlüsselthemen Ihres Verantwortungsbereiches und Ihres Unternehmens Auskunft zu geben. Hierbei helfen Ihnen die an anderer Stelle beschriebenen „Wissensmodule" (siehe Übungspläne auf der CD-ROM). Der Kerngedanke besteht darin, zu aktuellen und zukunftswichtigen Themen Ein-Minuten-Statements verfügbar zu haben. Diese sollten Sie präventiv vorbereiten, einprägen und regelmäßig aktualisieren. Typische Themen für Wissensmodule sind: Strategie, Qualität, Innovationen, wichtige Erfolge (Success Stories), Preispolitik, Personal, Forschung und Entwicklung, aktuelle Projekte, Marktsituation, Wettbewerb, Alleinstellungsmerkmale, Kunden, Ökologie, Aktienkurs, internationale Orientierung, Personalentwicklung usw. Inhaltliche Schwerpunkte und Ranking der Themen hängen natürlich von Ihrem Aufgabenprofil und Ihrer Hierarchieebene ab.

Wenn Sie sich ein Netzwerk solcher „Wissensmodule" anlegen und pflegen, haben Sie bei Stegreifvorträgen die Chance, derartige Botschaften mit Ihrem Thema geschickt zu verknüpfen. Ähnlich wie es Politiker in Talkshows oder Interviews machen, wenn Sie freie (imageförderliche) Informationen in Ihre Wortbeiträge einfließen lassen.

☞ **Hinweis:**

Halten Sie Anekdoten, Jokes und Zitate, die Ihnen gefallen, in einem Logbuch fest; sammeln Sie hierbei auch Erlebnisse und Erfahrungen Ihres Lebens, aus denen Sie etwas gelernt haben. Hintergrundinformationen zum Thema Storytelling finden Sie in Kapitel III. Bedenken Sie, dass Storys und treffende Beispiele die besten Mittel sind, um die Zuhörer zu faszinieren, ihre Aufmerksamkeit zu sichern und Sachargumente beim ihnen zu verankern.

Hauptgedanken auswählen

Wenn Sie aufgefordert werden, zu einem bestimmten Thema ad hoc zu sprechen, gibt es eine goldene Regel: Nehmen Sie den ersten tragfähigen Gedanken, der Ihnen zum Thema einfällt. Dies ist Ihr Hauptpunkt, Ihre Kernaussage. Verzichten Sie darauf, diesen Gedanken kritisch zu reflektieren. Dazu reicht die Zeit nicht aus und würde ein flüssiges Sprechdenken verhindern. Wenn es schwierig ist, rasch einen Hauptgedanken zu finden, hilft es, auf Zeit zu spielen, bevor Sie das eigentliche Thema angehen. Sie können diesen Prozess mit einem Flugzeug vergleichen, das noch keine Landeerlaubnis hat und deshalb über dem Flughafen kreisen muss, bevor es zur sicheren Landung ansetzt. Analog verweilen Sie mit Hilfe der erwähnten Strategien in einer „Denkschleife" und setzen erst dann zur Landung an, wenn Sie die Markierungslichter der Landebahn erkennen. Diese mögen die Struktur Ihres Stegreifvortrags symbolisieren.

Stegreifvortrag strukturieren

Wenn Sie sich für einen Hauptgedanken entschieden haben, brauchen Sie ein Minigerüst für Ihre Rede. Denn Sie haben in der Regel Unterpunkte, Beispiele oder Anekdoten im Kopf, die geordnet werden müssen. Ihr Minigerüst sichert den „roten Faden" Ihres Stegreifvortrags. Je vertrauter Ihnen Strukturpläne sind, desto leichter können Sie die geeignete Struktur für Ihr Thema finden. Die Abbildung enthält drei besonders leistungsfähige Baupläne für den Hauptteil Ihres Stegreifvortrags.

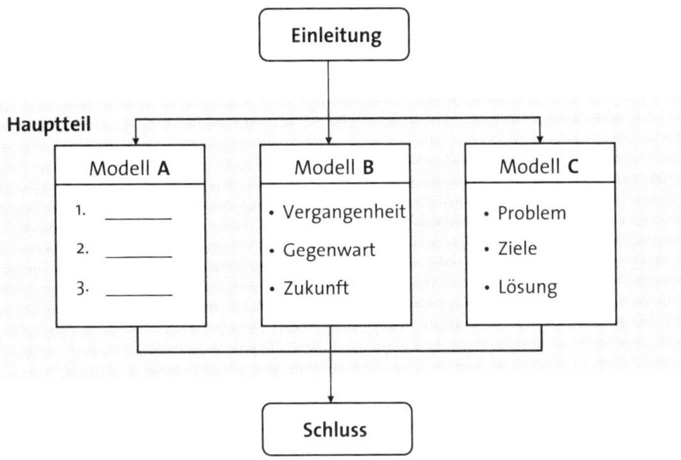

Abbildung 3: Einfache Strukturpläne für Stegreifvorträge

Ein einfaches Anwendungsbeispiel

Stellen Sie sich bitte vor: Ihr Geschäftsführer bittet Sie überraschend im Rahmen einer Konferenz, die aktuelle Geschäftssituation in China kurz darzustellen. Dabei möge es üblich sein, vom Rednerpult aus zu sprechen.

Zunächst geht es jetzt für Sie darum, einige Sekunden Zeit zu gewinnen, um ein „Minikonzept“ zu entwickeln. Sie erreichen dies beispielsweise dadurch, dass Sie sich bei Ihrem Chef bedanken, langsam aufstehen und mit sicheren Schritten ans Pult gehen. Zusätzliche Sekunden gewinnen Sie, wenn Sie eine Unterlage mitnehmen, die Sie auf dem Rednerpult ablegen. Dann schauen Sie Ihr Publikum freundlich an, atmen einige Male tief durch und beginnen zu sprechen. Wenn es vom Szenario her opportun ist, bei Ihrem Stegreifbeitrag sitzen zu bleiben, können Sie eine der oben erwähnten Strategien nutzen, um Zeit zu gewinnen.

In dieser Einstiegsphase haben Sie sich für einen Hauptgedanken (Kernaussage) und eine Gliederungsvariante (z.B. A, B oder C) entschieden. Ihre Hauptpunkt könnte beispielsweise lauten: Sehr gute China-Bilanz im letzten Quartal und Optimismus für die Zukunft.

Gliederungsvariante A (siehe Abbildung 3)

Hier bringen Sie drei Unterpunkte, um Ihre Kernaussage abzusichern und zu illustrieren. Dies können Zahlen, andere Beweismittel oder anschauliche Beispiele sein, wie etwa 30 Prozent Umsatzplus in der Region Shanghai. Positive Prognose bis zum Jahresende aufgrund von Auftragseingängen in der Größenordnung von 25 Millionen Euro. Als dritten Punkt könnten Sie von erfreulichen Gesprächen mit wichtigen chinesischen Geschäftsleuten oder von einem besonders erfolgreichen Referenzprojekt berichten.

Nach der Gliederungsvariante A können Sie drei (durchaus heterogene) Aspekte darstellen, um Ihre Kernaussage zu stützen.

Chronologischer Bauplan B

Bei dieser Variante hätten Sie eine zeitlich-genetische Gliederung Ihres Vortrags. Das Schema Vergangenheit – Gegenwart – Zukunft ist nicht nur das beliebteste zur Strukturierung eher sachbezogener Spontanvorträge; es eignet sich auch hervorragend als Leitfaden für Grußworte und andere Gesellschaftsreden (siehe hierzu Seite 31).

Die Strukturformel C

Diese Formel lässt sich auf die Begriffe Diagnose und Therapie zurückführen. Sie ist dann angebracht, wenn Sie eine Ausgangssituation mit Schwierigkeiten und Problemen darstellen, daran anknüpfend ein Ziel formulieren und schließlich einen Lösungsvorschlag (als Zielerreichungsmaßnahme) präsentieren. Weiter unten finden Sie die Überzeugungsformel, die nichts anderes ist als eine Ausdifferenzierung des Problem-Lösungs-Schemas.

Hier ergänzende Orientierungen für Einleitung und Schluss.

Einstieg:

Wenn Ihnen kein origineller Einstieg einfällt, ist ein aktuelles Ereignis die beste Einleitung: „Ich habe in der letzten Woche in China gute Gespräche mit einer Delegation aus Peking geführt ...“ „Ich habe Ihnen die aktuellen Zahlen des letzten Quartals mitgebracht ...“ Oder Sie beginnen mit bewährten Redewendungen wie „gute Nachricht/schlechte Nachricht“: „Die gute Nachricht: Wir liegen beim Produkt XY 15 Prozent über Plan. Die schlechte Nachricht: Unser schärfster Mitbewerber hat eine Offensive gestartet.“

Schluss:

Sie können ein kurzes Fazit oder einen Ausblick formulieren oder mit einem Appell an die Zuhörer schließen. In vielen Fällen ist es sinnvoll, eine Brücke zum Einstieg zu schlagen oder eine Ich-Botschaft zu bringen: „Ich bin davon überzeugt, ...“ „Ich bin sicher, dass wir Ende des Jahres ...“

Üben Sie den Stegreifvortrag

In meinen Seminaren trainieren wir den Stegreifvortrag beispielsweise anhand der folgenden Übung: Jeder Teilnehmer schreibt ein frei gewähltes Thema auf ein Kärtchen. Dann werden die Zettel zusammengefaltet und gemischt. Reihum zieht jeder Teilnehmer ein Kärtchen, steht auf und spricht sechzig Sekunden zu dem betreffenden Thema. Das Spektrum der Themen ist dabei so breitbandig wie die Phantasie der Teilnehmer: In einem Seminar waren die zehn Teilnehmer beispielsweise gefordert, zu den folgenden Themen spontan zu sprechen: Börse, Ackermann, Schwangerschaft, Angela Merkel, Bundesliga, Weihnachten, Marsmission, PKW-Maut, CO_2, New York.

Die Lernchancen dieser Übung liegen auf der Hand: Die Teilnehmer werden für verschiedene Strategien für Spontanvorträge sensibilisiert, von der freien Assoziation bis hin zu einem schlüssig strukturierten Kurzvortrag.

Gleichzeitig lernt man, mit Verlegenheitspausen zurechtzukommen, bei Bedarf auf Zeit zu spielen oder einfache Strukturpläne anzuwenden. Darüber hinaus hat diese Übung zum Stegreifvortrag einen großen Unterhaltungswert.

Ü1 **Testen Sie Ihre Fähigkeit zum Stegreifsprechen**
Anhand der Übung 1 im Übungsplan auf der CD-ROM können Sie selbst überprüfen, inwieweit Sie in der Lage sind, einen Spontanvortrag in einer Minute zu halten.

Exkurs: Gesellschaftsreden

„Sagen Sie doch ein paar Worte!" Dieser Satz genügt, um viele Manager schlagartig in Panik zu versetzen. Dabei ist dieser Stress hausgemacht. Man meint, man müsse besonders kluge Dinge sagen, müsse sich mit wohlgeformten Worten in Szene setzen und müsse all die Empfehlungen aus der Rhetorik beachten. Das ist aber ein Trugschluss. Im Gegenteil: Das Publikum weiß, dass Sie keine Zeit hatten, sich vorzubereiten. Niemand wird Sie mit Helmut Schmidt oder Bill Clinton vergleichen. Er geht nur darum, nicht mundtot und unsicher zu erscheinen und sich gut aus der Affäre zu ziehen. Arbeiten Sie daran, sich auf Stegreifbeiträge zu freuen. Dann haben Sie die beste Voraussetzung, gut „rüber zu kommen". Bei gesellschaftlichen Anlässen gibt es einfache Strukturpläne (siehe Kapitel Powerpoint-Präsentation auf der CD-ROM), zum Beispiel die Formel „Vergangenheit – Gegenwart – Zukunft", die es Ihnen erleichtert, ein paar Worte zu sagen. In die Situation können Sie leicht kommen, wenn Sie zu einer Veranstaltung gehen, bei der ein Kollege, ein Freund oder ein Verwandter geehrt wird.

Auf der CD-ROM finden Sie im Ordner „Aufbaupläne" eine Powerpoint-Präsentation zum Thema Grußworte/Gesellschaftsreden.

Szenario: Als Leiter der Führungskräfte-Weiterbildung haben Sie beim Vorstand einen Antrag gestellt, ein General-Management-Programm zu entwickeln. Der Vorstand bittet Sie kurzfristig, Ihre Vorstellungen darzulegen. In der Agenda der Vorstandssitzung sind für Ihren Tagesordnungspunkt 15 Minuten vorgesehen. Der Auftritt ist für Sie wichtig, weil das Vorstandsgremium das Budget zu bewilligen hat. Für Ihre Vorbereitung bleibt Ihnen eine Stunde Zeit.

Vermutlich werden Ihnen folgende Fragen durch den Kopf gehen:
- Wie viel Zeit nehme ich mir für den Vortrag, wie viel für die Diskussion?
- Wie strukturiere ich die Kurzpräsentation?
- Was ist aus der Sicht des Vorstands vermutlich besonders interessant?
- Mit welchen Einwänden muss ich rechnen, und wie gehe ich damit um?
- Soll ich mit oder ohne Medien vortragen?
- Wie kann ich einen überzeugenden Eindruck hinterlassen?

Eine zusätzliche Schwierigkeit liegt darin, dass Sie das Know-how zur kundengerechten Vorbereitung und Erarbeitung hirngerechter visueller Hilfsmittel nur ansatzweise nutzen können. Eine zeitintensive Analyse der Situation scheidet genauso aus wie die Erarbeitung neuer Charts.

Was können Sie also tun, um mit Ihrer Präsentation einen kompetenten, glaubwürdigen und sicheren Eindruck zu hinterlassen und die eigene Abteilung imageförderlich darzustellen?

In dieser Situation kann Ihnen ein Raster mit Schlüsselfragen helfen, zu einem zielwirksamen Präsentationskonzept zu kommen, das zu der begrenzten Zeitvorgabe passt. Im Mittelpunkt steht dabei die Frage, wie Sie die zentralen Kernbotschaften in eine überzeugende Struktur bringen können. Im Hinblick auf die Länge Ihrer Präsentation sind insbesondere zwei psychologische Empfehlungen zu beachten:
1. Je weniger Vorwissen bei Ihren Zuhörern über das Thema vorhanden ist, umso kürzer die Präsentationszeit. In der anknüpfenden Diskussion kann das Gremium die Fragen stellen, die ihm am Herzen liegen.
2. Vor Entscheidungsgremien gilt die Faustregel: Wenig Details bringen, sondern Nutzen und Zusatznutzen für das Unternehmen herausstellen. Formulieren Sie daher knappe, verständliche und anschauliche Kernbotschaften.

Vorüberlegungen

Wegen der kurzen Vorbereitungszeit ist es aussichtslos, alle Phasen zu durchlaufen, die zu einer differenzierten Vorbereitung gehören (siehe hierzu Kapitel V). Es ist vielmehr praktikabel, ausgehend von den vorgegebenen Rahmenbedingungen (insbesondere Thema, Dauer, Zeitpunkt der Präsentation, Zuhörerkreis) die folgenden Schlüsselfragen zu durchdenken:

1. Schlüsselfrage: Was will ich bei meinen Zuhörern erreichen?
In einer 15-minütigen Präsentation können Sie nicht alle Details darstellen. Es ist aber durchaus möglich, die Aufmerksamkeit des Vorstands auf Ihr Thema zu lenken, die wichtigsten Gründe darzustellen, die für das neue General-Management-Programm sprechen und Einwände sowie kritische Fragen gekonnt zu beantworten. Dabei ist es unverzichtbar, die Argumentation an den Entscheidungskriterien der Zuhörer auszurichten. Vorstandsmitglieder werden vorrangig darauf achten, was das beantragte Trainingsprogramm für die Zukunft des Unternehmen bedeutet: Warum ist dies jetzt zwingend? Welche unternehmensexternen Alternativen gibt es? Welcher Mehrwert, welcher Nutzen ist zu erwarten, wenn der Antrag bewilligt wird? Mit welchen Kosten ist zu rechnen?

2. Schlüsselfrage: Was sind meine Kernbotschaften?
Anhand dieser Überlegungen fällt es leicht, die Inhalte für die Präsentation zusammenzustellen. Konzentrieren Sie sich auf wenige (drei bis fünf) Kernbotschaften. Diese gilt es in der verfügbaren Zeit bei den Zuhörern zu verankern, und zwar verbal oder mit unterstützender Visualisierung. Dabei ist Powerpoint genauso eine Option wie Anschriebe am Flipchart („Pencil selling").

Ihre Kernbotschaften bilden zusammen mit den stützenden Beweismitteln den Hauptteil Ihrer Kurzpräsentation. Zur Strukturierung bietet sich die auf der folgenden Seite erläuterte Überzeugungsformel an.

☞ **Hinweis:**

Wenn Sie über ein aktuelles und gut gepflegtes Powerpoint-Archiv verfügen, fällt es leicht, geeignete Folien auszuwählen und (wenn Sie dafür Zeit haben) im Hinblick auf Ihre Kernbotschaften anzupassen.

Bedenken Sie, dass Sie bei jeder Präsentation „unterschwellig“ auch Beziehungsmanager sind. Hier steht die Qualität der persönlichen Beziehung zu den Zuhörern im Fokus. Diese emotionale Dimension gibt in den meisten Fällen den Ausschlag, ob die Entscheidung zu Ihren Gunsten ausfällt. Es wäre also wünschenswert, dass Sie bei allen Mitgliedern des Vorstands durch Ihre Kurzpräsentation folgenden Eindruck erzeugen:

- Mir erscheint der Vortragende glaubwürdig und kompetent.
- Der Personalentwicklungsbereich ist wichtig für das Unternehmen und ist beim Präsentator in guten Händen.
- Ich habe alles verstanden, was er vorgestellt hat.

Differenzierte Empfehlungen zum überzeugenden Auftritt finden Sie in Kapitel II sowie in der Powerpoint-Präsentation „Auftritt“ auf der CD-ROM.

3. Schlüsselfrage: Wie strukturiere ich Einleitung, Hauptteil und Schluss?
Vorschläge zur Strukturierung wichtiger Präsentationen finden Sie auf der CD-ROM im Kapitel „Aufbaupläne“. Stehen Überzeugungsziele im Vordergrund – wie in unserem Beispiel – können Sie sich an der Überzeugungsformel orientieren.

Überzeugungsformel zur Strukturierung des Hauptteils

Die Überzeugungsformel lässt sich auf die erwähnten Begriffe *Diagnose* und *Therapie* zurückführen, wie sie Hippokrates für die Medizin geprägt hat. Je nach Zielsetzung und Szenario können die einzelnen Schritte eine unterschiedliche Gewichtung haben.

Die Überzeugungsformel

1. Situation und Problem analysieren
2. Ziel definieren
   (Worauf es ankommt ...)
3. Lösungsvorschlag
4. Nutzen aufzeigen
5. Operative Schritte

Erläuterung:

1. Ausgangssituation und Problem analysieren
Sie stellen die aktuelle, unbefriedigende Situation des bisherigen, wenig strukturierten Führungskräfte-Trainingsprogramms vor. Sie weisen darauf hin, dass wesentliche zukunftswichtige Themen und ein geschlossenes Konzept fehlen. Zeigen Sie auf, was passiert, wenn nicht rechtzeitig Konsequenzen gezogen werden. So können sich auf lange Sicht Wettbewerbsnachteile einstellen, die Schere zu Mitbewerbern wird breiter, die Motivation bei hoch qualifizierten Mitarbeitern wird sinken.

2. Ziel definieren
Sie sagen in einem oder in zwei Sätzen, worauf es deshalb ankommen muss: „Und deshalb ist es von großer Bedeutung, dass wir bis Mitte des nächsten Jahres das neue General-Management-Programm starten."

3. Lösungsvorschlag
Sie stellen die Schwerpunkte des neuen Management-Programms kurz dar. Exemplarisch heben Sie die Module: interkulturelles Management, Innovationsworkshop und Leadership-Forum hervor. Alles Elemente, die in einer umfassenden Bedarfsanalyse bei Führungskräften als besonders wichtig hervorgehoben wurden. Es fördert Ihre Überzeugungswirkung, wenn Sie kurz darauf eingehen, dass diese Lösung im Vergleich mit anderen Optionen die beste ist. Verzichten Sie bewusst auf Details und konzentrieren sich auf den nächsten Punkt.

4. Nutzen hervorheben – Kosten quantifizieren
Sie stellen den (strategischen) Nutzen dieser Personal-Investition dar. Welche Vorteile ergeben sich für Führungskräfte und Kunden sowie für die Wettbewerbsfähigkeit auf lange Sicht? Quantifizieren Sie die Kosten des Programms. Zeigen Sie die Vorteile im Vergleich zu externen Lösungen auf.

5. Operative Schritte
In dieser Phase geht es um konkrete Schritte zur Umsetzung des Lösungsvorschlags: „Wenn Sie uns grünes Licht geben, sind dies die nächsten operativen Schritte. Wir können dann mit den ersten Pilotveranstaltungen am 1. Juli starten."

Tipps für die Einleitung:

Der einleitende Teil ist darauf gerichtet, zunächst persönlichen Kontakt zu den Zuhörern herzustellen und danach das Thema zu nennen und abzugrenzen. Beim Vortrag unter Zeitdruck sollten Sie nach Begrüßung und Dank direkt zum Thema kommen. Bevor Sie zum Hauptteil überleiten, nennen Sie die wichtigsten Gliederungspunkte. Optional können Sie einen „attention spot“ einfügen, um die Aufmerksamkeit der Zuhörer zu wecken. Sie könnten etwa auf die Bedeutung von XY für die Wettbewerbsfähigkeit hinweisen oder mit einem Nutzenversprechen beginnen:

„In den folgenden fünfzehn Minuten erfahren Sie, wie wir mit dem neuen General-Management-Programm die Lernwünsche unserer Führungsmannschaft erfüllen und die strategischen Ziele der Personalentwicklung umsetzen werden …“

Tipps für den Schlussteil:

Abschließend geben Sie eine knappe Zusammenfassung Ihrer Highlights. Beschränken Sie sich auch hier auf wenige (drei bis vier) Punkte und schließen Sie mit einem Appell („Daher bitte ich Sie, unseren Antrag zu genehmigen.“). Dann leiten Sie zur Diskussion über.

Diskussion und Interaktion

In dieser Phase haben Ihre Zuhörer Gelegenheit, Fragen zu stellen, Einwände zu formulieren oder auch Zustimmung zu signalisieren. Wenn Sie sich beim Diskutieren nicht so sicher fühlen, können Sie sich die entsprechende Powerpoint-Datei auf der CD-ROM („Interaktion“) anschauen: Innerhalb von drei Minuten sind Sie wieder auf dem Laufenden. Wichtig ist, dass Sie wichtige Einwände vorab durchdenken und wirkungsvolle Antworten darauf bereithalten. Bedenken Sie auch hier, dass Sie während der gesamten Präsentation und Diskussion auch Beziehungsmanager sind.

II Überzeugend auftreten
Ihre Persönlichkeit im Zentrum der Präsentation

Dieses Kapitel bietet Ihnen Empfehlungen zu folgenden Themen:

- Die letzten Sekunden vor dem Auftritt
- Sicher auftreten
- Kontakt zum Zuhörer halten
- „Stressfahrplan“ – Wege zu einer positiven Einstellung

Auf der CD-ROM finden Sie eine Powerpoint-Präsentation zum Thema Überzeugend auftreten (Datei: Auftritt).

In diesem Kapitel geht es um Ihren persönlichen Auftritt. Sie sind gefordert, Ihr Präsentationskonzept möglichst überzeugend „rüberzubringen“. Die Ausführungen zur Körpersprache, zum Sprechen und zu den übrigen Aspekten der persönlichen Wirkung gelten gleichermaßen für Vorträge mit und ohne visueller Unterstützung. Bedenken Sie, dass Ihre Persönlichkeit am stärksten zur Geltung kommt, wenn Sie „live“, das heißt ohne ein unterstützendes elektronisches Medium, vortragen. Daher ist es ratsam, Powerpoint-Präsentationen an geeigneten Stellen zu unterbrechen, um die Aufmerksamkeit des Publikums gezielt auf die eigene Person zu lenken, etwa durch Storytelling oder durch Aktionen am Flipchart (siehe hierzu im Einzelnen Kapitel III und Kapitel VIII).

Bedenken Sie stets: Der Mensch wirkt stärker als Worte

Die Gesamtwirkung der Persönlichkeit ist nachhaltiger als der verbale Inhalt. Und noch weiter: Je weniger die Zuhörer die Argumente nachvollziehen können, umso wichtiger werden die emotionale Ausstrahlung und das äußere Erscheinungsbild. In der Managerkommunikation kommt es also darauf an, Persönlichkeitswirkung und Inhalte zu verknüpfen: Man muss eine Botschaft gekonnt personalisieren.

Wenn Sie eine „Bühne“ betreten, geben Sie stets eine Kostprobe Ihrer Persönlichkeit. Durch Ihr Erscheinungsbild, Ihre Stimme, Ihre Körpersprache und durch den Stil Ihrer Interaktion zeigen Sie „unterschwellig“, welche Einstellung Sie zu sich selbst, zum Thema und zu den Zuhörern haben. Zu Recht sagen amerikanische Berater den Spitzenkandidaten, die in Medien oder auf Parteitagen den Wählern ihre Politik vermitteln wollen: „You are the message.“ Der Mensch, der spricht, ist die Botschaft. Beim Kurzvortrag ohne Medien genauso wie bei längeren Powerpoint-Präsentationen.

1 Die letzten Sekunden vor dem Auftritt

Wenn Ihr Auftritt näher rückt, steigt erfahrungsgemäß Ihr Adrenalinspiegel. Die folgenden Praxistipps zeigen Ihnen, was in den letzten Minuten vor dem Auftritt zu bedenken ist und wie Sie Ihr Lampenfieber in den Griff bekommen. Finden Sie Ihr persönliches Ritual, damit Sie sich auf der Bühne wohl fühlen. Ihre Ausstrahlung ist am besten, wenn es Ihnen Freude macht, vor Ihr Publikum zu treten.

Unterlagen und Medien checken

- Überprüfen Sie in einem Schnell-Check, ob alle Unterlagen bereitliegen und die Medien so präpariert sind, dass Sie ohne zusätzliche Handgriffe mit dem Vortrag beginnen und sich voll auf den Zuhörerkreis und die Einleitung Ihrer Präsentation konzentrieren können.
- Bei Powerpoint-Präsentationen sollte der Computer bereits hochgefahren sein, bevor die Teilnehmer den Raum betreten. Legen Sie dabei notwendige Utensilien wie Manuskript, Stichwortkonzept, Hand-out, Zeigehilfe, Laserpointer usw. an feste Plätze. Dies erspart Ihnen beim Vortrag lästiges Suchen und gibt Ihnen zusätzlich Sicherheit.

Eine differenzierte Checkliste zur Vorbereitung des Präsentationsraumes finden Sie auf der CD-ROM im Ordner „Checklisten“.

Kreislauf aktivieren – Tief durchatmen

- Bringen Sie Ihren Kreislauf in Schwung, zum Beispiel durch einen Spaziergang, dosiertes Treppensteigen oder einfache gymnastische Übungen (z.B. auf der Stelle gehen).
- Bei großer Aufregung hilft Tiefenatmung in drei Phasen: 1. Tief einatmen (Bauch heraus!), 2. Luft 5 Sekunden anhalten, dann 3. Langsam

ausatmen. Wiederholen Sie diese Übung ein paar Mal vor Ihrem Auftritt.
- Essen Sie vor dem Auftritt möglichst wenig und begrenzen Sie den Kaffeekonsum. Zu viel Koffein verstärkt Ihre Nervosität.

Outfit überprüfen
- Checken Sie Ihre Kleidung, Frisur, Brille und äußeres Erscheinungsbild. Holen Sie sich hierzu Feedback von einer Person Ihres Vertrauens. Schauen Sie zur Selbstkontrolle vorher in den Spiegel.
- Tragen Sie bei Vorträgen keine Kleidungsstücke, die Sie einengen.

Stimmen Sie sich positiv ein
Erfolgszuversicht und Ausstrahlung hängen davon ab, dass Sie positiv über sich denken („Ich glaube an mich"), hinter Ihren Inhalten stehen („Ich identifiziere mich mit meinen Botschaften") und wertschätzend über Ihre Zuhörer denken („Meine Zuhörer sind Partner, nicht Gegner"). Falls Sie mit großen Redehemmungen zu kämpfen haben, hilft der Stressfahrplan in Kapitel II, 4.

Sprechen Sie sich warm
- Sprechen Sie sich allein die ersten Sätze halblaut vor, um die richtige „Betriebstemperatur" zu haben.
- Ein paar persönliche Worte mit eintreffenden Zuhörern erfüllen ebenfalls diese Funktion und helfen Ihnen darüber hinaus, einen emotionalen Kontakt zum Publikum herzustellen.

Die folgenden Ausführungen gelten für Szenarien, in denen Sie stehend präsentieren. Dies wird meistens der Fall sein. Die Empfehlungen lassen sich jedoch mit kleinen Einschränkungen auf Situationen übertragen, in denen Sie am Tisch sitzend präsentieren (siehe dazu Kapitel VIII).

2 Sicher auftreten

Ihr Auftritt ist der „Augenblick der Wahrheit" (moment of truth): Sie treten ruhig und gelassen vor das Auditorium, atmen tief durch und beginnen nach einer kleinen Pause Ihren Vortrag. Diese Technik des verzögerten Beginns ist ein rhetorisches Stilmittel, das Sie nutzen sollten.

Während Ihrer ersten Sätze läuft so etwas wie eine Schnelltaxierung bei den Zuhörern: Was ist das für einer? Habe ich von ihm Interessantes zu erwarten? Wirkt er sympathisch und seriös? Bringt er wohl Kompetenz mit? Verhält er sich sicher oder unsicher? Der erste Eindruck muss positiv ausfallen, denn die ersten Momente Ihrer Präsentation prägen weitgehend das Gesamturteil, das sich die Zuhörer von Ihrer Person bilden. Die Lebenserfahrung zeigt, dass es außerordentlich schwer fällt, einen negativen Ersteindruck später zu korrigieren. Wer einen ungepflegten, fahrigen oder zu hektischen Eindruck macht, dem traut man nicht so leicht Fachkompetenz, Seriosität und gute Produkte zu.

Aus diesen Gründen ist es wichtig, sich positiv einzustimmen, bevor Sie vor Ihre Zuhörer treten. Eine „Bordsteinminute" kann Ihnen helfen, eine gewisse Distanz zur Hektik des Alltags aufzubauen und Ihre persönliche Wirkung zu verbessern: Gerade wenn Sie eine mühevolle Anreise mit Autostaus oder einen anstrengenden Arbeitstag hinter sich hatten, ist es ratsam, eine knappe Minute inne zu halten. Die folgenden vier Formeln (nach Dorothy Sarnoff 1992) haben sich bewährt, um negative Dialoge hinter sich zu lassen und freundlich eingestimmt auf Ihre Zuhörer zuzugehen.

Formeln zur positiven Einstimmung

- Ich freue mich, dass ich hier bin.
- Ich freue mich, dass Sie hier sind.
- Ich bin ganz für Sie da.
- Ich habe wichtige Botschaften für Sie.

Dieser Aspekt Ihres Auftritts ist wichtig, weil Sie mit Ihrer Präsentation Ihrer Abteilung und Ihrem Unternehmen ein Gesicht geben. Und dieses sollte positiv und sympathisch wirken.

Es wirkt überzeugend, wenn Sie frei und für alle sichtbar stehen. Der Platz vor dem Referententisch oder vor dem Beamer ist in der Regel der günstigste. Falls Sie am Rednerpult präsentieren, fördert es den persönlichen Kontakt zum Zuhörer, wenn Sie während der Einleitung neben dem Pult stehen. Sprechen Sie zu Beginn eher langsam und in normaler Stimmlage. Beginnen Sie immer mit positiven Formulierungen. Vermeiden Sie eine Entschuldigung in der Anfangsphase. Bemühen Sie sich schon in der Einstiegsphase darum, jedem Zuhörer durch Blickkontakt Wertschätzung entgegenzubringen.

Es ist psychologisch erhärtet, dass der erste Eindruck (primacy effect) und der letzte Eindruck (recency effect) besonders nachhaltig im Gedächtnis der Zuhörer bleiben. Daher sollten Sie sich nicht nur auf Ihre Intuition verlassen, sondern beide Teile gut vorbereiten und sicher beherrschen. In der Einleitung gehört dazu neben der Anrede und Begrüßung auch eine „zündende Eröffnung", um Aufmerksamkeit im Publikum zu wecken und zum Thema zu führen (siehe hierzu Kapitel III).

Überzeugen durch stimmige Körpersprache

Inwieweit Sie als sicher, positiv, glaubwürdig, selbstüberzeugt und wertschätzend wahrgenommen werden, hängt weitgehend von Ihrem äußeren Erscheinungsbild, Ihrer Körpersprache und der rhetorischen Präsentation ab.

Im Einzelnen kommt es darauf an,
- ein seriöses Erscheinungsbild zu sichern,
- die zentrale Position auf der Bühne zu nutzen,
- sicher und aufrecht zu stehen,
- glaubwürdig und engagiert zu wirken,
- positive Beziehungsbotschaften zu senden,
- Blickkontakt anzubieten.

Seriöses Erscheinungsbild sichern
Das äußere Erscheinungsbild muss stimmen. Kleiden Sie sich seriös, dezent und gepflegt. Im Zweifel gilt auch hier: Bleiben Sie sich treu *und* tragen Sie der Erwartungshaltung Ihrer Zuhörer Rechnung. Achten Sie darauf, dass Sie sich in Ihrer Kleidung wohl fühlen und dass Sie in Ihrer Bewegungsfreiheit nicht eingeschränkt werden. Die Kleidung ist Ihre Visitenkarte und wird während Ihrer gesamten Präsentation – ähnlich wie Körpersprache und Stimme – ständig „unterschwellig" wahrgenommen. Für Männer und Frauen gilt gleichermaßen, dass die Qualität Ihrer Kleidung und Accessoires Ihre Position unterstreichen sollten. Vermeiden Sie in jedem Fall Nachlässigkeiten und lassen Sie sich Feedback von Dritten geben. Bei Bedarf kann eine Stilberatung hilfreich sein.

Ihre Schuhe sollten passend zur Kleidung, gut besohlt und sauber sein. Achten Sie auf eine gepflegte Frisur, saubere Fingernägel und dezentes Rasierwasser. Frauen sind gut beraten, auf Extreme bei Make-up, Parfum und Schmuck zu verzichten. Auch ein zu kurzer Rock und auffallend-grelle Farben bringen die Gefahr mit sich, dass die Aufmerksamkeit des Publikums abgelenkt wird und der Sympathiewert sinkt. Zu solchen „Vampiren" gehören bei Männern beispielsweise billige Schuhe, die mit Themenkrawatten kombiniert werden, zu weite oder zu enge Jacken, ungebügelte Hemden und Anzüge, zu kurze Hosenbeine („Hochwasser"), weiße Strümpfe oder Themenstrümpfe (z.B. mit auffallenden Motiven) oder schiefe Absätze.

Die zentrale Position auf der Bühne nutzen
Alles, was im Zentrum einer Bühne geschieht, steigt in seiner Wertigkeit. Sie unterstreichen Ihre Sicherheit und Souveränität, wenn Sie zentral stehen und nicht an der Peripherie. Wer ohne konkreten Grund am Rand steht, vermittelt den Eindruck, den Auftritt rasch hinter sich bringen zu wollen. Wie Sie den Standortwechsel *gelenkt* durchführen können, wird in Kapitel III, 3 erläutert (siehe Seite 78f.).

☞ **Hinweis:**

Tipps und Tricks für die Durchführung von Powerpoint-Präsentationen erhalten Sie in Kapitel VIII.

Sicher und aufrecht stehen
Achten Sie auf einen sicheren Stand mit dem Schwerpunkt über beiden Beinen. Diese Position vermittelt Ihnen ein Gefühl von Sicherheit und wird mit Ich-Stärke und Durchsetzungsfähigkeit assoziiert. Halten Sie Ihren Körper aufrecht in der Vertikalen. Die Statik muss stimmen. Vermeiden Sie breitbeiniges Stehen. Dies wird häufig mit Platzanspruch oder Dominanzgehabe in Verbindung gebracht. Günstig ist ein Abstand von etwa 15 cm zwischen den Füßen. Wenn Sie als Frau die feminine Komponente betonen wollen, ist es ratsam, einen Fuß etwas vor den anderen zu stellen.

Glaubwürdig und engagiert wirken
Während Ihrer Präsentation geben Sie eine Kostprobe Ihrer Persönlichkeit. Beim Vortragen und Diskutieren vermitteln Sie nicht nur einen sachlichen Inhalt, sondern Sie sagen (indirekt) auch etwas über Ihre Einstellung zu sich selbst, zum Produkt und zu Ihren Zuhörern. Ihre Art des Auftretens, Ihre Mimik und Gestik, Ihre Optik und Stimme geben immer auch Aufschluss über Glaubwürdigkeit, Sympathiewert sowie Ihre Sicherheit und Seriosität: kurz über Ihre Persönlichkeit.

Bedenken Sie, dass Ihre Zuhörer Ihren Aussagen zunächst blind vertrauen müssen. Die emotionale Ausstrahlung, Persönlichkeit und Rhetorik werden umso stärker zur Beurteilung herangezogen, je weniger die Zuhörer die Richtigkeit Ihrer Thesen nachvollziehen können.

Es kommt Ihrer Glaubwürdigkeit zugute, wenn Sie sich echt und situationsgerecht verhalten. Von großer Bedeutung ist die Stimmigkeit von Körpersprache und Gesagtem. *Was* Sie sagen muss zu der Art und Weise passen, *wie* Sie es sagen. Die beste Voraussetzung für eine glaubwürdige und echte Wirkung ist gegeben, wenn Sie positiv über Ihre Zuhörer denken.

Zeigen Sie emotionalen Ausdruck und Engagement vor allem bei wichtigen Ideen und Argumenten. Ihr Gesprächspartner muss spüren, dass Sie hinter dem stehen, was Sie sagen. Vermeiden Sie Verlegenheitsgesten, Fahrigkeit und Hektik bei Ihren Bewegungen. Die Gestik und Mimik sollte das Gesagte unterstreichen. Psychologischen Erkenntnissen zufolge prägen die nonverbalen Signale die Gesamtwirkung einer Person um mehr als 50 Prozent.

Positive Beziehungsbotschaften senden
Eine weitere Frage, die vor allem ungeübte Seminarteilnehmer immer wieder ansprechen lautet: Was mache ich mit den Händen, wenn ich präsentiere und Fragen oder Diskussionsbeiträge aus dem Zuhörerkreis kommen?

Achten Sie darauf, dass Ihre Gestik und Mimik positive Assoziationen beim Zuhörer auslösen. Senden Sie also „positive Beziehungsbotschaften", beispielsweise durch offene Hände, ein freundliches Gesicht und einen offenen, stetigen Blick. Eher distanziert und wenig wertschätzend wirken zum Beispiel: dauerhaft verschränkte Arme, große Hektik, die geballte Faust, unfreundliches Gesicht, mit Zeigestab auf Menschen zeigen, dem Auditorium den Rücken zuwenden. Wählen Sie eine natürliche Grundposition für Ihre Gestik. Günstig ist es, die Hände in Hüfthöhe, dem so genannten „neutralen Bereich" zu halten. Dies fällt leichter,

- wenn Sie Ihr Stichwortkonzept oder eine Zeigehilfe in die Hand nehmen,
- wenn Sie eine Hand in die andere legen,
- wenn Sie ein leichtes Spitzdach mit den Händen formen (Kirchturmstellung).

Bemühen Sie sich darum, Ihre Gestik nicht zu *machen,* sondern *zuzulassen.* Wenn der innere Impuls da ist, kommt die Gestik von selbst. Ihre Gestik wirkt am stärksten, wenn sie zum Inhalt passt und mit Ihrer Argumentation, Ihrer Mimik sowie Ihrem Sprechausdruck eine Einheit bildet.

Die Hände sollten sichtbar sein. Es wirkt in der Regel negativ, wenn Sie die Hände ständig auf dem Rücken halten, verschränken oder in den Hosentaschen verstecken. Allgemein lässt sich sagen, dass asymmetrische Arm- und Beinhaltungen in der Regel vom Zuhörer als geringschätzend erlebt werden.

Bedenken Sie, dass die kleine Gestik oft kleinlich und ängstlich wirkt, während die große – weit ausholende – eher Sicherheit und Souveränität ausdrückt. Vorsicht: Vermeiden Sie Überheblichkeit!

Zeigen Sie nicht mit dem Zeigefinger auf Zuhörer (Angriffsgebärde). Vermeiden Sie den erhobenen Zeigefinger, da dies Sympathiepunkte kostet und häufig als oberlehrerhaft empfunden wird. Die Finger bleiben normalerweise bei der Gestik geschlossen. Die Hand bleibt im Allgemeinen geöffnet.

Ü13	Ein Übungsangebot, um die eigene Gestik zu überprüfen und bei Bedarf weiterzuentwickeln, finden Sie im Übungsplan auf der CD-ROM.

Blickkontakt anbieten
Schauen Sie Ihre Zuhörer an, während Sie präsentieren. Dies ist ein Signal der Wertschätzung und ermöglicht Ihnen,

- eine „emotionale Brücke“ (Kontaktbrücke) zum Auditorium aufzubauen,
- persönliche Sicherheit zu demonstrieren,
- die Aufmerksamkeit zu verstärken,
- Reaktionen Ihrer Zuhörer früh zu erkennen.

Es gibt eine Reihe von Erklärungen für fehlenden Blickkontakt im Alltag: Sie reichen von Arroganz und Dominanzstreben bis hin zu persönlicher oder fachlicher Unsicherheit, Ängstlichkeit oder Minderwertigkeitskomplexen.

Wenn Ihre Zuhörer u-förmig oder am Konferenztisch sitzen, ist es ratsam, den Blick reihum wandern zu lassen, so dass jeder Teilnehmer subjektiv den Eindruck hat, angesprochen zu werden. Es wirkt persönlicher, wenn Sie dabei einige Sekunden oder bis Sie einen Gedanken ausformuliert haben bei einzelnen Zuhörern verweilen. *Jeder* muss den Eindruck haben, dass er wichtig ist und dass ihm Aufmerksamkeit zuteil wird.

Vermeiden Sie, in Konzentrationsphasen den Blick zu senken oder sich zu weit vom Publikum zu entfernen. Manchmal verursacht es sehr viel Anspannung, den Zuhörern direkt in die Augen zu schauen. Hier ist es ratsam, die Stirn oder die Nasenwurzel Ihres Gesprächspartners zu fixieren. Wenn ein Teilnehmer eine Frage stellt oder einen Diskussionsbeitrag einbringt, sollten Sie ihn während des Zuhörens anschauen. Blicken Sie während Ihrer Antwort vorrangig den Interaktionspartner an. Schauen Sie zwischendurch auch die übrigen Zuhörer an. Jeder muss das Gefühl haben, wichtig zu sein. Jeder verdient Wertschätzung. Psychologische Untersuchungen erhärten, dass erfolgreiche Vortragende aus zwei Gründen als vertrauenswürdiger erlebt werden: Sie zeigen häufiger einen freundlich-lächelnden Gesichtsausdruck und halten weitaus mehr Blickkontakt zu ihren Zuhörern als nicht erfolgreiche Vortragende.

Überzeugen durch wirkungsvolles Sprechen

Die persönliche Art und Weise des Sprechens – ob langsam oder schnell, ob laut oder leise, ob deutlich oder nuschelnd, ob flüssig oder stockend – sagt immer auch etwas über die eigene Persönlichkeit aus.

Der Überzeugungskraft abträglich sind

- Zu schnelles Sprechen
- Fehlende oder zu kurze Sprechpausen
- Häufiger Gebrauch von „Weichmachern“ wie eigentlich, vielleicht usw.
- Wenig moduliertes, eintöniges Sprechen
- Schlechte Artikulation (Verschlucken der Anfangs- und Endsilben)
- Zu leises oder zu lautes Sprechen
- Dehnungslaute wie Äh-Sagen

Durch Training rhetorische Mängel beseitigen

Wer seine Stimme weiterentwickeln und rhetorische Mängel wie Äh-Sagen beseitigen will, kann dies in Eigenregie oder unter fachkundiger Anleitung in Angriff nehmen.

Ü1-11	Die Übungen im Selbstlernprogramm (CD-ROM) bieten die Möglichkeit, mehr Sicherheit beim Sprechdenken zu erreichen und rhetorische Unarten „selbstgesteuert“ mit Tonband und Stoppuhr zu beseitigen.

Jeder Mensch hat seinen ganz persönlichen „stimmlichen Fingerabdruck“. Innerhalb unserer individuellen Stimmlage gibt es eine Mittellage, in der wir entspannt und natürlich sprechen können. Sprecherzieher nennen dies „Indifferenzlage“ (Grund- oder Eigenton). Bei Stress rutscht die Stimme manchmal aus der normalen Stimmlage nach oben. Physiologisch lässt sich dies so erklären, dass sich die innere Spannung auf die Spannung der Muskeln im Oberkörper und Hals überträgt (vgl. Herman u. a. 2002). Dabei treten nicht selten die Sehnen am Hals hervor und die Halsschlagader schwillt an. Der Kehlkopf wird hochgestellt, die Stimmbänder werden gespannt. Dadurch steigt die Tonhöhe wie bei einer Gitarrensaite, die man hochgedreht hat.

Eine positive, sympathische Wirkung Ihrer Stimme hängt davon ab, dass Sie auf dem richtigen Grundton („Eigenton“) sprechen und die Resonanzräume nutzen. Wer seine Stimme drückt oder über seiner normalen Stimmlage redet, ist verspannt. Und das mindert die Überzeugungswirkung beim Zuhörer.

Ü10 Eine spezielle Übung im Selbstlernprogramm kann Ihnen helfen, Ihren Grundton zu finden.

Rhetorisch brillante Redner wie Helmut Schmidt, Bill Clinton, Joschka Fischer oder Friedrich Merz nutzen vor allem drei Sprechaspekte, um ihre Zuhörer zu fesseln: wechselndes Sprechtempo, Modulation und Pausentechnik.

Wechseln Sie das Sprechtempo
Ein eher mäßiges Grundtempo sorgt dafür, dass die Zuhörer verstehen, was Sie sagen. Um wichtige Stellen zu markieren, sprechen Redeprofis deutlich langsamer.

Praxistipp

Tragen Sie Schwieriges, Neues und Wichtiges langsamer vor. Wenn Sie dagegen motivieren und mitreißen wollen, sprechen Sie schneller.

Sprechen Sie mit Modulation
Nicht nur Tempowechsel, auch lauteres oder leiseres Sprechen steigern die Aufmerksamkeit des Publikums. Nutzen Sie die Möglichkeit der „pädagogischen Rhetorik" in Verbindung mit Pausen, um Wichtiges anzukündigen. Beispiel: „Ich komme jetzt zu einem ganz entscheidenden Punkt." Danach: Pause machen und dann lauter oder leiser fortfahren: „Wir müssen unser Servicekonzept noch kundenfreundlicher machen. Das geht ganz klar aus den jüngsten Zufriedenheitsanalysen hervor ..."

Sprechen Sie deutlich
- Eine verwaschene, undeutliche Aussprache kann nicht überzeugen; vielmehr legt sie die Assoziation nahe, dass der zugrunde liegende Gedanke ebenfalls unklar und wenig durchdacht ist.
- Achten Sie auf eine klare Artikulation, insbesondere bei Anfangs- und Endsilben sowie bei allen Selbstlauten.
- Vermeiden Sie Ähs und andere Dehnungslaute: Häufige Dehnungslaute werden ebenfalls als negativ erlebt und beeinträchtigen daher Ihre Überzeugungswirkung. Eine Möglichkeit, sie zu vermeiden, besteht darin, zwischen den Sätzen den Mund zu schließen und durch die Nase einzuatmen.

Stehen Sie zu Ihrer ganz persönlichen Dialektik, solange Ihre Zuhörer mühelos verstehen, was Sie sagen. Dies fördert Ihre Sicherheit bei Auftritten und wird aus Sicht Ihres Publikums als sympathischer und glaubwürdiger wahrgenommen, als wenn Sie krampfhaft versuchen, den Kriterien deutscher Bühnenlautsprache zu folgen.

Machen Sie Sprechpausen
Jeweils vor und nach Tempo- und Modulationswechseln legen Redeprofis ganz bewusst kurze Pausen ein. Dieser unscheinbare Effekt erhöht das Gewicht Ihrer Aussagen beträchtlich. Außerdem geben Ihnen Sprechpausen Gelegenheit, sich zu entspannen.

Nutzen Sie darüber hinaus Sprechpausen, um
- Ihre Ausführungen zu gliedern, Aufmerksamkeit zu wecken und Spannung zu erzeugen.
- Ihre Atemreserve aufzufüllen und sich auf die folgenden Aussagen vorzubereiten.

Ständiges Schnellsprechen wird im Regelfall als eher negativ erlebt und erschwert daher Ihre Überzeugungsarbeit:

- Schnellsprecher wirken egozentriert, weil sie sehr viele Informationen in kurzer Zeit vermitteln, unabhängig davon, ob es der Zuhörer verarbeiten kann.
- Schnellsprecher wirken hektisch, aufgeregt und fahrig oder übertrieben mitteilsam.
- Schnellsprecher vermitteln oft den Eindruck, sie wollten die Sprechsituation möglichst schnell hinter sich bringen, um Misserfolgen aus dem Weg zu gehen (Fluchtverhalten).
- Schnellsprechen verführt zu undeutlichem (nuschelnden) Sprechen.

Schnellsprechen kommt häufig auch dadurch zustande, dass Sie sich in einem Thema exzellent auskennen und Ihren Zuhörern das in nur wenigen Minuten vermitteln wollen, was Sie sich in Monaten oder Jahren angeeignet haben. Für jede Kommunikationssituation gilt, dass die Aufnahmekapazität der Zuhörer begrenzt ist.

Diese Erkenntnis sollte schon ausreichen, um das Sprechtempo zurückzunehmen und hirngerecht vorzutragen. Thilo von Trotha, ehemaliger Redenschreiber für Helmut Schmidt, attestiert dem Altbundeskanzler eine besondere rhetorische Begabung: Schmidt war in der Lage, seine Gedanken zur Nationalökonomie und Weltwirtschaft noch „beim 500. Mal so vorzustellen, als spräche er sie zum ersten Mal aus“ (Thilo von Trotha 2002).

Äh-Sagen wegtrainieren

Ähs und andere Dehnungslaute sind kein Naturgesetz, sondern „dumme“ Angewohnheiten. Sie kommen dadurch zustande, dass dem Sprecher der Mut zur Pause fehlt. Dehnungslaute suggerieren dem Sprecher, dass er – scheinbar ohne Pause – weiterspricht, obwohl der Satz beendet ist. Der Sprechvorgang ohne Dehnungslaute ist dadurch gekennzeichnet, dass nach einem ausgesprochenen Satz eine kleine Pause bis zum nächsten Satz gemacht wird. In ihr wird eingeatmet und gleichzeitig der nächste Satz gedanklich vorformuliert.

Ü11	Falls Sie zum Äh-Sagen neigen, helfen die Tonband-gestützten Übungen im Selbstlernprogramm.

Große Fachkompetenz und gründliche Vorbereitungen nutzen wenig, wenn Ihre Zuhörer das Gesagte nicht nachvollziehen können. Für den Präsentationserfolg ist es unverzichtbar, verständlich zu formulieren und auf die Reaktionen der Zuhörer zu achten.

Erleichtern Sie den Zuhörern die Aufnahme der Informationen

Günstige Voraussetzungen für die Aufnahme und Verarbeitung der Informationen sind gegeben, wenn Sie

- die Gliederung Ihrer Präsentation zu Beginn vorstellen,
- Ihre Präsentation als Lernprozess organisieren,
- den Zuhörern immer wieder zeigen, wie sich die einzelnen Teilthemen in das Gesamtkonzept einordnen,
- besonders wichtige Aussagen rhetorisch hervorheben *(„Dieser Punkt ist besonders wichtig …“, „Von entscheidender Bedeutung ist …“)*,
- eine zuhörergerechte Sprachebene wählen,
- Fachbegriffe/Abkürzungen auf das Notwendige beschränken und erklären,
- Ihre Ausführungen an vermutetes/bekanntes Wissen und vermutete/bekannte Erfahrungen der Zuhörer anknüpfen,
- die Schaubilder und Grafiken hirngerecht gestalten und „inszenieren“,
- die Kernaussagen durch anschauliche Beispiele, Visualisierung und Wiederholung verankern,
- Zusammenfassungen nach längeren Ausführungen und wesentlichen Aussagen machen.

Achten Sie auf die Reaktionen Ihrer Zuhörer

Achten Sie während der gesamten Präsentation darauf, wie Ihre Zuhörer auf Ihre Ausführungen reagieren. Schenken Sie dabei den Entscheidern, Schlüsselpersonen und informellen Führern in der Gruppe besondere Aufmerksamkeit. Es ist ein „Muss“ für jede Präsentation, vier Fragenkreise laufend im Blick zu haben:

- Inwieweit sind Akzeptanz und Interesse beim Zuhörer gegeben?
- Deuten Signale auf Widerspruch und „innere Kündigung“ hin?
- Inwieweit sind Verständnisprobleme erkennbar?
- Lässt die Aufmerksamkeit nach?

Informationen hierüber erhalten Sie in Form von *nichtsprachlichen Signalen,* wie etwa Unruhe in der Gestik, plötzlicher Haltungswechsel wie Zurücklehnen, abreißender Blickkontakt, fragende Mimik.

Auch *sprachliche Rückmeldungen,* wie Fragen, Einwände, unsachliche Angriffe, Untergespräche, Zwischenrufe oder Störungen, signalisieren Ihnen, dass die Aufmerksamkeit nachlässt.

Wenn Mimik, Gestik oder Unruhe auf Abbruchgedanken, Widerspruch oder Desinteresse hindeuten, sollte Sie den Zuhörern in jedem Falle Gelegenheit geben, Verständnisfragen zu stellen oder Einwände zu bringen. Bei nachlassender Aufmerksamkeit können Sie zudem die später dargestellten aktivierenden Techniken nutzen (siehe Kapitel III, 6).

4 Stressfahrplan – Wege zu einer positiven Einstellung

Wichtige Stationen des Stressfahrplans

- Positive Einstellung
- Akzeptieren Sie „innere Unruhe“
- Angst durch Handeln besiegen
- Misserfolge konstruktiv verarbeiten
- Mentales Training
- Kein Perfektionismus

Mangelnde Sicherheit und Ausstrahlung lassen sich häufig auf Lampenfieber und Redeängste zurückführen. Unter Punkt 2 in diesem Kapitel haben wir bereits Möglichkeiten angesprochen, um die schwierige Einstiegsphase beim Präsentieren in den Griff zu bekommen. Wenn Sie sich grundsätzlicher mit dem Problemkreis „Redehemmungen“ auseinandersetzen wollen, finden Sie im Folgenden weiterführende Empfehlungen.

Ihr Ziel muss sein, eine innere Einstellung zu erlangen, die von Selbstvertrauen und Erfolgszuversicht geprägt ist. Sie haben dann die richtige Verfassung, wenn es Ihnen Freude macht, die Tür zum Präsentationsraum zu öffnen und zu Ihrem Auditorium zu sprechen.

Der Dreh- und Angelpunkt zu Ausstrahlung und Erfolgsmotivation liegt nicht so sehr in der mechanischen Anwendung „äußerer" Techniken. Viel wichtiger ist eine *positive Einstellung* zur eigenen Person, zum Vortragsthema und zu den Zuhörern.

Abbildung 4: Positive Einstellung – Dreh- und Angelpunkt Ihrer Ausstrahlung

Positive Einstellung zur eigenen Person

Wie denken Sie über sich selbst als Präsentator? Haben Sie Vertrauen in Ihre Fähigkeit, eine Präsentation durchzuführen? Wenn nein, warum nicht? Wenn Sie vor einem Auftritt Selbstgespräche (innere Dialoge) führen, worum kreisen Ihre Gedanken? Sind es negative „Glaubenssätze", die Selbstzweifel und Unterlegenheitsgefühle verursachen?

Hier einige Beispiele für belastende Gedanken, die häufig mit überzogenen Ansprüchen an die eigene Person zu tun haben und die in Kindheit und Jugend geprägt wurden:

- „Ich muss perfekt sein. Ich darf keinen Fehler machen."
- „Ich habe Angst, den Faden zu verlieren."
- „Meine Präsentation ist sowieso uninteressant und langweilig."
- „Es gibt viele andere, die besser sind als ich."

Wer sich von diesen und ähnlichen einschränkenden Glaubenssätzen beherrschen lässt, entfernt sich von einer souveränen und erfolgsmotivierten Grundhaltung und verstärkt Redehemmungen.

Eine negative Selbsteinstellung ist aber kein Naturgesetz. Sie haben die Chance, eine positive Grundeinstellung aufzubauen und daran zu arbeiten, ein negatives blockierendes Skript durch ein positives Denkmuster zu ersetzen. Suchen Sie nach einem Motto, das zu Ihnen passt und von dem ein positiver Schub für Sie ausgeht. Ein motivierendes Motto kann Ihnen helfen, im „Flow-Zustand" (siehe hierzu Csikszentmihalyi 2000) zu präsentieren.

Flow (Fließen, Strömen) bedeutet, dass Sie mit Freude und Begeisterung in einer Tätigkeit aufgehen. Beim Präsentieren konzentrieren Sie sich ganz auf Ihren Auftritt. Sie empfinden Freude dabei, Ihren Zuhörern ein Thema zu vermitteln. Sie agieren bei Ihrem Vortrag spielerisch, obwohl Sie gerade eine Höchstleistung erbringen. An der positiven Resonanz im Publikum spüren Sie, dass Sie im besten Einklang mit Ihren Möglichkeiten sind. Sie fördern „Präsentieren im Flow",

- wenn Sie sich klare und erreichbare Ziele setzen,
- wenn die rhetorische Herausforderung Ihren Fähigkeiten entspricht,
- wenn Sie ein Höchstmaß an Konzentration zeigen und an Ihre Leistungsgrenze gehen,
- wenn Sie Ihre Aufmerksamkeit zu 100 Prozent auf die Gegenwart fokussieren,
- wenn es Ihnen gelingt, abschweifende Überlegungen, Selbstkritik und Grübeleien fernzuhalten.

Im Flow-Zustand erleben Sie, dass die Energien durch Sie als Vermittler fließen und den Vortragszielen bestmöglich dienen. Dieses wird begünstigt, wenn Sie die erwähnten negativen Glaubenssätze durch positive innere Dialoge ersetzen. Positive Glaubenssätze sind zum Beispiel: „Ich werde es schaffen." „Ich freue mich auf meinen Vortrag." „Ich gebe mein Bestes." „Es macht mir Freude, meine Erfahrungen weiterzugeben." „Wer nicht kämpft, hat schon verloren." „Ich kann alles erreichen, was ich erreichen möchte."

Praxistipp

Entwickeln Sie eine positive Meinung von sich selbst. Akzeptieren Sie zunächst Ihre Stärken und Schwächen und versuchen Sie dann schrittweise, die eigenen Stärken auszubauen und die Schwachstellen zu überwinden. Wenn Sie sich selbst nicht akzeptieren, können Sie nicht erwarten, dass andere Sie annehmen! Nur ein Mensch, der Selbstvertrauen hat, kann das Vertrauen anderer erwerben. Schreiben Sie auf, was Ihre persönlichen Stärken sind und worauf Sie bauen können, wenn Sie Ihre Bühnen betreten. Auch dies begünstigt ein Handeln im Flow. Vermeiden Sie es, sich immer nur Ihre Minuspunkte vor Augen zu halten und das, was schief gehen könnte. Es gibt so etwas wie eine sich selbst erfüllende Prophezeihung: Wer sein Gehirn nur mit dem beschäftigt, was alles schief gehen könnte, provoziert leicht Misserfolg. Daher der Rat, an ein Gelingen zu glauben und dies durch inneres positives Sprechen zu verstärken.

Eine Leitidee, um Stress abzubauen: Richten Sie Ihre Aufmerksamkeit stärker auf die Qualität der Sachargumente und auf Ihre Zuhörer und nicht so sehr auf die Wirkung Ihrer eigenen Persönlichkeit.

Positive Einstellung zum Thema

Ihr Zuhörer muss spüren, dass Sie eine positive Einstellung zu den präsentierten Inhalten haben und dass Ihnen das Thema wichtig ist. Wenn Sie selbst nicht hinter Ihren Ideen und Argumenten stehen, können Sie nicht erwarten, dass Ihr Kunde Ihre Ausführungen akzeptiert. Sie können Ihre Zuhörer nur dann wirklich begeistern, wenn Sie selbst hinter Ihrem Thema stehen.

Bei geringer Vorbereitungszeit sollten Sie das Anspruchsniveau nicht zu hoch ansetzen. Wenn Sie bei Stegreifvorträgen anschauliche Beispiele und Geschichten aus Ihrem Leben einbringen, haben Sie sofort ungeteilte Aufmerksamkeit beim Zuhörer. Zudem fällt es Ihnen dann leichter, frei zu sprechen und zu begeistern. Sprechen Sie über das, was Sie erlebt und erfahren haben. Diese Primärerfahrungen wirken in jedem Falle überzeugender als Wirklichkeit aus zweiter Hand, also beispielsweise Fakten und Zahlen oder strategische Ausführungen. Wenn die Schnittmenge zwischen Thema und der eigenen Überzeugung 100 Prozent beträgt, dann kommen Sie am besten rüber.

Mit Hilfe der folgenden Fragen können Sie solche Themen aufspüren: Welche Aufgaben und Herausforderungen begeistern mich? Auf welche Erfolge bin ich besonders stolz? Auf welche Success Stories kann ich in meinem Berufsleben zurückblicken? Was habe ich daraus gelernt?

Positive Einstellung zum Zuhörer

Wenn Sie an Ihr Auditorium denken, welche Assoziationen kommen Ihnen spontan in den Sinn? Denken Sie eher an Freunde oder Feinde? Sind es eher Partner, zu denen Sie sprechen, oder ist es eine „gemischte Raubtiergruppe“, die Sie zur Strecke bringen will? Es liegt auf der Hand, dass die positiven oder negativen inneren Dialoge einen unmittelbaren Einfluss auf Ihr Stressniveau und damit auf Ihre Mimik und Ihr Erscheinungsbild haben werden. Günstig ist eine partnerschaftliche Einstellung zum Zuhörer, die von Respekt und Wertschätzung getragen ist. Diese dialogische Basis ist zum Beispiel verletzt, wenn Sie als Vortragender Dominanzgebärden zeigen (Sie sind oben, die Zuhörer sind unten) oder wenn Sie Minderwertigkeitskomplexe an den Tag legen (Sie sind unten, die Zuhörer oben).

Akzeptieren Sie innere Unruhe

Lampenfieber ist – in bestimmten Grenzen – durchaus erwünscht, um die notwendige Energie und Leistungsbereitschaft zu aktivieren. Das weiß jeder Leistungssportler, jeder Schauspieler vor einer Premiere, jeder Moderator vor einer Live-Sendung im Fernsehen, jeder Redner vor einer wichtigen Debatte. Nur wer innerlich „aufgeladen“ ist, besitzt die entsprechende Dynamik und das Durchstehvermögen für einen überzeugenden Vortrag. Suchen Sie beim Vortrag nach Ventilen, um Ihre Alarmreaktion in Bewegung umzusetzen. Beispiele: Sie wechseln den Standort, Sie setzen unterstützende Gestik ein, Sie gehen früh in die Interaktion, Sie entwickeln Bilder am Flipchart, Sie drücken Ihr Engagement in einer lebendigen Sprechtechnik aus.

Angst durch Üben und Handeln besiegen

Sie können Ihre Stressreaktion besser beherrschen, wenn Sie das rhetorische Know-how kennen und den Ablauf der Präsentation üben. Der Übungsfaktor ist unverzichtbar, gibt es doch keine Kunst ohne Übung. Schaffen Sie sich im Alltag Erfolgserlebnisse, indem Sie aktiv nach Gelegenheiten suchen, um Präsentationen mit zunehmender Schwierigkeit durchzuführen und in Besprechungen und Diskussionen kommunikative Techniken zu erproben.

Misserfolge konstruktiv verarbeiten

Wer handelt, hat Erfolge *und* natürlich auch Misserfolge. Belasten Sie Ihr Nervenkostüm nicht durch negative Erfahrungen. Entscheidend ist auch hier, wie Sie Misserfolge sehen und bewerten. Im Folgenden einige Praxistipps, um produktiv mit diesen Situationen umzugehen:

Deuten Sie Misserfolge als Lernquelle um. Versuchen Sie eine positive Einstellung zu einem „Fehlschlag“ zu gewinnen. In den meisten Fällen können Sie auch aus frustrierenden Ereignissen etwas lernen. Machen Sie Ihr Selbstvertrauen und Ihre Selbstakzeptanz niemals von einzelnen Erfolgen oder Misserfolgen abhängig. Bringen Sie sich selbst gegenüber stets das gleiche Maß an Wertschätzung entgegen wie Ihren Zuhörern – und zwar unabhängig davon, ob Sie gerade mit Erfolgen gesegnet sind oder nicht.

Mentales Training

Vor besonders stressigen Situationen kann ein Mentaltraining zum selbstsicheren und erfolgsmotivierten Auftreten hilfreich sein. Als wirkungsvoll haben sich diese Wege herausgestellt:

Simulation der Ernstsituation
Hierbei geht es darum, den gesamten Handlungsablauf der Präsentation gedanklich durchzuspielen (zu simulieren). So etwa die Einstiegsphase Ihrer Präsentation, Geschichten, die Sie an bestimmten Stellen erzählen, der Umgang mit Beamer und Notebook oder das „Inszenieren“ einer Folie. Die Erfahrung zeigt, dass es leichter fällt, bestimmte Vorsätze umzusetzen, wenn sie das erwünschte Verhalten vorher simuliert haben. Diese Form des gedanklichen Probehandelns wird seit Jahren mit Erfolg im Hochleistungssport eingesetzt, beispielsweise beim alpinen Ski, Rodeln im Eiskanal oder in der Leichtathletik beim Stabhochsprung. Spitzensportler bestätigen, dass komplexe Handlungsabläufe mit Hilfe des Mentaltrainings schneller erlernt oder vervollkommnet werden können.

Visualisierung eines rhetorischen Leitbildes
Entwerfen Sie mit Hilfe Ihrer Vorstellungskraft das überzeugendste rhetorische Leitbild von sich selbst. So und so möchte ich vor die Gruppe treten, so und so möchte ich rüberkommen, wenn ich vor Kunden präsentiere. Dieses Bild ist dann besonders wirkungsvoll, wenn Sie verschiedene Sinnesorgane aktivieren. Sie stellen sich also via Kopfkino ein überzeugendes optisches Erscheinungsbild und eine hirnfreundliche akustische Präsentation vor. Sie koppeln damit die Vorstellung, dass es Ihnen Freude macht, die „Bühne“ zu betreten und mit Begeisterung die Inhalte darzustellen. Halten Sie Ihr eigenes rhetorisches Leitbild fest und definieren Sie kleine Lernschritte, um sich diesem Bild anzunähern.

Eigene Erfolgserlebnisse bewusstmachen
Das Ziel besteht hier darin, in einen „Zustand der besten persönlichen Ressourcen“ zu kommen. Hierbei versetzen Sie sich mit geschlossenen Augen zurück an konkrete Situationen, die Ihnen besonders gut gelungen sind. Welche persönlichen „Sternstunden“ kommen mir in den Sinn, wenn ich an Vorträge, Gespräche, Auftritte der Vergangenheit denke? Und wie habe ich mich dabei gefühlt? Die Hypothese: Wenn Sie sich eine Weile persönliche Erfolgserlebnisse bewusst machen, gehen Sie mit mehr Ausstrahlung und Zuversicht in die anstehende Präsentation, als wenn Sie sich von negativen, misserfolgsorientierten Gedanken dominieren lassen.

Keine Angst vor Versprechern

Versprecher oder Verlegenheitspausen sind „Menschlichkeiten“, die bei weitem nicht so negativ wirken, wie man meint. Dies belegen meine Seminare und Coachings stets von Neuem. Niemand erwartet, dass Sie perfekt sprechen. Im Gegenteil: Sporadische Dehnungslaute und andere sprachliche Unebenheiten können sogar den Eindruck befördern, dass Sie die Gedanken „live“ entwickeln und keine vorgestanzten Floskeln benutzen. Die Angst vor einer Verlegenheitspause ist in der Regel unbegründet. Bedenken Sie, dass Ihre Zuhörer eine Pause von bis zu drei Sekunden noch als dramaturgisches Mittel interpretieren. Erst eine nicht nachvollziehbare Sprechpause von mehr als sechs Sekunden wird als übermäßig lang und im ungünstigsten Fall als Blackout empfunden. Dieser Effekt ist in der eigenen Phantasie schlimmer als in der Außenwirkung.

Ein erster Ansatzpunkt, um die Wahrscheinlichkeit von Verlegenheitspausen zu verringern, liegt in der Vorbereitung. Wenn es trotzdem zu Versprechern oder Verlegenheitspausen kommt, helfen diese Empfehlungen weiter:

- Prägen Sie sich vorab Ihre Kernbotschaften durch ein Mentaltraining (inneres Visualisieren) ein. Sie sind Ihr Rettungsanker, wenn Sie ins Schwimmen geraten.
- Spielen Sie vorab den „Advocatus Diaboli“: Konfrontieren Sie Ihr Konzept mit der schärfsten denkbaren Kritik. Überlegen Sie, wie Sie auf derartige sachliche Einwände und kritische Fragen reagieren. Vergessen Sie dabei nicht Reaktionen auf unfaire Angriffe oder Fangfragen.
- Spielen Sie für mögliche Pannen („Worst-case-Szenarien“) Reaktionen durch, bevor Sie vor Ihr Auditorium treten. Achten Sie darauf, dass diese Reaktionen zu Ihrer Persönlichkeit passen.
- Stichworte auf einem Zettel oder auf Powerpoint-Charts helfen Ihnen, beim roten Faden zu bleiben. Falls Sie mit großem Lampenfieber zu

kämpfen haben, können Sie Manuskript und Stichwortkonzept kombinieren (siehe Kapitel V, 6).

Praxistipps

- Sprechen Sie sich vorher ein. Wenn Sie vor einem Wortbeitrag länger nicht gesprochen haben, sind Versprecher programmiert. Jeder braucht seine „Betriebstemperatur", um gut zu sprechen.
- Sprechen Sie nach einem groben Versprecher den Satz einfach noch einmal.
- Die Aufforderung „Weitersprechen!" hilft auch bei einer kurzen Verlegenheitspause. Bedenken Sie, dass Ihre Zuhörer Ihr Konzept gar nicht kennen. Sie wissen also nicht, welcher Gedanke als nächstes geplant war. Hierbei können Sie zum Beispiel:
  - den letzten Gedanken noch einmal aufnehmen: *„Darf ich Ihnen den letzten Gedanken noch einmal verdeutlichen …" „Ich wiederhole noch einmal …"*
  - an das Thema des Vortrags/der Diskussion noch einmal erinnern: *„An dieser Stelle möchte ich das Thema noch einmal bewusst machen. Worum geht es …"*
  - zum nächsten Stichwort übergehen.
- Falls Sie sich im letzten Drittel Ihres Vortrags oder Ihres Wortbeitrags befinden, können Sie zusammenfassen und in die Diskussion überleiten: *„An dieser Stelle möchte ich die wichtigen Kernpunkte zusammenfassen: erstens …, zweitens …, drittens …"* Danach eröffnen Sie die Aussprache.
- Falls Ihnen ein bestimmtes Wort nicht einfällt oder Sie einen Satz nicht zu Ende bringen können, helfen Redewendungen weiter wie: *„Lassen Sie mich anders formulieren …"; „Besser ausgedrückt …"; „Mit anderen Worten …"*. Sie können jedoch auch den letzten Satz neu beginnen.
- Sie können in vertrauten Szenarien die Verlegenheitspause zugeben. Wenn man Sie in einem Gremium oder in einem Diskussionszirkel bereits schätzen gelernt hat und Ihre Kompetenz und Glaubwürdigkeit außer Frage stehen, kann eine humorige selbstironische Bemerkung weiterhelfen: *„Jetzt ist mir glatt der Faden gerissen …"*
- Bei einem kleineren Zuhörerkreis können Sie sich mit diesen und ähnlichen Fragen an das Publikum wenden: *„Welche Fragen sind entstanden?" „Welche Erfahrungen haben Sie gemacht mit …"*

Ü1+6 Anhand des Übungsplans können Sie sofort trainieren, wie Sie mit Verlegenheitspausen und Versprechern umgehen. Besonders geeignet sind die Übungen 1 und 6.

Darüber hinaus gibt es eine Reihe von Tricks für absolute Notfälle

- Fragen ans Publikum: „Bin ich in den letzten Reihen noch gut zu verstehen?"
  „Die Luft ist doch ziemlich verbraucht. Sollten wir nicht besser die Fenster öffnen? Herr Müller, darf ich Sie bitten ..."
  „Hat jemand Fragen zu den bisherigen Ausführungen"?
- Kurze Pause einfügen: „Wir haben kleine Probleme mit der Technik. Lassen Sie uns eine kurze Pause machen. In fünf Minuten geht es weiter ..."
- Griff nach einem Glas Wasser. Dies verschafft Ihnen eine kurze Bedenkzeit, um in Ihrem Stichwortkonzept nach dem nächsten Stichwort zu suchen.

„Spielen" Sie Sicherheit

Bedenken Sie, dass Ihre Zuhörer Ihr Konzept nicht kennen. Daher können Sie auch abweichende Aktionen und Verhaltensweisen zeigen, sofern Ihre Zuhörer den Eindruck haben, dass dieses so geplant war. Die Wahrheit liegt aus Sicht des Publikums in Ihrem Gesamtverhalten, so wie es rüberkommt. Abweichungen vom geplanten Präsentationskonzept können nicht erkannt werden. Daher ist es in der Regel ungünstig, sich zu entschuldigen und dadurch ein Ausrufezeichen hinter eine Verlegenheitspause oder einen Versprecher zu setzen.

III Aufmerksamkeit sichern durch Storytelling und Dramaturgie

Aktivierungstechniken dienen dazu, Präsentationen so zu gestalten, dass die Aufmerksamkeit der Zuhörer von Anfang an geweckt und erhalten bleibt. Ohne Aufmerksamkeit hat Ihr Publikum keine Chance, die wesentlichen Inhalte aufzunehmen, zu verarbeiten und zu behalten.

Sie erfahren in diesem Kapitel,

- welche Ursachen für sinkende Aufmerksamkeit der Zuhörer verantwortlich sind,
- wie Sie Ihr Publikum durch Storytelling motivieren,
- welche ergänzenden dramaturgischen Techniken zur Verfügung stehen.

Auf der CD-ROM finden Sie in der Powerpoint-Präsentation „Aufmerksamkeit erhalten" relevante Charts zu diesem Kapitel.

Wie die Abbildung andeutet, lässt sich die Aufmerksamkeitskurve während einer Präsentation nicht ohne Weiteres auf hohem Niveau halten.

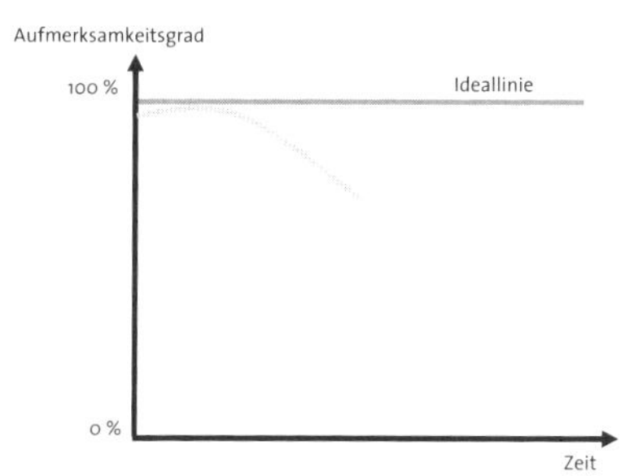

Abbildung 5: Verlauf der Aufmerksamkeitskurve

Wie schnell die Aufmerksamkeit während einer Präsentation nachlässt, kann nicht mit Gewissheit gesagt werden: In der Praxis wird oft mit der Faustregel gearbeitet, dass die Konzentrationsfähigkeit bei einem Frontalvortrag nach etwa 10 bis 15 Minuten schwächer wird. Es wäre jedoch fahrlässig, solche Hypothesen zu verallgemeinern. Inwieweit die Aufmerksamkeit sinkt, hängt neben der Dauer der Präsentation von anderen Bestimmungsfaktoren ab. Dazu gehören vor allem die rhetorischen Fähigkeiten des Vortragenden, die Bedeutung des Themas für die Zuhörer sowie die eingesetzten Medien und Methoden.

1 Ursachen sinkender Aufmerksamkeit

Ergebnisse der Kommunikationsforschung (siehe zum Beispiel Kroeber-Riel 1992) bestätigen die Alltagserfahrung, dass die Aufmerksamkeit vor allem dann sinkt, wenn die dargebotenen Reize die Zuhörer zu wenig aktivieren und sich aufgrund der Präsentation negative Gefühle einstellen. Es sind vor allem folgende Präsentationsfehler, die zu einer sinkenden Aufmerksamkeit führen und dadurch „Abbruchgedanken" verursachen:

- Ziel und Nutzen der Präsentation bleiben unklar,
- die Ausführungen sind unverständlich,
- die Sprache ist zu abstrakt,
- die Struktur der Präsentation ist nicht erkennbar,
- die Grafiken sind unleserlich und überladen,
- die Anzahl der Grafiken überfordert die Zuhörer,
- die vereinbarte Zeit wird überschritten,
- die Präsentation wirkt langweilig und farblos.

Weil niemand genau sagen kann, wie die präsentierten Inhalte beim Zuhörer ankommen, ist es von großer Bedeutung, dass Sie in jeder Phase Ihrer Präsentation darauf achten, wie es um die Aufmerksamkeit bestellt ist. Informationen hierüber erhalten Sie durch deren verbalen und nonverbalen Rückmeldungen. Je früher Sie diese Signale wahrnehmen, desto eher können Sie mit der einen oder anderen Technik gegensteuern.

Die hierunter dargestellten Aktivierungstechniken sind darauf gerichtet, die Zuhörer in geeigneter Weise direkt oder indirekt zu beteiligen und ihre Aufmerksamkeit auf die Kernbotschaft zu lenken. Leitend ist dabei die psychologische Erkenntnis, dass Aufmerksamkeit vor allem durch überraschende und intensive Stimulanzen sowie durch bedürfnisorientierte und emotionale Reize gefördert werden kann.

Prüfen Sie unter Berücksichtigung Ihres Szenarios und der Zielsetzung Ihrer Präsentation, inwieweit Storytelling oder andere dramaturgische Elemente in Frage kommen, um die Aufmerksamkeit Ihrer Zuhörer auf einem hohen Niveau zu halten. Dabei ist Storytelling das wirkungsvollste Mittel, um kurzweilig und interessant zu präsentieren. Dies gilt gleichermaßen für Ihre Auftritte mit und ohne Medien. Daher wird dieses Thema im folgenden Abschnitt ausführlich behandelt.

2 Zuhörer fesseln durch Storytelling

Geschichten erzeugen Kopfkino beim Zuhörer. Sie sind lebensnah und beschreiben Ereignisse und Erfahrungen in natürlicher Reihenfolge. Genau genommen handelt es sich bei Geschichten um eine Abfolge von Bildern – eine Art Filmsequenz. Im Gegensatz zu Fakten und analytischen Inhalten sprechen sie Gefühle an; außerdem kann man ihnen leichter folgen. Spitzenredner wissen genauso wie die besten Entertainer und Journalisten, warum Storytelling – also das Erzählen von Geschichten – zu den wirkungsvollsten Stilmitteln der Rhetorik gehört:

- Sie können dem Publikum eine überraschende Pointe oder ein Aha-Erlebnis vermitteln.
- Sie können Gefühle wecken und ein Schmunzeln oder ein befreiendes Lachen auslösen.
- Sie können die Dramatik einer Situation spannend und eindrucksvoll darzustellen.
- Schließlich bieten eine passende Story oder ein eindrucksvolles Beispiel die Chance, ein abstraktes Sachargument beim Zuhörer dauerhaft zu verankern.

Die Faszination des Storytelling hat vor allem damit zu tun, dass unser Gehirn gern in Bildern denkt. Gute Geschichten, Szenarien aus der Praxis, konkrete Erlebnisse, anschauliche Beispiele werden lieber verarbeitet als abstrakte Inhalte. Vergessen Sie nicht, dass unsere Fähigkeit, bildhafte Eindrücke zu verarbeiten und in Bildern zu kommunizieren, entwicklungsgeschichtlich viel älter ist als die Verarbeitung von Sprache (vgl. Weidenmann 2002).

Wenn Sie hirnfreundlich – ob mit oder ohne Medien – präsentieren wollen, sollten Sie daher in der Lage sein, Geschichten zu erzählen und abstrakte Botschaften dadurch einprägsamer zu machen. Das Prinzip der Veranschaulichung ist ein Axiom für alle Szenarien des Präsentierens. Machen

Sie Storytelling zu einem besonderen Markenzeichen Ihrer Präsentationen. Bauen Sie sich mit Hilfe der folgenden Anregungen Ihr individuelles Repertoire an Geschichten auf, so dass Sie bei Ihren Auftritten bestmöglich präpariert sind.

Was zeichnet eine gute Geschichte aus? (vgl. Frenzel u. a. 2004)

- Sie ist anschaulich: Bildhaftes Erzählen ist das A und O.
- Sie ist spannend und interessant.
- Sie kann zu Anfang ein Rätsel/ein Geheimnis enthalten.
- Sie macht die Situation nachvollziehbar: Der Zuhörer sollte beispielsweise einen konkreten Eindruck davon haben, wie es in der Projektgruppe, im Entwicklungsteam oder in der Begegnung mit der chinesischen Delegation zugeht.
- Sie lädt zur Identifikation ein (Das kenne ich. Das ist mir vertraut. Ich kann den Nutzen sofort nachvollziehen.)
- Sie hat einen Helden (Sie selbst, Ihr Team, Ihr Produkt, Ihr Kunde, ein Auszubildender, der ein schwieriges Problem gelöst hat.)
- Sie ist dramaturgisch aufgebaut: Sie zeigt Konflikte, Gegenspieler (z.B. Wettbewerber), Probleme. Achtung: Ausschließliche Erfolgsmeldungen ermüden.

Was ist bei ihrem Einsatz zu beachten?

- Stellen Sie die Geschichte möglichst an den Anfang. Dadurch hat der Zuhörer zunächst das ganze Bild, um die Argumente und Details besser einordnen zu können.
- Wählen Sie Geschichten aus, die nicht zu fremd, aber auch nicht zu alltäglich sind.
- Arbeiten Sie mit mehreren kurzen Geschichten, wenn Sie ein sehr komplexes Thema präsentieren (Geschichte und Gegen-Geschichte).
- Testen Sie Ihre Geschichten im Vorfeld. Erzählen Sie die ausgewählten Geschichten zunächst Menschen Ihres Vertrauens und achten Sie auf deren Reaktionen.
- Erzählen Sie nicht mit erhobenem Zeigefinger, sondern lassen Sie Ihre Zuhörer mitdenken: Jede Geschichte soll auch ein Angebot zum Mitdenken sein.

Sachlich-abstrakt oder konkret-anschaulich formulieren?

Schauen Sie sich zunächst die folgenden Beispiele an: Auf der linken Seite spricht der Präsentator ausschließlich zur Sache. Ohne Stimulanzen, ohne Bezug zur Welt des Zuhörers.

Auf der rechten Seite macht der Redner seinem Auditorium zusätzlich ein „Geschenk", indem er interessant verpackte Informationen, eine kleine Geschichte, ein Stückchen Infotainment liefert (zur Geschenkmetapher siehe Weidenmann 2002, S. 64).

Sachlich-abstrakt	**Konkret-anschaulich**
„In meiner Präsentation geht es um das Thema: Was geschieht mit dem Kyoto-Protokoll zum internationalen Klimaschutz? Die USA haben dieses Protokoll nicht ratifiziert. Ohne mehr Umweltbewusstsein auf globaler Ebene wird sich dies nicht ändern ..."	„Stellen Sie sich bitte vor, Sie sind in der internationalen Raumstation in 350 Kilometer Höhe und schauen auf unseren blauen Planeten. Sie sehen, wie unbedeutend ein einzelnes Land auf der Erde ist. Sie erkennen, dass wir den zerbrechlichen Heimatplaneten als Ganzes sehen müssen. Wer diese Perspektive hat – so berichtet der deutsche Astronaut Thomas Reiter –, für den ist globale Verantwortung und ein Ja zum Kyoto-Protokoll keine Frage ..." *Kommentar: Durch die Einstiegsfrage „Stellen Sie sich bitte vor ..." erzeugen Sie Kopfkino und Spannung beim Zuhörer."*
„Wir kommen jetzt zum Thema: Erfolgsfaktoren für überzeugende Auftritte. Auf der nächsten Folie sehen Sie die Ergebnisse einer empirischen Studie des Max-Planck-Instituts."	„Es gibt eine Frage, die kein Mensch genau beantworten kann. Sie lautet: „Wie wirke ich auf andere". Jeder von uns hat zwar Vermutungen, welchen Eindruck er bei anderen erzeugt. Aber wir wissen es nicht genau. Eine interessante Studie dazu hat das renommierte Max-Planck-Institut vorgelegt. Ich bin sicher: Die Ergebnisse werden auch Sie überraschen ..." *Kommentar: Die Einstiegsfrage aktiviert die Zuhörer. Die Attribute „interessant" und der Terminus „werden auch Sie überraschen " bauen Spannung auf."*

Sachlich-abstrakt	Konkret-anschaulich
„Im Jahr 2006 haben wir 35 Prozent Umsatzsteigerung in der Region Südostasien realisiert. Das sind 15 Prozent über dem Zielbudget. Und das trotz des schwierigen Umfeldes mit scharfem Qualitäts- und Verdrängungswettbewerb."	„Sie erinnern sich an die Situation Ende 2005? Es gab große Skepsis im Hinblick auf unsere Marktchancen in Südostasien. Ein Kollege sprach damals sogar vom Haifischbecken Südostasien. Dass es Heiko Schulze mit seinem Team geschafft hat, 35 Prozent Umsatzsteigerung und damit 15 Prozent über Plan zu realisieren, verdient große Anerkennung. Und ich bin gespannt darauf, mehr über die Maßnahmen zu erfahren, die zu diesem Erfolg geführt haben ..." *Kommentar: Der Erfolg wird dadurch überzeugender verkauft, dass die Ausgangssituation vorher als schwierig (oder gar dramatisch) dargestellt wird. Siehe hierzu auch die Ritter-Metapher auf Seite 67f..*
„Zu den weiteren Vorzügen unseres Unternehmens gehört ein kundenorientiertes Servicekonzept. Wir sind in jeder Region Deutschlands präsent und reagieren schnell auf technische Störungen beim Kunden."	„Stellen Sie sich bitte vor: Sie sind Freiberufler und wollen am Samstag in Ihrem Homeoffice wichtige E-Mails versenden. Plötzlich streikt das Internet. Totale Funkstille. Telefonate mit Hotlines – reine Zeitfresser. Ihr Adrenalinspiegel steigt. Was tun? Ein Anruf genügt und unser Servicetechniker ist in 90 Minuten bei Ihnen. Von Usedom bis Garmisch, von Cottbus bis Aachen." *Kommentar: Anhand eine anschaulichen Beispiels erläutern Sie, was sich hinter dem inhaltsleeren Begriff „kundenorientiertes Service-Konzept" verbirgt.*

Prüfen Sie also bei der Vorbereitung Ihrer Präsentationen, welche Möglichkeiten sich anbieten, um abstrakte Aussagen zu veranschaulichen. Hier einige Formulierungsbeispiele, die es Ihnen erleichtern, bildhafte Szenarien im Kopf der Zuhörer zu erzeugen.

Weitere Formulierungsvarianten finden in der Checkliste 3b im Ordner Checklisten auf CD-ROM.

- *Phantasie und Erfahrungen der Zuhörer aktivieren*
  - „Stellen Sie sich bitte vor, Sie wären …"
  - „Sie alle kennen XY aus Ihrem Alltag …"

- *Eigene Geschichten*
  - „Ich möchte Ihnen dazu eine erstaunliche Geschichte erzählen, die ich Ihnen aus China mitgebracht habe …"
  - „Ich erinnere mich sehr gut an meinen ersten Tag in unserem Unternehmen …"

- *Analogien zum Thema herstellen*
  - „Einen ähnlichen Weg haben wir beim Referenzprojekt XY beschritten …"
  - „Die Technologie können Sie vergleichen mit …"
  - „Sie können das statische Grundprinzip mit einem Ackerschachtelhalm vergleichen." (Analogiefeld Natur)

- *Abstrakte Inhalte veranschaulichen*
  - „Zwei Beispiele sollen erläutern, was wir unter „Premium-Qualität" verstehen …"
  - „Eine kuriose Geschichte möge dies illustrieren …"
  - „Was die Ausgangssituation so schwierig (dramatisch) machte, will ich jetzt noch einmal in Ihr Gedächtnis rufen …"
  - „Die Gesamttrasse hat eine Länge von 38.000 Kilometern. Das ist fast einmal um den Äquator."

- *Aufmerksamkeit wecken und Spannung erzeugen*
  - „Sie erfahren jetzt das erstaunliche Ergebnis einer Studie, die das Fraunhofer-Institut Ende 2006 vorgelegt hat …"
  - „Jetzt verrate ich Ihnen ein Geheimnis …"
  - „Wider alle Prognosen wurde das Produkt zu einer großen Erfolgsgeschichte."

Damit haben Sie erste Anregungen erhalten zum Auffinden anschaulicher Beispiele sowie kleiner Geschichten. Die folgenden Ausführungen zeigen Ihnen, wie Sie mit System an Geschichten kommen.

Die Informationsquellen auf einen Blick

- Gespräche mit anderen
- Die eigenen Lebenserfahrungen
- Analogiefelder
- Anekdotensammlungen in Büchern und im Internet

Geschichten finden im *Gespräch mit anderen*

In dem Buch Storytelling von Karolina Frenzel findet sich eine originelle und lehrreiche Geschichte zur Frage, wie man an lebensnahe Storys kommen kann:

Das Geheimnis des Harun al-Raschid

Harun al-Raschid, ein Zeitgenosse Karls des Großen, war Kalif von Bagdad und wurde unsterblich durch seine Rolle in der Erzählungssammlung *1001 Nacht.* Dieser kluge Staatsmann und Gelehrte vertraute nicht nur auf den Rat seiner Minister, sondern verließ regelmäßig seinen Palast, um als einfacher Mann verkleidet in den Basaren und Straßen den Gesprächen seiner Untertanen zu lauschen und ihre Ansichten und alltäglichen Sorgen kennen zu lernen.

Diese Geschichte lässt sich recht gut auf die Praxis von Unternehmen, Organisationen und Parteien übertragen. Ein Unternehmen lässt sich mit einem Basar vergleichen, der aus einem Netzwerk informeller Kommunikationskanäle besteht. Dazu gehört Flurfunk genauso wie die vielen kleinen Gespräche am Arbeitsplatz, in der Kantine oder in der Kaffeeküche. Auch die offiziellen Gesprächstermine haben vielfach eine informelle Komponente: Je nach Situation werden dort Geschichten erzählt: über Entscheidungen des Vorstands, Probleme und Erfolge beim Kunden, über Konflikte mit anderen Abteilungen, über geplante Umstrukturierungen und Veränderungen, über neue Mitarbeiter, befürchtete Standortverlagerungen, über neue Technologien und vergangene Zeiten des Unternehmens. Bei diesen informellen Kontakten werden auch – ohne, dass dies im Unternehmen produktiv verwendet würde – Lösungsideen formuliert und Vorschläge gemacht.

Für Vorgesetzte und Teamleiter lässt sich aus dem Harun al-Raschid-Prinzip die Empfehlung ableiten, selbst das vertrauensvolle Gespräch mit den Mitarbeitern und Kunden zu suchen und zu hören, was die Gesprächspartner zu sagen habe. Dies ist zum einen ein probates Mittel, um der Betriebsblindheit entgegenzuwirken; zum anderen erfährt man eine Fülle von Anregungen, die sich für Storytelling eignen könnten. Die Mund-zu-Mund-Propaganda zufriedener Kunden ist nichts anderes als das Erzählen guter Geschichten. Inwieweit Sie hierbei erfolgreich sind, hängt von Ihrer persönlichen Einstellung ab.

Um diesen Prozess des Sammelns und Erzählens von Geschichten auf eine breitere Basis zu stellen, gibt es strukturierte Storytelling-Projekte oder Erzähl-Workshops (siehe hierzu Frenzel 2004). Hierbei wird Storytelling institutionalisiert, und zwar in verschiedener Größenordnung und mit unterschiedlicher Zielsetzung. Zu den Anwendungsfeldern gehören neben „Präsentationen" beispielsweise:

- *Wissensmanagement*
  Hier kann nicht institutionalisiertes Wissen zu Problemen und Lösungswegen bewusst gemacht und später real genutzt werden.

- *Change-Prozesse*
  Storytelling eignet sich zur Vorbereitung von komplexen Veränderungs- und Umstrukturierungsprozessen (Fusionen, Sanierungsmaßnahmen, Kooperationen mit anderen Unternehmen, Zukäufe, Standortverlagerungen ins Ausland ...). Hier bietet sich die Chance, „spielerisch" Ängste abzubauen, Widerstände zu überwinden, Mitarbeiter zu motivieren. Dadurch fühlen sie sich früh beteiligt. Anstelle von Gerüchten und Flurfunk setzen sich die Beteiligten mit der Wirklichkeit auseinander mit erwünschten inneren Dialogen wie: „Mir ist jetzt klar geworden, worum es bei dem Zukauf geht." „Der Vorstand kann ja wirklich zuhören." „Ich weiß jetzt, worauf ich mich einstellen muss." Bei großen Veränderungsprozessen können Sie ein regelrechtes Drehbuch schreiben.

- *Werbung und Marketing*
  In Printmedien, im Internet oder in Fernseh- und Hörfunkspots geht es darum, stimmige, einprägsame und witzige Geschichten zu entwickeln. Diese prägen sich besser ein als heruntergebetete Listen mit Produktmerkmalen.

Geschichten *aus der eigenen Lebenserfahrung* entwickeln

Eine wichtige und nahe liegende Quelle, um authentische Geschichten zu entwickeln, ist der eigene Lebensweg mit Elternhaus, Schule, Ausbildung und Studium, beruflichem Werdegang. Die folgenden Schlüsselfragen können Ihnen dabei helfen, diese Quelle auszuschöpfen:

Eher berufliche Aspekte

- Welche Managementaufgaben reizen mich besonders?
- Wie sieht mein Führungsleitbild aus? Welchen Werten bin ich verpflichtet?
- Was sind berufliche und private Ziele und Träume?
- Auf welche Leistungen bin ich besonders stolz?
- Aus welcher Erfahrung habe ich eine wichtige Lehre gezogen?
- Welche Herausforderungen/Projekte haben mich begeistert, begeistern mich aktuell?
- Aus welchen Misserfolgen habe ich besonders viel gelernt?
- Welches sind meine persönlichen Markenzeichen, meine Alleinstellungsmerkmale?

Eher private Aspekte

- Was hat mir in Schule und Studium besondere Freude gemacht?
- Was ist mir im Leben wichtig?
- Welche Erlebnisse haben mich geprägt?
- Welche Bücher schätze ich als Lebensbegleiter?
- Welche Menschen haben mich beeindruckt und geprägt?

Ü9	Eine spezielle Übung im Selbstlernprogramm kann Ihnen helfen, Storys aus Ihrer eigenen Lebenserfahrung zu finden.

Mit lehrreichen, spannenden oder kuriosen Storys und Beispielen aus Ihrer eigenen Lebenserfahrung erzielen Sie beim Publikum sofort ungeteilte Aufmerksamkeit. Die Überzeugungswirkung ist deshalb so groß, weil Sie von persönlichen Erlebnissen und Erkenntnissen berichten. Weil Sie aus Ihrem Leben berichten, wird es Ihnen leicht fallen, Ihre Geschichten frei und authentisch vorzutragen. Sie können hundertprozentig darauf vertrauen, dass Sie beim Zuhörer ankommen. Gut geeignet sind Storys aus Ihrem beruflichen Leben, wenn es in Präsentationen um weiche Themen geht wie zum Beispiel Werte, Motivation, Führung, Personalentwicklung, Umgang mit Niederlagen, menschliche Aspekte bei Veränderungen und bei Einführung neuer Technologien.

Erzählen Sie nur solche Geschichten, die zum Thema und Ziel Ihres Vortrags passen und Ihre präsentierten Inhalte unterstützen.

Praxistipp:

Sie können auf einem DIN-A4-Blatt Ihr Selbstkonzept (eine Urrede zu Ihrer Person) schreiben. Diese Urrede wird zwar nie gehalten, sie bildet jedoch die Basis für alle Reden und Präsentationen. Sie hat den Charakter einer „personal-story". Sie schreiben auf, was Ihnen besonders wichtig ist, wie Sie als Redner wahrgenommen werden wollen und worauf es Ihnen ankommt. Diese grundsätzliche Überlegung ist deshalb wichtig, weil Sie nur dann überzeugen können, wenn sie vom Publikum als eine Person mit einem eigenständigen Profil erlebt werden.

Geschichten finden *in Analogiefeldern*

Bei Geschichten über Analogien versucht man, das Vortragsthema oder bestimmte Merkmale daraus mit Sachverhalten aus anderen Lebensbereichen zu vergleichen. Folgende Analogiefelder bieten sich als Suchraster an: Sport, Natur, Kunst, Theater, Architektur und Musik, Alltagsumwelt, Forschung, Technik und Naturwissenschaft.

Analogiefeld „Sport"
Dieser Bereich ist – auch wegen seiner Popularität – sehr gut geeignet, um Geschichten zu erzählen, die beispielsweise von Wettkampfsituationen, von Sieg und Niederlage, Euphorie und Depression handeln.

Beispiel: Sie halten einen Vortrag zum Thema „Teamentwicklung und Teamgeist in schwierigen Zeiten". Als Analogie oder als Success Story würde sich der Erfolg der Deutschen Fußball-Nationalmannschaft eignen. Am Beispiel von Jürgen Kliensmann könnten die Erfolgskriterien eines Leaders und eines Teams dargestellt werden. Am Beispiel der Atmosphäre in den Stadien und beim Public Viewing kann eindrucksvoll gezeigt werden, was Begeisterung und Wir-Gefühl bewirken. In diesem Falle wäre also „Sport" ein besonders produktives Analogiefeld, vielleicht sogar ein Feld für Benchmarking.

Analogiefeld „Natur"
Hier bieten sich beispielsweise folgende Motive an: Wachstum und Untergang (Lebenszyklen), Entstehung und Ausbreitung von Seuchen, Personifizierung von Tieren als Sympathieträger, das Feld der „Bionik", bei der der Ingenieur in die Natur schaut, um Anregungen für konkrete Problemlösungen zu bekommen. Beispiele: Wie löst die Sonne das Problem Kernfusion? Was können wir bei der Flugzeugentwicklung von Vögeln und Insekten lernen?

Analogiefelder „Kunst", „Theater", „Architektur" und „Musik"
Stellvertretend für diese Analogiefelder soll hier die Vortragstätigkeit des Dirigenten Christian Gansch erwähnt werden. Er vermittelt seinen Adressaten – vorrangig Top-Managern –, was eine Unternehmensleitung von einem Orchester lernen kann. In einem Interview führte er aus: „Im Orchester arbeiten Dutzende Individualisten Schulter an Schulter nebeneinander, und das täglich bis zu sechs Stunden. Sie können nicht einfach mal schlecht drauf sein und deshalb ein bisschen langsamer spielen. Sie können nicht sagen, wenn Brahms auf dem Programm steht: Heute ist mir mehr nach Mozart. Und es gibt keine Bürotür, die man hinter sich zumacht. Wie unter diesen Bedingungen eine Sinfonie entstehen kann, wie dafür die individuellen Fähigkeiten der Mitarbeiter voll ausgeschöpft werden, wie die Kooperation perfekt organisiert werden muss – das können Unternehmen lernen" (aus einem Interview mit Spiegel-online).

Analogiefeld „Alltagsumwelt"
Hier ist zu prüfen, ob Sie in den normalen Abläufen und Situationen eines Alltags Anknüpfungspunkte für Analogien finden.

Beispiel 1: Sie sprechen über Widerstände und Blockaden einzelner Mitarbeiter gegen technische Neuerungen. Hier könnte man darauf hinweisen, dass jeder täglich in seiner Familie erleben kann, wie sich sein Umfeld auf die Zukunft einstellt, und zwar mit großem Erfolg: Kinder wie Erwachsene gewöhnen sich an neue Handys, neue Software, neue Internetzugänge. Anfangsschwierigkeiten sind normal und werden nach einiger Zeit gemeistert.

Beispiel 2: Thema „Exzellenz im Service". Wichtige Kunden reklamieren. Einigen Mitarbeitern fehlt offenbar der Sensor für sehr guten Service. Um Problembewusstsein bei den Mitarbeitern zu erzeugen, könnte man eigene und fremde Erfahrungen aus dem Alltag heranziehen: Jeder ist selbst im Alltag Kunde und ärgert sich über mangelhaften Service: zum Beispiel im

Restaurant, bei der Installation einer Telefonanlage, mit Handwerkern oder bei Kontakten mit Finanzamt und anderen Behörden. Die Erwartungen, die man selbst als Kunde hat, sind identisch mit den Erwartungen, die die Kunden des eigenen Unternehmens an ein Serviceteam haben.

Analogiefelder „Forschung", „Technik", „Naturwissenschaft"
Hinter Forschungsergebnissen und Spitzentechnik stehen immer kreative Prozesse von Menschen. Der Weg zu einer funktionierenden Spitzentechnik hat stets zu tun mit Versuch und Irrtum, mit Stagnation und Rückschlägen, aber auch mit plötzlichen Durchbrüchen und Erfolgen. Stellvertretend sei auf die Geschichte des LKW-Mautsystems auf deutschen Autobahnen verwiesen. Jeder erinnert sich an die großen Schwierigkeiten in der Anlaufphase und die Image schädigende Wirkung für die beteiligten Firmen. Heute ist das Maut-System weltweit das beste und arbeitet weitestgehend problemfrei. Bei technischen Innovationen könnte man dieses Beispiel benutzen, um vor risikoreichen technologischen „Schnellschüssen" zu warnen und von den Anfangsschwierigkeiten des Maut-Systems zu lernen.

Geschichten finden durch die Ritter-Metapher

In Präsentationen geht es häufig um eine schwierige Situation, die gemeistert wurde. Ihre Zielsetzung möge darin bestehen, konkrete Erfolge und besondere Leistungen überzeugend zu verkaufen. Hierzu können Sie eine Geschichte als „Bühnenstück" inszenieren, das aus vier Akten besteht:

1. Ausgangssituation

Sie beschreiben eindrucksvoll die größten Schwierigkeiten und Probleme. Die Situation schien aussichtslos. Sie können das Bild der dramatischen Situation noch einmal in Erinnerung rufen und auch die desaströsen Konsequenzen bei Nichthandeln.

2. Der Held

(Metapher: „Ritter auf dem Pferd") kommt auf die Bühne. Dies sind Sie (als Vorstand, Ressortchef, Teamleiter …) und/oder Ihr Team. Durch neue Ideen, Kompetenz, Überzeugungskraft und Durchsetzungsfähigkeit haben Sie das Problem in den Griff bekommen. Stellen Sie plastisch dar, welche Widerstände und Konflikte zu lösen waren, welche Maßnahmen ergriffen wurden und wie man letztlich das gesamte Team motiviert hat, mitzumachen.

3. Situation nachher

Stellen Sie anschaulich die verbesserte Situation dar. Schildern Sie exemplarisch einige besondere Leistungen. Nennen Sie Zahlen. Schreiben Sie eindrucksvolle Kennziffern an das Flipchart. Verzichten Sie auf Übertreibungen und Superlative, weil dies Ihre Seriosität und Glaubwürdigkeit beschädigen könnte.

4. Ausblick und Appell

Sie formulieren ein Fazit (Herausforderung glänzend bestanden, Stolz auf das Erreichte, Erfolgsfaktoren noch einmal hervorheben) und enden mit einem motivierenden Ausblick in die Zukunft.

Dieses Schema lässt sich leicht modifiziert auf Veränderungsprozesse übertragen, die erst noch zu bewältigen sind. Hier läuft das Drehbuch Ihrer Geschichte („Reise des Helden") etwa wie folgt ab:

1. Feststellung der Ausgangssituation
(Ist-Zustand, Beschreibung eines Konflikts, neue Technologie, neue Konkurrenz usw.)

2. Aufbruch zur Abenteuerreise
(Erste Maßnahmen, Hindernisse überwinden, Workshops durchführen, Probleme bewältigen, die entscheidende Hürde nehmen, Widersacher besiegen/überzeugen usw.)

3. Heimkehr
Wenn der „Schatz" gewonnen ist, muss er in den sicheren Hafen gebracht und das Projekt in das bestehende Unternehmen integriert werden.

Geschichten finden in Anekdotensammlungen und im Internet

Es gibt eine Reihe von Anekdotensammlungen im Buchhandel. Stellvertretend sei auf das Buch von Detlev Blenk: „Inhalte auf den Punkt gebracht" hingewiesen. Dort findet sich eine Sammlung von 115 Kurzgeschichten, die sich für Seminare und Präsentationen eignen. Die Geschichten sind geordnet nach betrieblichen Themenfeldern: Kommunikation, Teamarbeit, Führung, Verhandeln und Verkaufen, Veränderung sowie Selbstmanagement und Zeitmanagement. Im Internet finden Sie beispielsweise Geschichten unter www.zeitzuleben.de.

Trainieren Sie Storytelling im Alltag

Reden lernt man nur durch Reden. Dies gilt auch für das Storytelling.

- Sammeln Sie Geschichten

  Lassen Sie sich dabei von den Empfehlungen dieses Abschnitts inspirieren und sammeln Sie beispielsweise Anekdoten und Geschichten Ihrer Kollegen und Mitarbeiter, Feedback begeisterter Kunden, Storys aus Zeitungen und Zeitschriften, Geschichten, die Sie bei Recherchen im Internet oder in Anekdotensammlungen gefunden haben. Wählen Sie nur solche Geschichten aus, von denen Sie überzeugt sind. Dabei können Ihnen zwei innere Dialoge helfen:
  – *„Ich interessiere mich für Geschichten, die andere Menschen erzählen."*
  – *„Ich interessiere mich für Geschichten, die ich selbst erlebt habe."*

  Als Messlatte können folgende Fragen dienen: Was gefällt mir? Was war lehrreich, originell und spannend? Was passt zu meinen beruflichen Aufgaben?

- Arbeiten Sie mit einem Storytelling-Logbuch

  Notieren Sie Geschichten, die Ihnen gefallen, stichwortartig in einem Logbuch oder in einer separaten Word-Datei, um dem Vergessen entgegen zu wirken. Schreiben Sie nur die Geschichten auf, die Sie auch weitererzählen würden. Dazu gehören auch Geschichten aus Ihrer eigenen Laufbahn. Außerordentlich lehrreich sind Erfahrungen, Erlebnisse Ihres Lebens, aus denen Sie etwas gelernt haben. Nutzen Sie dieses Logbuch als Einstieg in Ihr aktives Storytelling.

- Trainieren Sie, Ihre Geschichten zu erzählen

  Nutzen Sie die nächsten Präsentationen wie auch andere kommunikative Situationen, um möglichst oft Geschichten und anschauliche Beispiele zu erzählen. Für einen Vortrag sind sie allerdings nur förderlich, wenn sie kurz und knapp erzählt werden. Es muss Ihnen Freude machen, die Geschichte zu erzählen, und Sie müssen selbst dahinter stehen.

Wer präsentiert, sollte ein Gefühl dafür entwickeln, was die Zuhörer als hirnfreundlich erleben. Aus Forschungsergebnissen und eigener Lebenserfahrung wissen wir:

- Unser Gehirn mag Abwechslung, aber keine Hektik.
- Unser Gehirn ist ungeduldig und neugierig, aber liebt auch längere Spannungsbögen.
- Unser Gehirn will sich weder anstrengen noch langweilen (vgl. Weidenmann 2002).

Im letzten Abschnitt haben Sie mit Storytelling einen Erfolg versprechenden Weg kennen gelernt, um die Zuhörer beim Vortrag zu halten. Die folgenden Techniken zur Aktivierung und Dramaturgie geben Ihnen zusätzliche Hinweise, um Spannung zu erzeugen und Langeweile entgegenzuwirken.

> Auf der CD-ROM finden Sie in der Powerpoint-Präsentation „Aufmerksamkeit erhalten“ relevante Charts zu diesem Kapitel.

So fesseln Sie Ihr Publikum

1. Attraktiv einsteigen	▪ Durch einen „zündenden“ Einstieg
2. Kopfkino erzeugen	▪ Durch Storytelling und eine anschauliche Sprache
3. Rhetorische Verstärker	▪ Durch Betonung des Praxisnutzens
4. Standort und Medienwechsel	▪ Durch Abwechslung und kurzweilige Dramaturgie
5. Kurzweilige Charts	▪ Durch Medienwechsel und „hirngerechte“ Folien
6. Zuhörer aktivieren	▪ Durch Aktivierung der Zuhörer
7. Stimulanzen	▪ Durch Humor und andere auflockernde Elemente

Abbildung 6: Aktivierungstechniken

Attraktiv einsteigen

Bedenken Sie, dass sich Ihre Zuhörer – auch wenn sie körperlich anwesend sind – gedanklich noch mit anderen Themen beschäftigen, wenn Sie auf Ihre Präsentation warten. Beispielsweise mit Problemen in ihrer Abteilung, der stressigen Anreise oder anderen Tagesordnungspunkten. Daher ist ein Aufmerksamkeitswecker (attention spot) in der Einstiegsphase der Präsentation von großer Bedeutung. Er soll beim Zuhörer Neugier wecken und Spannung erzeugen.

Ü8	Das Spektrum möglicher Aufmerksamkeitswecker finden Sie in der Auflistung „zündender Ideen für den Einstieg“ im Übungsprogramm.

Kundennutzen veranschaulichen

Die Zuhörer schenken Ihnen bei jeder Präsentation ein kostbares Gut: ihre Zeit. Daher werden sie nur dann Ihre Ausführungen aufmerksam und wohlwollend aufnehmen, wenn ein Nutzen für sie selbst, für ihr Team oder ihr Unternehmen erkennbar ist. Verweilen Sie deshalb nicht nur bei der Beschreibung von Produktmerkmalen, sondern zeigen Sie, was diese Merkmale für die Praxis bedeuten. Der Nutzen kann beispielsweise darin liegen,

- Zukunftsanforderungen besser zu bewältigen,
- aktuelle Schwierigkeiten zu überwinden,
- neue Marktfelder zu erschließen,
- einen Full-Service zu erhalten,
- wirtschaftliche Vorteile zu haben.

Weil Nutzengesichtspunkte die Aufmerksamkeit fördern, ist es ratsam, relevante Produktinformationen in dem Dreischritt „Nutzen – Details – Nutzen“ darzustellen:

Schritt 1: Sie weisen in der Einleitung auf die Bedeutung und den Nutzen des Neuen hin und erzeugen dadurch Aufmerksamkeit.

Schritt 2: Dann stellen Sie die wichtigen Details Ihres Angebots in verständlicher Weise dar.

Schritt 3: Sie entwickeln daran anknüpfend den Praxisnutzen und verankern diesen durch eindrucksvolle Bilder und Referenzbeispiele. Achten Sie darauf, dass Sie ausgehend von den konkreten Wünschen, Schwierigkeiten und Erwartungen Ihrer Zuhörer den Nutzen Ihres Angebots aufzeigen.

Fördern Sie „Kopfkino“ durch anschauliche Sprache

Bei Kundenpräsentationen findet man häufig inhaltsleere Floskeln und abstrakte Begriffe wie: Wir sind ein „innovatives“, „flexibles“ und „kundenorientiertes“ Unternehmen, wir bieten „exzellenten Service“, wir stehen für „höchste Qualität“, wir sind „Marktführer“.

Diese und ähnliche Aussagen sprechen die linke Großhirnhälfte an, die unter anderem für Logik und analytisch-abstraktes Denken steht. Sie erzeugen mit diesen Sätzen – wenn sie vom Zuhörer überhaupt aufgenommen werden – nur vage und breit streuende Assoziationen. Begriffe wie „innovativ“, „flexibel“ oder „Marktführer“ sind weit entfernt von der Lebenswirklichkeit und Erfahrungswelt des Publikums. Bei diesen Aussagen handelt es sich um zunächst unbewiesene Behauptungen mit zwei entscheidenden Nachteilen: Zum einen ist der Nutzen nicht erkennbar. Und zum anderen fehlt ein anschauliches Element (Beispiel, Story, Vergleich), um die Botschaft zu verankern. In der Psychologie spricht man nicht umsonst von Doppelspeicherung, wenn gleichzeitig die Ratio (linke Hirnhälfte) und der persönlich-emotionale Bereich (rechte Hirnhälfte) angesprochen werden.

Der Zuhörer hat während Ihrer Ausführungen ständig die WHID-Formel im Kopf: **W**as **H**abe **I**ch **D**avon, dass ich Ihnen zuhöre, dass Ihr Unternehmen innovativ und flexibel ist, dass Sie den Begriff „höchste Qualität“ verwenden, dass Sie Marktführer sind? Und er fragt sich außerdem: Wie kann ich mir das plastisch vorstellen, was Sie mir bieten? Ich möchte – so der unausgesprochene Wunsch des Kunden – dass Sie mir Ihre Argumente verständlich und einprägsam anbieten.

Die Beantwortung folgender Fragen erleichtert es Ihnen, die abstrakte Aussagen „Wir sind innovativ“ in lebensnahe, konkrete Formulierungen umzuwandeln und Behauptungen mit anschaulichen Beweismitteln zu untermauern:

- Was bedeutet für unser Unternehmen „innovativ“?
- Was haben meine Kunden davon, dass mein Unternehmen innovativ ist? Wo liegen unsere Alleinstellungsmerkmale (in den Bereichen „Technologie“, „Innovations-Management“ und „Organisation“)? Inwiefern profitieren meine Kunden davon?
- Welche anschaulichen Beispiele, Success Stories, Referenzen, Produkte, Problemlösungen, symbolisieren unsere Innovationsfähigkeit?
- Welche Möglichkeiten gibt es, an der Erfahrungswelt und dem Vorwissen des Kunden anknüpfend eine innovative Problemlösung darzustellen?

- Welche Menschen mit welchen Qualifikationen sind die Voraussetzungen dafür, dass wir Spitzentechnologien und innovative Lösungen anbieten?
- Welche Patente, Preise, Auszeichnungen oder unbestrittene Markterfolge kommen als Beweismittel in Frage?
- Welches Bild ist geeignet, die Innovationskraft meines Unternehmens zu veranschaulichen? Womit lässt sich die Innovationskraft vergleichen?

Vermutlich haben Sie eine Fülle an Informationen zusammengetragen. Für Ihre Argumentation sollten Sie sich jeweils auf die drei wichtigsten Punkte konzentrieren. Diese verknüpfen Sie beispielsweise mit dem Adverb „innovativ“ oder den Attributen „flexibel“ oder „Marktführerschaft“; dann bilden Sie daraus Statements von etwa 40 Sekunden Länge.

Nutzen Sie daher alle Möglichkeiten, Kopfkino beim Zuhörer zu erzeugen, indem Sie

- anschauliche Beispiele zur Illustration abstrakter Begriffe bringen. Beispiel: „Anhand von zwei Beispielen erläutere ich Ihnen, was wir unter Serviceoffensive verstehen …“
- Ihre Aussagen so formulieren und begründen, dass sich Ihre Zuhörer in ihrer eigenen Erlebnis- und Erfahrungswelt angesprochen fühlen.
- Geschichten, Erlebnisse und Analogien zu anderen Lebensbereichen (siehe Kapitel III, 2) kurz und prägnant in Ihre Präsentation einbeziehen.
- Ihre Kernbotschaften durch hirngerechte Schaubilder, Fotos oder virtuelle Darstellungen visualisieren.

Rhetorische Verstärker

Wie an anderer Stelle erläutert, können Sie mit rhetorischen Mitteln bestimmte Botschaften verstärken: Lautstärke variieren (Modulation), Pausentechnik, Tempovariation sowie eine gleichgerichtete unterstützende Gestik. Hier einige Formulierungsbeispiele, bei denen die groß geschriebenen Buchstaben zu betonen sind:

- „Von ENTSCHEIDENDER BEDEUTUNG ist dabei xy.“
- „IM ZENTRUM unserer Strategie steht.“
- „Dieser Zusatznutzen ist VÖLLIG NEU.“
- „Es ist GANZ OHNE ZWEIFEL so, dass …“
- „Daraus folgt EINDEUTIG …“
- „Ein BESONDERS INTERESSANTER Punkt …“
- „Sie erfahren jetzt das ERSTAUNLICHE Ergebnis einer Studie, die …“

- „Das folgende Beispiel soll verdeutlichen, mit welchen WIDERSTÄNDEN, ANGRIFFEN UND BLOCKADEN wir in der Anfangsphase des Projekts zu kämpfen hatten ...“
- „Ich kommt jetzt zu einem ERSTAUNLICHEN Punkt: ...“
- „Jetzt verrate ich Ihnen ein GEHEIMNIS ...“

Standort- und Medienwechsel

Während einer Präsentation haben Sie vielfach die Möglichkeit, gezielt den Standort zu wechseln und dabei hin und wieder die zentrale Position auf der Bühne einzunehmen. Gelenkter Standortwechsel ist ein dramaturgisches Mittel, das zu selten genutzt wird.

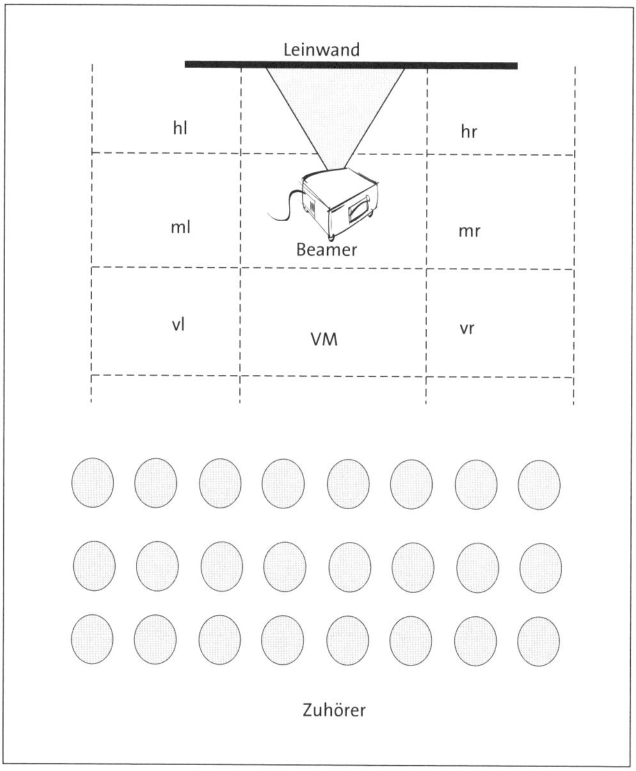

Abbildung 7: Aktionsraum beim Präsentieren

Teilen Sie Ihren Aktionsraum beim Präsentieren in neun Quadrate ein: vor der Leinwand hinten links (hl), hinten mitte (hm), hinten rechts (hr), auf Höhe des Projektors mitte links (ml), Mittelpunkt (dort steht in der Regel der Projektor), mitte rechts (mr); vorne links (vl), vorne mitte (vm) und vorne rechts (vr). Es kommt Ihrer Überzeugungswirkung zugute, wenn Sie vorn im zentralen Feld (vm) stehen und von dort aus sprechen.

Bei Powerpoint-Präsentationen werden Sie in der Regel an der Seite stehen, damit Ihre Zuhörer freie Sicht auf die Leinwand haben. Sie können allerdings von Zeit zu Zeit Ihre Bildschirmpräsentation unterbrechen (Taste B oder . drücken) und dann zur zentralen Position („vorn mitte") gehen. Von dort aus können Sie zum Beispiel

- eine Geschichte erzählen,
- von einem Referenzprojekt berichten,
- ein anschauliches Beispiel oder eine Analogie darstellen,
- Fragerunden während der Präsentation moderieren,
- ein Demonstrationsobjekt zeigen.

Eine andere dramaturgische Variante besteht darin, ans Flipchart zu gehen, um beispielsweise

- „live" ein Strukturbild zu zeichnen oder
- eine wichtige Zahl anzuschreiben.

Um beim gelenkten Standortwechsel zusätzlich Spannung zu erzeugen, sollten Sie diesen anmoderieren (siehe hierzu Seite 185).

Kurzweilige Charts stimulieren die Aufmerksamkeit

Wenn Ihre Schaubilder überladen sind und die dargebotene Menge an Charts die Aufnahmefähigkeit der Zuhörer überfordert, schalten sie ab. Achten Sie daher bei der Vorbereitung Ihrer Powerpoint-Charts darauf, dass diese aus Zuhörersicht Nutzen bringen und ansprechend gestaltet sind. Kriterien für hirngerechte Charts finden Sie in Kapitel VII.

Nicht vergessen:

- Niemals mehr als zwei Textfolien hintereinander
- Kombinieren Sie Textinformationen mit eindrucksvollen Fotos
- Schaffen Sie durch virtuelle Darstellungen und Video-Einschübe Aha-Erlebnisse
- Ersetzen Sie Textcharts durch Strukturbilder

☞ **Hinweis:**

Sie verstärken die emotionale Wirkung, wenn Sie zwischendurch ein Foto auf die ganze Folie setzen. Dadurch erhöhen Sie die Aufmerksamkeit des Publikums, weil die Zuhörer auf die Erklärungen des Vortragenden angewiesen sind.

Zuhörer aktivieren

Mit Hilfe dialogischer Techniken können Sie Ihr Auditorium in direkter Form beteiligen und in den Informations- und Überzeugungsprozess einbeziehen. Der Dialog ist das wirkungsvollste Mittel, die Aufmerksamkeit zu stimulieren und die Zuhörer aus ihrer passiven Rolle zu befreien: Fragerunden sowie Phasen der Diskussion und des Gedankenaustauschs motivieren, weil der Zuhörer sein Vorwissen, seine Vorerfahrung und seine Sicht der Dinge einbringen kann. Nutzen Sie hierbei offene Fragen (= W-Fragen). Beispiele: „Welche Anforderungen haben Sie an eine Problemlösung?“ „Was verstehen Sie unter ...?“ „Welche Erfahrungen haben Sie gemacht mit ...?“ „Welche Erwartungen haben Sie ...?“ „Wie schätzen Sie diesen Lösungsweg ein ...?“.

Wenn diese direkte Beteiligung der Zuhörer etwa beim Sprechen vor einer Großgruppe nicht möglich ist, können Sie rhetorische Fragen stellen oder die Zuhörer durch aufwertende Redewendungen einbeziehen. Beispiel: „Wie Sie als Marketing-Fachleute wissen ...“ „Dieses Konzept bietet gerade für die Kriterien ‚Return on Investment‘ und ‚Wirtschaftlichkeit‘ (Schlüsselwörter, die an die Aktionäre adressiert sind) besondere Chancen ...“

Ergänzende Stimulanzen

In vielen Präsentationen können Sie motivierende Zutaten wie Witz und Humor einsetzen, um Gefühle anzusprechen. Dies schafft Sympathie und Abwechslung und aktiviert so die Aufmerksamkeit. Achten Sie jedoch darauf, dass Stimulanzen zu den Erwartungen Ihrer Zielgruppe passen, Ihre Kernbotschaft nicht übertönen und mit Augenmaß eingesetzt werden.

Praxistipp

Sammeln Sie motivierende Zutaten für Ihre Präsentationen in einer individuellen elektronischen Motivdatei. Dies hilft Ihnen bei der Vorbereitung, um kopflastige Themen aufzulockern und psychologische Ventile zu schaffen. Mein Handarchiv pflege ich seit 20 Jahren. Es ist nach diesen Kategorien aufgebaut:

Rubrik 1: *Sinnsprüche und Zitate.* Ich habe gute Erfahrungen damit gemacht, Verwertbares sofort in den Computer einzugeben, und zwar aufgeteilt in eine Word-Datei für die Tischvorlagen sowie in eine Powerpoint-Datei für meine Präsentationen.

Rubrik 2: *Clip-Arts.* Bemühen Sie sich hier um Originalität und Eigenständigkeit. Viele der amerikanischen Clip-Art-Bibliotheken sind für Einstellungen und Sehgewohnheiten unserer Zuhörer weitgehend unbrauchbar. Üben Sie auch Zurückhaltung bei Powerpoint-Clip-Arts, da die meisten dieser Clips inzwischen fast jedem bekannt sind.

Rubrik 3: *Cartoons und Karikaturen.* Achten Sie beim Studieren von Tages- und Wochenzeitungen, Fachzeitschriften, Magazinen und Büchern auf Verwertbares. Vergessen Sie nicht, den Namen des Karikaturisten zu vermerken. Prüfen Sie die Möglichkeit, zu Ihren Themen passende Karikaturen anfertigen zu lassen. Hierzu stellen Sie typische Situationen und Motive Ihres Unternehmens, Bereichs oder Ihrer Produktpalette und Kernkompetenzen zusammen und bitten einen Karikaturisten, Ihnen Vorschläge zu machen. Vergessen Sie dabei nicht, den Preis vorher auszuhandeln.

Rubrik 4: *Storys, Fabeln und Anekdoten.* Sammeln Sie auch hier, was zu Ihren typischen Szenarien passt und was Sie gern erzählen. Die Länge sollte nach Möglichkeit eine Minute nicht überschreiten. In Kapitel III, 2 finden Sie Anregungen zu der Frage, wo Sie Storys und Geschichten finden und wie Sie mit einem Storytelling-Logbuch arbeiten.

Rubrik 5: *Digitale Fotos und Videos.* Es war noch nie so einfach wie heute, kurze Videosequenzen in Präsentationen einzufügen. Digitale Kameras und digitale Fotoapparate bieten eine Reihe von Chancen, zum Beispiel Produkte, Referenzobjekte, Werkstätten, Verfahrensabläufe, virtuelle Darstellungen oder Fotos Ihres Teams einzubinden.

☞ **Hinweis:**

Sie können Ihre Sammlung an auflockernden Elementen mit zwei Zusatzprogrammen kombinieren, die das Microsoft Office System zur Verfügung stellt:

1. Der Clip-Organizer: Er verwaltet neben Bildern auch Video- und Audiodateien. Besonders praktisch: Sie können über Schlüsselworte nach Medien suchen und in Powerpoint einfügen.

2. Der Picture Manager: Er lässt sich als eigenständiges Programm aus dem Windows-Startmenü öffnen. Sie können sich einen schnellen Überblick über Ihre Bilder, Fotos und Grafiken machen. Videos und Audio-Dateien werden im Picture Manager allerdings nicht verwaltet. Der Picture Manager enthält ein schnelles und hilfreiches Bearbeitungsprogramm für den „Hausgebrauch". Mit diesem Programm können Sie zum Beispiel Fotos nachbearbeiten und Bilder komprimieren (siehe hierzu Handbuch Powerpoint2003. Microsoft 2006).

Auf der CD-ROM finden Sie WWW-Links mit Materialien zu möglichen Stimulanzen für Präsentationen.

IV Souverän interagieren und diskutieren

In diesem Kapitel finden Sie:

- Modelle zur Verzahnung von Präsentation und Interaktion
- Empfehlungen zum Diskussionsverhalten
- Empfehlungen zum Umgang mit Störungen
- Basic-Skills zum Umgang mit sachlichen Einwänden und unfairen Spielarten

Wesentliche Inhalte dieses Kapitels finden Sie in der Powerpoint-Präsentation „Interaktion".

Der überzeugende Vortrag und der gekonnte Medieneinsatz sind notwendige, jedoch noch keine hinreichende Bedingungen für den Erfolg: Sie werden Ihre Präsentationsziele nur dann erreichen, wenn Sie neben dem Präsentieren in der Lage sind, mit Einwänden, Fragen und anderen Diskussionsbeiträgen, die während und nach der Präsentation kommen, gekonnt umzugehen. Hierfür benötigen Sie kommunikative Fähigkeiten, die mit unterschiedlichem Schwerpunkt für alle Präsentationsmodelle notwendig sind.

1 Modelle zur Verzahnung von Präsentation und Interaktion

Phasen der Diskussion und Interaktion* können in unterschiedlicher Weise mit der eigentlichen Präsentation verknüpft werden. Die Abbildung zeigt die wichtigsten Präsentationsmodelle in der Übersicht. Welches Modell für Sie in Frage kommt, hängt maßgeblich vom Anlass der Präsentation, von den eingesetzten Medien und vom Ergebnis der Zuhöreranalyse ab (siehe Kapiel V, 2). Die Modelle 1 bis 3 eignen sich für Vortragspräsentationen, während das Modell 4 hauptsächlich für Präsentationen im Gespräch und für Lehr-Lern-Situationen in Frage kommt.

* Der Begriff „Interaktion" umfasst alle wechselseitigen Aktionen zwischen Präsentator und Zuhörern sowie zwischen den Zuhörern. Dazu gehören angeregte und spontane Beiträge des Auditoriums, also z.B. Fragen, Einwände, Kritik, neue Ideen. „Diskussionen" werden als eine spezielle Form von „Interaktionen" verstanden.

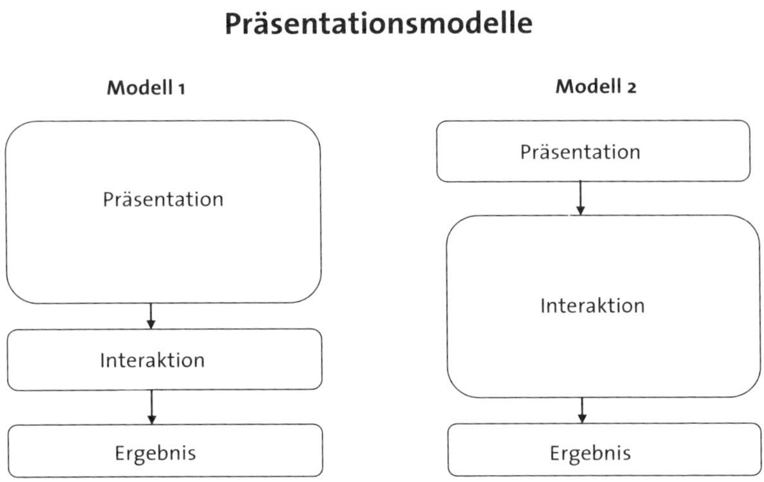

Abbildung 8: Standardmodelle „Präsentation und Interaktion"

Modell 1

Diese Variante *„Zunächst Präsentation, dann Diskussion"* hat sich bei den meisten Präsentationsanlässen bewährt. Hierbei entzerren Sie die Phasen Vortrag und Diskussion. Der Vorteil dieses Vorgehens: Sie können Ihre Präsentation im Zusammenhang darstellen und laufen nicht Gefahr, dass eine frühe Diskussion Ihr Konzept durcheinander bringt. Geben Sie Ihren Zuhörern bereits zu Ende der Einleitung eine entsprechende Orientierungshilfe: *„Zunächst stelle ich Ihnen das Konzept im Zusammenhang vor. Wenn Sie Verständnisfragen haben, können Sie mich jederzeit unterbrechen. In der anschließenden Diskussionsphase beantworte ich gern Ihre Fragen und Einwände."*

Modell 2

Falls Sie im Vorfeld der Präsentation nur wenig Informationen über Bedürfnisse, Vorwissen und spezielle Erwartungen des Kunden zusammentragen konnten, ist es ratsam, nur kurz zu präsentieren und früh in die Interaktion zu gehen. Dieser frühe Dialog hat in diesem Zusammenhang zwei Vorteile:

1. Sie erhalten (ergänzende) Kundeninformationen und
2. Sie sichern Aufmerksamkeit und Interesse des Zuhörerkreises.

Je nach Präsentationsanlass und Szenario können andere Formen der Verknüpfung von Präsentation und Interaktion in Frage kommen:

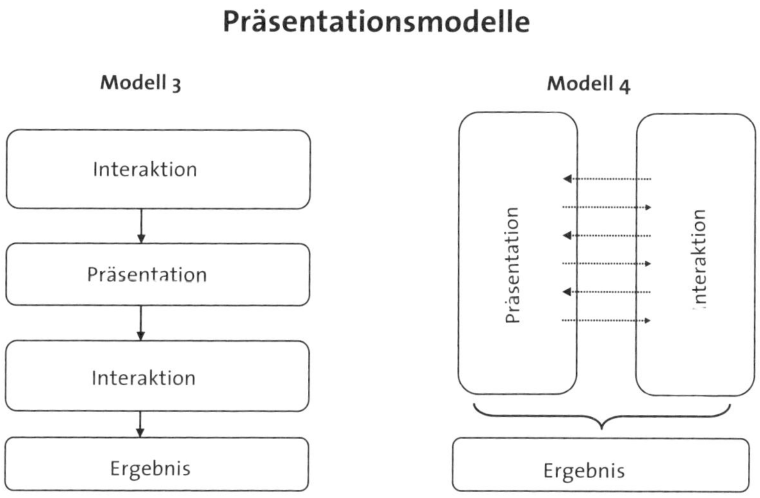

Abbildung 9: Spezielle Modelle „Präsentation und Interaktion"

Modell 3

Wenn Sie wenig (im Grenzfall keine) Vorinformationen über die Erwartungshaltung und die Situation des Kunden haben, bietet das Modell 3 die beste Gewähr, kundenorientiert zu präsentieren. Die vorgeschaltete interaktive Phase hat zum Ziel, die besonderen Erwartungen und Entscheidungskriterien der Zuhörer in Erfahrung zu bringen. Diese Informationen helfen Ihnen dann, die Inhalte kundengerecht zu präsentieren und in einer weiteren interaktiven Phase mit den Kunden zu diskutieren. Dieses Vorgehen ist risikoreich und verlangt vom Präsentator ein hohes Maß an Flexibilität und Medienkompetenz: Er muss jeweils in kurzer Zeit entscheiden, wie er am besten auf Fragen und Bedürfnisse des Kunden eingeht und wie er die vorbereiteten visuellen Hilfsmittel rasch und situationsgerecht einsetzen kann.

- Bei Computerpräsentationen ist sicherzustellen, dass die relevanten Charts auf Knopfdruck angesteuert werden können. Dies setzt differenzierte Vorbereitungen voraus (siehe Kapitel V, 5).

- Falls der Zuhörerkreis Themen und Wünsche artikuliert, für die Sie keine fertigen Schaubilder und Grafiken mitgebracht haben, bleibt Ihnen nur die Möglichkeit, verbal auf diese Punkte einzugehen und – falls erforderlich – spontan ein Flipchart einzusetzen.

Modell 4

Dieses „parallele Schema“ eignet sich zum Beispiel, wenn Sie bestimmte Inhalte im Rahmen eines Gesprächs präsentieren wollen. Hierbei fügen Sie kleine Präsentationsmodule in den Gesprächsablauf ein, wobei die Interaktion mit dem Gesprächspartner aufrechterhalten bleibt. Auch das Lehrgespräch im Rahmen von Schulungen weist eine ähnliche formale Struktur auf.

2 Empfehlungen zum Diskussionsverhalten

Bei den meisten Präsentationen sind Sie zugleich Präsentator *und* Diskussionsleiter. Achten Sie bei der Leitung der Aussprache darauf, die Beiträge sachgerecht und partnerschaftlich zu behandeln, auch wenn Sie mit schwierigen Sachfragen und kritischen Einwänden konfrontiert werden. Generell wird es Ihnen leichter fallen, in der Diskussionsphase zu bestehen, wenn Sie sich bereits im Rahmen der Vorbereitung Reaktionsmöglichkeiten für die sachlichen und unsachlichen Beiträge sowie für unfaire Taktiken festgelegt haben (siehe hierzu auch Abschnitt IV, 3 und IV, 4).

Die Diskussion gekonnt eröffnen

Die formelle Eröffnung *(„Welche Fragen sind entstanden?“* oder *„Haben Sie Fragen?“)* birgt die Gefahr, dass niemand etwas sagt. In den meisten Fällen ist es daher günstiger, eine Eröffnungsvariante zu wählen, bei der Sie direkt in die Interaktion kommen.

Sie können zum Beispiel:
- an ein Vor- oder Pausengespräch anknüpfen: *„Herr Dr. Müller, Sie hatten in unserem Vorgespräch auf die Bedeutung der Recyclingfähigkeit hingewiesen. Wie beurteilen Sie unseren Vorschlag?“* oder *„In der Pause wurde ich gefragt …“*
- einen Teilnehmer, den Sie persönlich kennen, um seine Einschätzung bitten: *„Herr Winkler, wie beurteilen Sie die Umsetzbarkeit dieses Lösungsvorschlags für Ihre Sparte?“*

- das Fazit Ihrer Präsentation in die Aussprache münden lassen: *„Soweit die wichtigen Vorzüge unseres Lösungsvorschlags. Inwieweit erscheinen Ihnen die gezeigten Produktmerkmale praktikabel für Ihr Haus?"*
- offene Fragen stellen, um die Zuhörer zu aktivieren: *„Wie sehen Ihre Erfahrungen zu diesem Punkt aus?"* oder *„Wie schätzen Sie diesen neuen Lösungsweg ein?"*
- noch einmal ein wichtiges Chart zeigen und zu Fragen und Anmerkungen auffordern: *„Welche Fragen sind entstanden?"*

Diskussionsbeiträge wertschätzend behandeln

Um den eigenen Sympathiewert zu fördern, ist es wichtig, auf ein gutes Klima hinzuwirken und auf Fragen und Einwände partnerschaftlich zu reagieren. Der Grundsatz des Fairplay sollte auch dann nicht aufgegeben werden, wenn Ihr Gegenüber Fangfragen stellt oder unsachlich agiert. Jeder muss sein Gesicht wahren können. Wertschätzend wirkt es, wenn Sie
- dem Fragesteller Interesse und Zuwendung zeigen,
- situationsgerecht ein paar Schritte auf den Fragesteller zugehen,
- Blickkontakt anbieten und ihn ausreden lassen,
- den Teilnehmer mit seinem Namen ansprechen,
- sich bemühen, den Beitrag zu verstehen,
- bei Meinungsverschiedenheiten zunächst die gemeinsamen Punkte herausstellen.

Diskussion kompetent und zielorientiert lenken

Unter inhaltlichem Aspekt kommt es darauf an, Ihre Präsentationsziele ständig im Blick zu haben und die Fragen kurz, präzise und kompetent zu beantworten. Wiederholen Sie im Rahmen der Diskussionsrunde Ihre wichtigsten Nutzenargumente und die besonderen Kompetenzen Ihres Leistungsangebots/Unternehmens.

Bewährt haben sich in der Praxis diese Lenkungstechniken:

- Lassen Sie sich nicht zu Antworten verleiten, die Ihren Informationsstand überfordern und die nicht in Ihre Zuständigkeit fallen. Oft ist es ratsam, diplomatisch Nein zu sagen und ein späteres Gespräch anzubieten:
  - *„Für diese Frage bin ich nicht direkt verantwortlich. Darf ich Ihnen einen Kontakt zur Abteilung X herstellen?"*

- *„Ich möchte Ihnen hier keine gewagte Antwort geben, sondern mich erst in unserem Unternehmen rückversichern. Bis wann brauchen Sie die Information?“*

• Erteilen Sie das Wort in der Reihenfolge der Wortmeldungen oder nach inhaltlichen Gesichtspunkten.
• Worterteilungen zum Verfahren (zum Beispiel Zeit und Ablauf) haben Vorrang.
• Wenn zahlreiche und sehr heterogene Fragen und Einwände kommen, können Sie die Fragenkreise thematisch bündeln. Stimmen Sie dieses Vorgehen jedoch mit den Zuhörern ab.
• Prüfen Sie bei unterschiedlichen Meinungen zunächst, ob Sie über das gleiche Thema sprechen.
• Bei sehr speziellen Fragen, die den Großteil der Runde überfordern würden, können Sie eine kurze Antwort geben und dem Fragesteller ein weiterführendes Vier-Augen-Gespräch nach der Veranstaltung anbieten.

Ergänzende Tipps

• Achten Sie auf die verfügbare Zeit.
• Vermeiden Sie ein Streitgespräch. Fragen Sie vielmehr nach Begründungen und Beweismitteln Ihres Gegenübers.
• Greifen Sie in der Diskussion ruhig noch einmal auf Folien oder andere visuelle Hilfsmittel zurück.
• Ein taktischer Hinweis: Im Anschluss an einen heiklen Einwand können Sie weitere Fragen entgegennehmen (und z.B. auf einem Flipchart notieren), um Zeit zu gewinnen.

Kernbotschaft am Schluss verstärken

• Fassen Sie am Ende die Quintessenz der Diskussion so zusammen, damit die wesentlichen Punkte Ihrer Präsentation und Ihre Fähigkeit, problemorientierte Lösungen im Dialog mit dem Zuhörer zu erarbeiten, noch einmal betont werden. Sprechen Sie in jedem Falle die konkreten Folgeaktivitäten an, d.h. wer was bis wann und wie tun soll. Bedanken Sie sich abschließend für die Einladung.
• Der letzte Eindruck muss positiv und einprägsam sein, denn er bleibt besonders nachhaltig in der Erinnerung der Zuhörer.

In Präsentationen werden Sie – ähnlich wie bei Gesprächen und Diskussionsrunden – bestimmte Verhaltensweisen Ihrer Zuhörer als „Störung“ erleben. Dies sind Ereignisse, die die Beteiligten davon abhalten, dem Sachthema und Ihnen die ungeteilte Aufmerksamkeit zu schenken. Es ist ratsam, starke Antennen für schwache (z.B. körpersprachliche) Signale zu entwickeln, damit man früh reagieren kann. Sonst ist die Gefahr gegeben, dass Störungen ein Eigenleben entwickeln und sich zu einem Flächenbrand ausweiten. Darüber hinaus sollte man sich präventiv darauf einstellen, wie man schwierige Situationen in Interaktion und Diskussion meistert.

Bedenken Sie stets, dass Sie beim Umgang mit Störungen und schwierigen Situationen Präsentator und Beziehungsmanager zugleich sind. Ihre Interventionen sollten daher in jedem Falle wertschätzend sein. Das Mensch-zu-Mensch-Verhältnis ist für Vertrauensbildung und Entwicklung einer langfristigen Partnerschaft wichtiger als Digitaltechnik und Multimedia. Achten Sie deshalb vor, während und nach der Präsentation darauf, dass entlang der gesamten Kontaktkette die Wirkung auf die Zuhörer positiv ist. Jeder Zuhörer muss spüren, dass er stets im Mittelpunkt steht und dass es Ihnen als Präsentator Freude macht, mit ihm zu sprechen und mit ihm gemeinsam seine Probleme zu lösen.

Es folgen Praxisempfehlungen zu den Störungen bei Präsentationen.

Frühe Diskussionsbeiträge

Wenn bereits in der Einstiegsphase Ihrer Präsentation Fragen gestellt werden, kann das dazu führen, dass sich eine zeitraubende Diskussion entwickelt, die Ihr Konzept durcheinander bringt.

Bewährte Interventionen

- Beantworten Sie Verständnisfragen sofort und bieten Sie bei weiterführenden Fragen und Einwänden die Aussprache an. Dies fällt leichter, wenn Sie im Rahmen der Einleitung Ihre Zuhörer auf dieses Vorgehen hinweisen. Mögliche Formulierung: „Wenn Sie Verständnisfragen haben, stellen Sie Fragen direkt während der 15-minütigen Präsentation. Weiterführende Fragen beantworte ich gern in der anschließenden Diskussion."

- Sie können weiterführende Fragen, die während der Diskussion kommen, am Flipchart notieren und später in der anschließenden Diskussion behandeln. Bei der ersten „störenden" Frage: „Das ist eine sehr spezielle Frage, auf die ich gern in der Diskussion zurückkomme. Ich nehme Ihre Frage gern in unsere Rubrik ‚offene Fragen' auf." Dann schreiben Sie die Frage ans Flipchart.
- Die sofortige Beantwortung früher Fragen oder Einwände kann man häufig auch durch Hinweis auf spätere Gliederungspunkte umgehen. „Herr Schumann, Sie fragen nach der Kostenwirtschaftlichkeit dieser Lösung. Ich komme im späteren Verlauf der Präsentation eingehend darauf zu sprechen. Sind Sie einverstanden, wenn ich daher die Frage ein paar Minuten zurückstelle?" Dieses Vorgehen wird erleichtert, wenn Sie Ihre Gliederung auf einem Dauermedium (z.B. Flipchart) angeschrieben haben und daher den entsprechenden Gliederungspunkt auch zeigen können.

Privatgespräche und Unruhe im Plenum

Wenn Zuhörer Privatgespräche führen und sich Unruhe breit macht, ist dies in der Regel ein Alarmzeichen: Es besteht die Gefahr, dass die Aufmerksamkeit Ihrer Teilnehmer nachlässt und infolgedessen der Erfolg Ihrer Präsentation gefährdet ist.

Reaktionsmöglichkeiten:

- Aktivieren Sie die Teilnehmer durch offene Fragen „Inwieweit habe ich mich verständlich machen können?" „Was ist offen geblieben?" „Welche Erfahrungen haben Sie damit gemacht?"
- Bringen Sie einen neuen (motivierenden) Gesichtspunkt!
- Stellen Sie den Nutzen Ihres Vorschlags heraus. Nutzen motiviert stärker als Fakten und Detailinformationen.
- Setzen Sie rhetorische Mittel ein: Lautstärke variieren, mehr Dynamik und Emotionen, anschauliche Beispiele, Geschichten und Analogien.
- Wechseln Sie die Medien.
- Bemühen Sie sich, die desinteressiert wirkenden Teilnehmer (über Schlüsselwörter, die mit ihrem Ressort zu tun haben) zu aktivieren und an der Diskussion zu beteiligen.

- Wenn dies alles nicht hilft, ist es ratsam, die Kernbotschaft zusammenzufassen und zur Diskussion überzuleiten.

Monologe und Dominanzgebärden

Es verlangt dialektisches Geschick und Fingerspitzengefühl, mit Teilnehmern umzugehen, die kritische Co-Referate halten oder zu nervtötender Besserwisserei neigen.

Bewährt haben sich diese Reaktionsmöglichkeiten

- Bei Präsentationen vor ranghöheren Führungskräften oder Kunden ist es im Zweifel ratsam, auch bei längeren Beiträgen geduldig zuzuhören und dann kurz und kompetent zu antworten. Bedenken Sie stets, dass sich hinter den Wortmeldungen eines Teilnehmers auch emotionale Motive (nach Bestätigung, Anerkennung ...) verbergen können.
- Sie können auch freundlich unterbrechen und nach den entscheidenden Argumenten oder Kriterien fragen: „Herr Müller, mir ist nicht deutlich geworden, welches Argument für Sie das entscheidende ist?“

Einwände und Fragen, die jenseits Ihrer Fachkompetenz liegen

Trotz sorgfältiger Vorbereitung kann es passieren, dass Sie eine spezielle Frage nicht beantworten können. Je nach Situation können Sie diplomatisch Nein sagen und einen späteren Dialog anbieten oder einschränkende Redewendungen nutzen.

Formulierungsbeispiele

- „Herr Dr. Schumann, das ist eine sehr spezielle Frage, die im Zuständigkeitsbereich der Abteilung XY liegt. Ich kann Ihnen gern die relevanten Informationen zusammenstellen und zusenden.“
- „Ich kann Ihre Frage jetzt leider nicht vollständig beantworten. In unserem Team ist der Kollege XY für diese spezielle Thematik verantwortlich. Ich kann Ihnen an dieser Stelle nur so viel sagen ...“ Dabei antworten Sie mit einem allgemeinen Statement (Wissensmodul) zu der angesprochenen Frage und bieten an, einen Kontakt zu dem Kollegen herzustellen.

Viele Wortbeiträge zur gleichen Zeit

Wenn Sie selten Diskussionen moderieren, kann Ihr Adrenalinspiegel erheblich ansteigen, wenn verschiedene Teilnehmer durcheinander reden, weil sie gleichzeitig zu Wort kommen wollen.

Hier helfen einfache Lenkungstechniken weiter

- Erteilen Sie das Wort in der Reihenfolge der Wortmeldungen oder nach inhaltlichen Gesichtspunkten. Wenn es turbulent wird, können Sie mit deutlicher Stimme sagen: „Entschuldigung, es sind mehrere Wortmeldungen. Ich möchte sie gern der Reihe nach beantworten. Herr Maier, Sie hatten sich zuerst gemeldet. Was ist Ihre Frage?“
- Wenn zahlreiche und sehr heterogene Fragen und Einwände kommen, können Sie die Fragenkreise thematisch bündeln. Stimmen Sie dieses Vorgehen jedoch mit Ihren Zuhörern ab.
- Prüfen Sie bei unterschiedlichen Meinungen zunächst, ob Sie über das gleiche Thema sprechen.
- Sie können die Beiträge zunächst auf Flipchart visualisieren und dann Punkt für Punkt beantworten. In sehr emotionalen Diskussionen ist dies häufig ein probates Mittel.
- Bei sehr speziellen Fragen, die den Großteil der Runde überfordern würden, können Sie eine kurze Antwort geben und dem Fragesteller ein weiterführendes Vier-Augen-Gespräch nach der Veranstaltung anbieten.

4 Basic-Skills zum Umgang mit sachlichen Einwänden und unsachlichen Spielarten

Wer überzeugen will, muss in der Lage sein, sich wirkungsvoll mit Fragen und anderen Auffassungen auseinander zu setzen. Eine gute Einwandtechnik verlangt mehr als Sachkompetenz und Schlagfertigkeit. Unter psychologischem Aspekt ist vor allem darauf zu achten, dass unnötige Spannungen vermieden, die Diskussion im Gleichgewicht gehalten und Akzeptanz bei den Beteiligten aufgebaut wird.

Empfehlungen zum Umgang mit sachlichen Einwänden

Einwände als Chance begreifen
Einwände sind im Allgemeinen positive Signale, weil sie Interesse bekunden. Sie sollten daher produktiv mit ihnen umgehen. Ein anfängliches Nein, geäußerte Bedenken und Befürchtungen oder kritische Fragen zeigen, dass der Zuhörer noch Widerstände und innere Zweifel hat. Ihre Beweisführung erscheint ihm noch nicht zwingend: In jedem echten Einwand steckt eine Frage oder der Wunsch nach einer Verständnishilfe. Diese Frage gilt es zu erkennen und überzeugend zu beantworten.

Denken Sie daran, dass Sie im Gespräch und in der Diskussion nicht nur an der Qualität Ihrer Thesen und Argumente (Sachebene) gemessen werden, sondern vor allem auch an der Art und Weise, wie Sie mit abweichenden Auffassungen und Kritik umgehen. Vermeiden Sie jede Demonstration von Überlegenheit und Dominanz, weil dies Abwehr erzeugt und die Akzeptanz beim Zuhörer mindert.

Einwände weich und wirksam behandeln
Das folgende Phasenkonzept zeigt in vereinfachter Form, wie man Einwände psychologisch „richtig" und wirkungsvoll behandeln sollte.

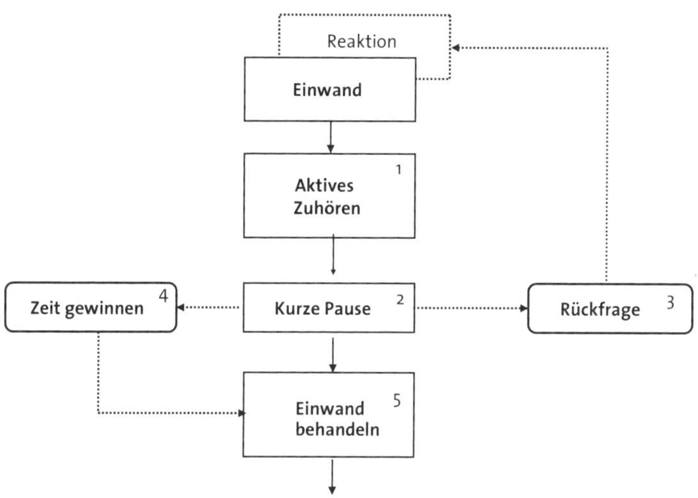

Abbildung 10: Phasenkonzept zur Einwandbehandlung

Die Phasen im Einzelnen:

1. Aktives Zuhören
Hierbei geht es darum, den sachlichen Gehalt des Einwandes zu verstehen, aufmerksames Interesse zu zeigen und zu einem kooperativen Diskussionsklima beizutragen.

Wichtige Merkpunkte:

- Bleiben Sie ruhig und innerlich gelassen. Bieten Sie dem Fragesteller Blickkontakt an. Vermeiden Sie Verlegenheitsgesten und stereotypes Lächeln, während Sie den Einwand hören.
- Lassen Sie den anderen ausreden.
- Lassen Sie sich unter gar keinen Umständen provozieren.
- Bemühen Sie sich, den Kern des Einwandes rasch herauszufinden; achten Sie bei der Verständniskontrolle auf die Voraussetzungen, Beweismittel und Konsequenzen des Einwandes. Überlegen Sie, ob Sie auf den Einwand überhaupt eingehen müssen. Unschädliche Beiträge können Sie auch lediglich zur Kenntnis nehmen.
- Analysieren Sie die Motive, die dem Einwand (wahrscheinlich) zugrunde liegen: Will man Sie provozieren, will man Ihre Sicherheit testen oder liegt ein echtes (sachliches) Motiv zugrunde, das zu der Meinungsäußerung geführt hat?

2. Kurze Pause zum Nachdenken
Dies ist psychologisch ratsam, weil eine zu schnelle Antwort oft den Eindruck vermittelt, mit Standardformulierungen zu arbeiten, nicht zugehört und den Diskussionspartner nicht ernst genommen zu haben. Eine kurze Denkpause gibt Ihnen zudem Gelegenheit, zu entscheiden, ob Sie sofort antworten sollen oder ob eine Rückfrage günstiger ist.

3. Rückfrage
Sie eröffnet die Möglichkeit:

- zusätzliche Informationen zu erfragen und die Einschätzung des Gegenübers besser zu verstehen
  „Mir ist nicht ganz klar geworden, wie das einzuordnen ist …“
  „Darf ich fragen, auf welche Untersuchungen Sie sich stützen …“

- abzusichern, ob man den Einwand verstanden hat
  „Habe ich Sie recht verstanden …“
  „Sie sind also der Meinung, dass …“
- Zeit zu gewinnen, falls man den Einwand nicht sofort beantworten will oder nicht sofort beantworten kann.

4. Einwände weich und wirksam behandeln
Vermeiden Sie unbedingt, auf eine Behauptung, die Ihnen nicht passt, mit einer Gegenbehauptung zu reagieren: Widerstand und Widerspruch, ein schroffes Nein, bauen unnötige Spannungen auf und erzeugen Abwehr. Redewendungen wie: *„Nein, das stimmt nicht …“ „Nein, da sind Sie falsch informiert …“ „Glauben Sie mir, das läuft in der Praxis nicht …“* haben den Charakter der Endgültigkeit und führen häufig zu einer emotionalen Einengung (psychologische Reaktanz) des Partners. Und emotionale Einengung zerstört einen fruchtbaren Dialog und mindert Ihre Glaubwürdigkeit und Ihre Chancen zu überzeugen.

Der Grundsatz der positiven Einstimmung des Gesprächspartners (durch Anerkennung, Ausdruck von Verständnis, bedingte Zustimmung u.a.) trägt diesem Motiv Rechnung. Exemplarisch sollen hier zwei bewährte Einwandtechniken dargestellt werden (weiterführende Literatur: Thiele, A.: Argumentieren unter Stress 2007).

Die Technik der bedingten Zustimmung

Hierbei greift man einen Aspekt des Einwands auf und stimmt bedingt zu. Erst dann wird der eigene Standpunkt auf verständliche Weise erklärt, präzisiert oder relativiert. *„In diesem Aspekt stimme ich zu.“ „Ich bin Ihnen dankbar, dass Sie diesen Punkt ansprechen.“ „Diese Meinung hören wir oft. Wir dürfen jedoch nicht übersehen, dass …“*

Eine Variante dieser Technik besteht darin, dem angesprochenen Aspekt einen weiteren hinzuzufügen: *„Ich verstehe Ihre Bedenken. Dieser Punkt wird häufiger angesprochen. Erlauben Sie mir bitte, hierzu die Erfahrungen unserer Firma darzustellen.“*

Die Vorteile-Nachteile-Methode

Jeder Lösungsvorschlag, jedes Produkt, jede Strategie hat Vorteile und Nachteile. In den Diskussionsphasen Ihrer Präsentation werden häufig negative Aspekte angesprochen, kritische Fragen gestellt, nicht selten berechtigte Kritik geübt. Wenn Ihr Zuhörer einen berechtigten Nachteil anspricht, ist es ratsam, Verständnis für diesen Aspekt zu signalisieren.

- „Ich verstehe Ihre Sorgen und Befürchtungen."
- „Ich kann Ihre Argumentation gut nachvollziehen."
- „Ich habe volles Verständnis für die Wünsche und Forderungen der Mitarbeiter."

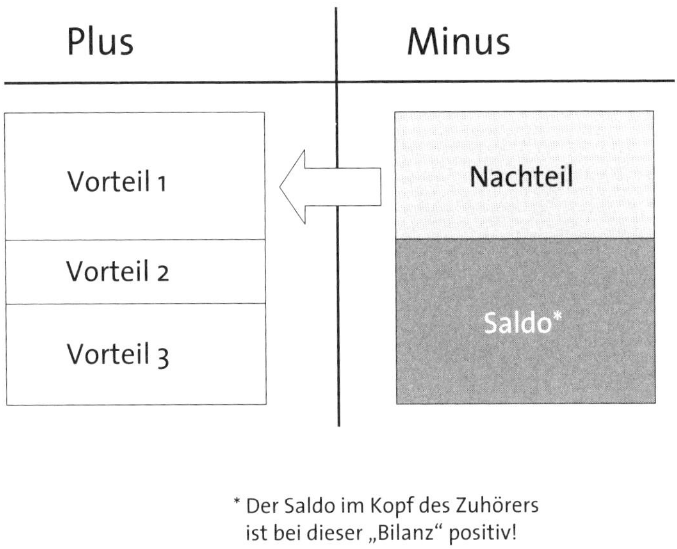

Abbildung 11: Vorteile-Nachteile-Methode

Wie in der Abbildung dargestellt, geht es darum, auf die Plus-Seite zu wechseln und ausgleichende Vorteile und Chancen Ihres Vorschlags argumentativ zu entwickeln. Wichtig ist es hierbei, Brückensätze zu nutzen, um den Übergang von Minus auf Plus nicht zu hart erscheinen zu lassen. Die Ratio dieser Technik:

In der Abwägung zwischen Vorteilen und Nachteilen sollte der Saldo im Kopf des Gesprächspartners positiv ausfallen.

- „Das ist richtig. Der Preis liegt um 10 Prozent höher als bei der Alternative 1. Häufig wird jedoch übersehen, dass gerade im ökologischen Bereich ein erheblicher Zusatznutzen mit dieser Variante verbunden ist.“
- „Zugegeben, es gibt Risiken bei der Endlagerung von hoch strahlendem Material. Wir dürfen jedoch nicht vergessen, welche Vorteile die Kernenergie im Vergleich zu fossilen Kraftwerken bietet.“

Empfehlungen zum Umgang mit unsachliche Angriffen

Mit unfairen Spielarten der Dialektik können Sie sowohl während der Präsentation als auch in der anschließenden Diskussion konfrontiert werden. Dabei können sich die Angriffe auf Ihre Person, zum anderen auf Ihre Argumentation richten. Bei persönlichen Angriffen geht es vor allem darum, Ihre Glaubwürdigkeit zu erschüttern und Sie zu verunsichern. Werden Ihre Sachargumente attackiert, soll die Qualität Ihrer Argumentation und dadurch Ihre Kompetenz in Frage gestellt werden.

Ins Arsenal der Kampfdialektik gehören unter anderem diese Taktiken: Persönliche Angriffe, Beleidigungen, Unterstellen unlauterer Motive, Herabsetzen mit Schlagworten, Ironie, lächerlich machen. Die häufigste unsachliche Variante ist die Killerphrase. Durch sie versucht Ihr Gegenüber, gute Vorschläge und Ideen rasch abzuwürgen.

An dieser Stelle wird gezeigt, wie Sie grundsätzlich verfahren können, um ruhig und gelassen zu bleiben. Dabei spielen Brückensätze eine wichtige Rolle, um zur Deeskalation der Situation beizutragen. Die gesamte Bandbreite eristischer Spielarten („Eris“ ist die griechische Göttin der Zwietracht) wird im Buch „Argumentieren unter Stress – Wie man unfaire Angriffe erfolgreich abwehrt“ behandelt.

Sachthema, Ziel und Fairplay als Haltepunkt

In meinen Dialektik- und Präsentationsseminaren hat sich das Bild einer „mentalen Autobahn“ als außerordentlich hilfreich erwiesen, um auch bei erhöhten Windstärkegraden der Dialektik gelassen zu bleiben und die Situation zu kontrollieren. Das Grundprinzip dieses mentalen Ankers können Sie sich anhand der Abbildung 12 veranschaulichen:

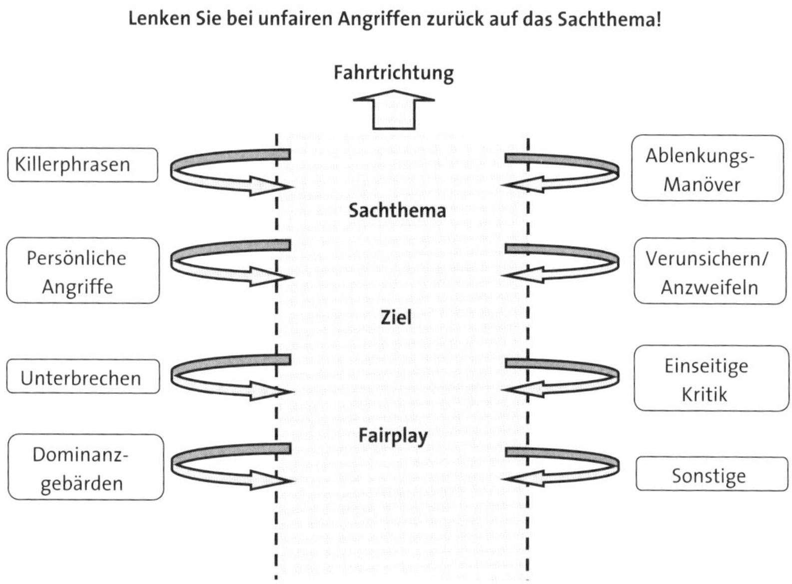

Abbildung 12: Sachthema, Ziel und Fairplay als „mentaler Anker"

Die sachbezogene Diskussion spielt sich auf der grau schraffierten Autobahn ab. Während Sie sich in Rede und Gegenrede mit Einwänden und Fragen auseinandersetzen, bewegen Sie sich mehr oder weniger schnell in Richtung Zielort (Sachziel). Die Leitplanken links und rechts symbolisieren den Spielraum eines fairen Miteinanders. Wer unfaire Mittel einsetzt, bewegt sich außerhalb des sachgerechten Dialogs.

Ihr mentales Programm, mit dem Sie in eine strittige Diskussion gehen, könnte lauten: „Ich widme meine Energie und meine begrenzte Zeit ausschließlich dem Sachthema sowie meiner Zielsetzung und halte mich dabei an das Regelwerk des Fairplay." Wenn jemand beleidigend wird, einen persönlichen Angriff startet oder in einer anderen Weise die Regeln des Fairplay verletzt, bewegt er sich außerhalb dieses abgesteckten Rahmens (der Leitplanken). Egal, um welche unfaire Attacke es sich handelt, Sie lenken die Energie des unfairen Mitstreiters auf das Sachthema und auf die gemeinsame Zielsetzung. Wenn nötig, erinnern Sie an die Regeln des Fairplay.

Wenn Sie unfaire Angriffe im beruflichen Bereich neutralisieren wollen, hat sich der Einsatz von Brückensätzen bewährt.

Was sind Brückensätze?

Brückensätze sind spezielle Formulierungen, die nicht den Inhalt, sondern den Prozess betreffen und sich in der Regel klimaförderlich auswirken. Sie fungieren als psychologische Puffer, um den unfairen Angriff zu entschärfen und zur Sache zurückzukehren. Brückensätze helfen Ihnen,

- Zeit zum Nachdenken zu gewinnen und nicht blind auf Angriffe oder Reizthemen anzuspringen,
- gelassen und ruhig zu agieren,
- auf ein Thema zu lenken, das Ihnen entgegenkommt und
- zur Deeskalation der Situation beizutragen.

Zur Veranschaulichung hier einige Brückensätze zur Neutralisierung einer Killerphrase.

Angriff	„Ich halte Ihren Vorschlag für Schwachsinn. Sie wollen sich doch nur auf Kosten anderer Abteilungen profilieren."
Reaktion	a) „Herr Schneider, Ihr Einwand zeigt mir, dass Sie meinen Vorschlag mit Skepsis sehen (Brückensatz). Wo konkret liegen Ihre Bedenken?" b) „Herr Schumann, Ihr Beitrag bringt uns in der Sache nicht weiter (Brückensatz). Unserer Vorschlag steht in Einklang mit der Unternehmensstrategie. Im Einzelnen ..." *Kommentar: Durch einen Brückensatz blockieren und die Energie des Angreifers auf die Sache lenken a) durch Rückfrage oder b) durch eigene Argumentation.*

Brückensätze können auch verknüpft werden mit einer sachbezogenen Rückfrage.

Angriff	„Ihre Abteilung steht ja nicht gerade für hohes Qualitätsbewusstsein."
Reaktion	„Das ist eine sehr pauschale Behauptung, Herr Dr. Maier. Mich würde sehr interessieren, worauf Sie Ihre Aussage stützen." (Brückensatz mit Rückfrage) oder: „Qualitätsbewusstsein ist für uns das A und O. Wie kommen Sie zu Ihrer Vermutung?"

In berufsbezogenen Besprechungen, Gesprächen, Diskussionen und natürlich im Kundenkontakt ist man gut beraten, diesen Weg der Deeskalation zu wählen und auf schematische Schlagfertigkeitstechniken zu verzichten. Dies gilt vor allem für Kontertechniken, die zwar einen punktuellen Lustgewinn mit sich bringen können, jedoch die persönliche Beziehung zum Gegenüber belasten. Allerdings sollte man im Rahmen seiner persönlichen „Flexible Response-Strategie“ auch über Techniken verfügen, mit denen Sie einen penetranten und unverschämten Angreifer in die Schranken weisen. Dies gibt zusätzliche Sicherheit für Situationen, die als außerordentlich stressig erlebt werden.

Im Ordner „Checklisten“ finden Sie eine Zusammenstellung von Brückensätzen (Checkliste 4b). Je nach Bedarf können Sie diese modifizieren.

V Präsentationen vorbereiten

Dieses Kapitel bietet Praxishilfen für folgende Fragen:

- Wie definiere ich die Ziele der Präsentation?
- Wie analysiere ich Situation und Zuhörer?
- Was ist bei der Erarbeitung der Inhalte zu beachten?
- Wie gliedere ich die Präsentation?
- Wie bereite ich den Medieneinsatz vor?
- Wie gestalte ich das Präsentations-Skript?
- Wie erstelle ich teilnehmergerechte Tischvorlagen?

Auf der CD-ROM finden Sie eine Powerpoint-Präsentation zu diesem Kapitel und eine Checkliste (Ordner: Checklisten). Beide Werkzeuge erleichtern Ihnen die zielgerichtete Vorbereitung unter Zeitdruck!

Wer überzeugen will, sollte sich nicht allein auf sein rhetorisches Können, die Wirkung der neuen Medien und das eigene Improvisationstalent verlassen. Die besten Präsentationen sind sorgfältig vorbereitet. Nur so ist es möglich, eine kundengerechte, zielwirksame Strategie zu finden, Wahl und Einsatz der Hilfsmittel zu optimieren und schwierige Situationen bei der Durchführung zu meistern.

Ein tragfähiges Präsentationskonzept gibt Ihnen gleichzeitig mehr innere Sicherheit und mehr Überzeugungskraft bei Ihrem Auftritt. Im Kern geht es bei den vorbereitenden Überlegungen darum, alle Faktoren, die die Qualitätswahrnehmung der Zuhörer und den Wirkungsgrad Ihrer Präsentation beeinflussen, optimal einzustellen.

Um dieses Ziel zu erreichen, empfiehlt sich ein mehrstufiges Vorgehen, wie es in der Übersicht dargestellt ist:

Phasenkonzept zur Vorbereitung

1 Ziele definieren

2 Zuhörer analysieren

3 Inhalte erarbeiten

4 Präsentation gliedern

5 Medien vorbereiten

6 Unterlagen erstellen

7 Qualitätscheck

„Maß nehmen“

Abbildung 13: Checkliste zur Vorbereitung

1 Wie definiere ich die Ziele der Präsentation?

Nehmen wir an, Sie haben vor einem Entscheidungsgremium Ihres Unternehmens eine Präsentation zu halten, das Thema lautet: „Neue Notebooks im Vertrieb“. Vermutlich werden Sie sich folgende Fragen stellen: Was soll ich präsentieren? Welche Erwartungen haben meine Zuhörer? Wann soll die Veranstaltung stattfinden? Welche Inhalte könnten interessant sein?

Bevor Sie sich jedoch diesen Problemkreisen zuwenden, ist eine andere Frage vorrangig zu beantworten: Was will ich mit Hilfe der Präsentation erreichen? Worum geht es dem Vorgesetzten, der mich mit der Präsentation beauftragt hat?

Erst wenn die Ziele definiert sind, haben Sie einen Maßstab für die nachfolgenden Phasen der Vorbereitung, für die Optimierung der Durchführung und für die Erfolgskontrolle der Präsentation. Dabei sind die Ziele umso leistungsfähiger, je konkreter sie formuliert sind.

Sachziele

Im Mittelpunkt einer Präsentation steht ein Sachthema, also ein Produkt, ein Konzept, eine Strategie oder ein Forschungsergebnis. Mit dem Thema ist noch nichts über das Ziel Ihrer Ausführungen gesagt. Wenn Sie etwa über den „Notebook-Einsatz im Vertrieb“ sprechen, ist ein breites Spektrum an Zielen (Informations- und/oder Überzeugungszielen) denkbar.

Sie können zum Beispiel beabsichtigen,

1. Ihre Zuhörer mit der neuen Notebookgeneration vertraut zu machen,
2. neue Einsatzgebiete darzustellen,
3. Produktmerkmale zu erklären,
4. von Entwicklungen bei Mitbewerbern zu berichten,
5. von den Vorteilen des Notebookeinsatzes zu überzeugen,
6. eine positive Entscheidung der Zuhörer zu erreichen,
7. neutrale Zuhörer auf Ihre Seite zu ziehen,
8. die Skeptiker nachdenklich zu machen.

Die Zielbeispiele 1 bis 4 lassen sich der Kategorie „Informieren“, die übrigen der Rubrik „Überzeugen“ zuordnen.

Informationsziele

Bei *Informationspräsentationen* geht es in erster Linie darum, dem Auditorium Inhalte verständlich zu vermitteln. Die Zuhörer sollen eine Idee, ein Konzept oder einen Sachzusammenhang, der bisher unbekannt war, aufnehmen, verstehen und behalten. Typische Beispiele für diese Variante von Präsentationen:

- Darstellung des Sachstandes eines Projekts,
- Informieren über die wirtschaftliche Situation in einem bestimmten Land,
- Präsentation der Aufbauorganisation einer Firma,
- Erläuterung der Wettbewerbssituation in China,
- Präsentation eines Forschungsergebnisses.

Überzeugungsziele

Während Informationspräsentationen darauf gerichtet sind, das Wissen der Zuhörer zu einem speziellen Thema zu erweitern, geht es bei einer *Überzeugungspräsentation* darum, die Zuhörer zum Handeln zu bewegen, sie zu etwas Bestimmtem zu veranlassen oder ihre Einstellung zu beeinflussen.

Beispiele für Überzeugungspräsentationen:
- Sie präsentieren die Umstrukturierung Ihres Bereiches vor Entscheidern.
- Sie präsentieren ein neues Produkt oder eine Produktmodifikation beim Kunden.
- Sie wollen Ihre Mitarbeiter für eine Reorganisation gewinnen.
- Sie wollen ein Entscheidungsgremium für einen Lösungsvorschlag gewinnen.
- Sie präsentieren Ihr Unternehmen im Rahmen eines Kundentages.

Bei Überzeugungsversuchen kann sich Frustration einstellen, wenn Ihre Ziele unrealistisch sind. Verfestigte negative Einstellungen können Sie nicht in einer 30-minütigen Präsentation umdrehen, auch wenn diese nach allen Regeln der Kunst vorbereitet wurde. Glücklicherweise wird es nur in Ausnahmefällen so sein, dass alle Zuhörer Ihrem Thema gegenüber skeptisch oder ablehnend gegenüberstehen. Typisch ist eher eine Normalverteilung der Einstellungen. So kann mit einem Auditorium gerechnet werden, das aus vielen neutralen und wenigen euphorischen oder ablehnenden Zuhörern zusammengesetzt ist. Sie können sich hier schützen, wenn Sie einen Zielkorridor aus *Minimal- und Maximalzielen* definieren. Ihr Minimalziel wird hierbei so festgelegt, dass Sie es mit Sicherheit erreichen, während Ihr Maximalziel den günstigsten Ausgang Ihrer Präsentation markiert.

Beispiel:
Sie wollen Ihre Geschäftsführung dafür gewinnen, finanzielle Mittel für einen Event bereitzustellen. Sie wissen, dass etwa die Hälfte des Gremiums skeptisch eingestellt ist. Ein Misserfolgserlebnis wäre programmiert, wenn Sie die Zielsetzung hätten, jeden Zuhörer zu überzeugen. Ein Minimalziel wäre hier:
- die Bedeutung des Events für das Unternehmen hervorzuheben,
- die besonderen Vorzüge des Konzepts klar und einprägsam darzustellen,
- den Stellenwert des Konzepts im Marketing-Mix zu verdeutlichen,

- den Meinungstrend in der Geschäftsführung kennen zu lernen,
- den Skeptikern X und Y klar zu machen, dass ein Event auch für ihre Bereiche einen Nutzen bringt.

Als Vortragender wirken Sie nicht nur durch die präsentierten Inhalte auf Ihre Zuhörer ein. Sie beeinflussen Ihr Auditorium auch „unterschwellig“, und zwar durch eine Reihe nicht rationaler Faktoren. Dazu gehören Ihr äußeres Erscheinungsbild, die Art Ihres Auftretens und Ihr Kommunikationsverhalten. Es wäre fahrlässig, diesen Prozess dem Zufall zu überlassen, denn diese nicht-sachlichen Wirkfaktoren prägen stark Sympathiewert, Glaubwürdigkeit und Kompetenz des Vortragenden. Daher ist es ratsam, zusätzlich spezielle Ziele (Metaziele) für diese „weichen“ Aspekte der Präsentation zu definieren.

Beziehungsziele (Metaziele)

Diese Ziele sind als „hidden agenda“ ständig präsent. Die Berücksichtigung dieser übergreifenden Aspekte ist umso wichtiger, je geringer die Unterschiede Ihrer Produkte im Vergleich zum Wettbewerb sind.

Hier einige Beispiele für unausgesprochene Beziehungsziele:
- Sich selbst als kompetent, teamfähig und sympathisch darstellen.
- Den nächsten Laufbahnschritt vorbereiten.
- Mit allen Teilnehmern – auch den Skeptikern – wertschätzend umgehen.
- Den eigenen Bereich überzeugend repräsentieren.
- Dem eigenen Unternehmen ein glaubwürdiges Gesicht geben.
- Eine positive Beziehung zu Schlüsselpersonen entwickeln.
- Die allgemeinen Erwartungen des Kunden erfüllen (siehe hierzu Kapitel V, 2).
- Den eigenen Bereich als innovativ, flexibel, verlässlich und kundenorientiert darstellen.

2 Wie analysiere ich Situation und Zielgruppe?

Die Situations- und Zuhöreranalyse schafft die Voraussetzungen für eine kundenorientierte, Erfolg versprechende Präsentationsstrategie. Vorinformationen über die „Welt“ des Kunden bieten Ihnen – neben den Zielen der Präsentation – unverzichtbare Kriterien, um Inhalte auszuwählen, das Vortragsniveau festzulegen, die Nutzenargumentation zu entwickeln und die passenden Medien zu finden. Die entscheidende Frage lautet stets: Was ist aus der Sicht des Kunden interessant und wichtig? Was sind seine brennenden Probleme, wie sehen seine Erwartungen und Bedürfnisse aus? Für welche Probleme erwartet der Kunde Lösungen?

In diesem vorbereitenden Schritt sind zwei Fragen zu beantworten:
1. Welche Kundeninformationen sind relevant?
2. Wie gewinne ich die Kundeninformationen?

Welche Kundeninformationen sind relevant?

Zur Situations- und Zuhöreranalyse können Sie den folgenden Fragenkatalog benutzen. Zugrunde liegt dabei das Szenario „Präsentieren vor externen Kunden". Allerdings lassen sich die Fragen mit kleinen Einschränkungen auch auf die übrigen Präsentationsanlässe übertragen.

In welcher Situation werde ich präsentieren?

- Wer nimmt teil (Name, Hierarchie, Ressort, Kompetenz, Alter ...)?
- Wie viele Personen nehmen teil?
- Inwieweit ist der Rahmen für die Präsentation dadurch vorgegeben? (Präsentieren am Tisch, vor einer Gruppe, vor einer Großgruppe?)
- Was erleben meine Zuhörer vor und nach meiner Präsentation?
- Auf welche räumlichen Gegebenheiten muss ich mich einstellen?
- Wie verlässlich ist die vereinbarte Zeit?
- Welche Vorgaben gibt es für den Ablauf der Präsentation?

Welche Erwartungen und Ziele haben die Zuhörer?

- Welche Ziele und Interessen verfolgt der Zuhörer?
- In welcher Situation befindet er sich?
- Welche Probleme und Schwierigkeiten sind bekannt?
- Wo liegt der Bedarf beim Zuhörer?
- Was sind seine Entscheidungskriterien?
- Welchen Nutzen erwartet mein Zuhörerkreis?
- Welche technischen Produktmerkmale sind dem Zuhörer wichtig?
- Wo sind wir besser, wo schlechter als die Mitbewerber?

Welche Vorkenntnisse und Einstellungen haben die Zuhörer?

- Welche Vorkenntnisse kann ich bei den Zuhörern voraussetzen?
- Welche Fachbegriffe/schwierigen Zusammenhänge muss ich erklären?
- Wie stehen die Zuhörer zu unserem Unternehmen?
- Wie stehen die Zuhörer zum Angebot?
- Wie stehen die Zuhörer zum Wettbewerb?
- Welche Präsentationsmedien setzen die Zuhörer (vermutlich) selbst ein?
- Mit welchen Einwänden und mit welcher Kritik muss ich rechnen?
- Welche Interessenkonflikte gibt es (vermutlich) bei den Teilnehmern (zum Beispiel zwischen Abteilungen oder Hierarchie-Ebenen)?

Wie stehen die Zuhörer zu mir?

- Wie werden mich die Zuhörer wahrnehmen (Fachmann, Berater ...)?
- Welche Gemeinsamkeiten habe ich mit den Zuhörern?
- Welche beruflichen/persönlichen Kontakte kann ich nutzen?
- Wem muss ich besondere Aufmerksamkeit schenken?

Darüber hinaus lohnt es sich, ergänzende Informationen über den persönlichen Bereich und die Persönlichkeitsstruktur Ihrer wichtigen Zuhörer in Erfahrung zu bringen. Dazu gehören persönliche Interessen, sportliche Ambitionen, Familie, Urlaubsgestaltung bis hin zu Charaktereigenschaften und Verhandlungsstil.

Hierdurch haben Sie Anknüpfungspunkte für informelle Gespräche im Umfeld der Veranstaltung. Zudem können Sie sich durch diese Vorinformationen besser auf kritische Fragen und Einwände in der Diskussion einstellen.

Wie gewinne ich Kundeninformationen?

Um das eigene Vorwissen über den betreffenden Kunden zu erweitern, haben sich folgende Wege als praktikabel herausgestellt:

Telefonische Befragungen
Lassen Sie keinen Versuch ungenutzt, um die besonderen Wünsche und Erwartungen sowie die Zahl und die fachliche Spezialisierung der Teilnehmer in Erfahrung zu bringen. Wenn Sie beim Kunden präsentieren, ist es

ratsam, den Einladenden und/oder die späteren Präsentationsteilnehmer zu befragen. Oft helfen auch die verfügbaren informellen Kontakte zur besseren Einschätzung der Zuhörer. Als eleganter Aufhänger für die telefonische Recherche eignet sich oft der Hinweis auf die kundenorientierte Vorbereitung. Beispiel: „Herr Dr. Schneider, gern bestätige ich Ihnen den Präsentationstermin in Ihrem Hause am Donnerstag um 14.00 Uhr. Erlauben Sie mir dazu einige Fragen, damit ich das Präsentationskonzept noch mehr an Ihren Erwartungen und Wünschen ausrichten kann."

Persönliche Befragungen
Als Gesprächspartner kommen Kollegen oder andere Personen in Frage, die bereits Kontakt zu dem Kundenkreis oder zu dem betreffenden Unternehmen hatten. Dazu gehören auch Chefassistenten, Leiter und Mitwirkende abgeschlossener Projekte, technischer Kundendienst.

Online-Recherche
Bei schwierigen Suchvorgängen kann es sinnvoll sein, die eigene Internetrecherche durch Rechercheaufträge an Informations-Broker zu ergänzen, um zuverlässigere, genauere und aktuellere Informationen zu gewinnen.

Ergänzende Wege
Hierzu gehört die Analyse von relevanten Presseartikeln, Markt- und Wettbewerbsanalysen sowie Unternehmensportraits auf CD-ROM.

Was tun, wenn keine Kundeninformationen zu gewinnen sind?

Manchmal ist es schwierig oder gar unmöglich, Kundeninformationen aus erster Hand zu bekommen, insbesondere wenn wenig Zeit bleibt. Für diese Situation gibt es im Sinne einer „zweitbesten Lösung" eine Reihe von Praxishilfen: Zunächst haben Sie in der Regel unmittelbar vor der Präsentation die Chance, mit ankommenden Teilnehmern Gespräche zu führen und dabei relevante Informationen zu erhalten, die zumindest Vorkenntnisse und spezielle Erwartungen betreffen. Beim „Präsentieren unter Ungewissheit" ist es zudem ratsam, den monologischen Anteil des Vortrags zu begrenzen und früh in den Dialog zu gehen (siehe auch Abschnitt IV, 1). Es ist besser, Fragen der Kunden zu sammeln und diese zu beantworten als eine längere Präsentation zu halten, die neben den Bedürfnissen des Auditoriums liegt und die dadurch zur Demotivation der Zuhörer führen kann. Schließlich sollten Sie – unabhängig vom Ergebnis der Kundenanalyse – die *allgemeinen Erwartungen* des Kunden in jedem Falle erfüllen.

Unter diesem Blickwinkel möchten Ihre Kunden:

- Anerkennung und Wertschätzung erfahren,
- sich bei Ihnen in guten Händen fühlen,
- die dargebotenen Informationen verstehen,
- eine dialogische Präsentation, die ausreichend Spielraum für Fragen, Einwände und sonstige Beiträge lässt,
- Erfolgserlebnisse,
- angenehme Rahmenbedingungen erleben,
- dass Sie kompetent, seriös, glaubwürdig und partnerschaftlich auftreten,
- dass Sie selbst hinter Ihrem Produkt und Ihrem Unternehmen stehen.

Bei diesen Aspekten geht es vorrangig um die Frage, wie Ihr Kunde Ihr Verhalten wahrnimmt, wie Sie die Beziehung zu ihm gestalten und in welchem Maße Sie seine emotionalen Bedürfnisse, vor allem sein Selbstwertgefühl berücksichtigen.

3 Was ist bei der Erarbeitung der Inhalte zu beachten?

Diese Phase der Vorbereitung hat zum Ziel, themenbezogene Ideen und Informationen zu sammeln, die relevanten Inhalte auszuwählen und zu gewichten.

Nutzen Sie die bisherigen Vorüberlegungen als Orientierungshilfe, um den kreativen Prozess der Stoffsammlung früh in Erfolg versprechende Bahnen zu lenken. Demnach sind Inhalte dann „relevant", wenn sie zur Erwartungshaltung der Zuhörer, zu Ihren Zielen und zum Thema Ihrer Präsentation passen.

Beginnen Sie zunächst damit, das Thema Ihrer Präsentation zu präzisieren: Inwieweit passt die gewählte Formulierung zur „Welt" der Zuhörer? Was löst der gewählte Titel (vermutlich) beim Zuhörer aus? Ist er verständlich und motivierend? Was gehört zum Thema, was nicht? Inwieweit ist das Thema aufgrund der verfügbaren Präsentationszeit zu begrenzen?

Inhalte sammeln

Bei den meisten Präsentationen bereitet es aufgrund der eigenen Erfahrungen und der fachlichen Kompetenz kaum Probleme, relevante Informationen zum Thema zu finden. Schwieriger ist es, nichts Wesentliches zu übersehen und die Argumente so anzureichern, dass sie auf den Kunden überzeugend wirken. Die folgenden Empfehlungen helfen Ihnen, die verschiedenen Aspekte des Themas bewusst zu machen und kundengerechte Nutzenargumente sowie einprägsame Beispiele und Bilder zusammenzutragen.

Spektrumanalyse mit Hilfe von ETHOS

Um keine wichtigen Gesichtspunkte zu übersehen, hat es sich bewährt, das Thema Ihrer Präsentation nach Sachbereichen (Aspekten) aufzuschlüsseln, also nach wirtschaftlichen, technischen, menschlichen, organisatorischen und sozialen Aspekten. Übersetzt man die fünf Begriffe ins Englische, so erhält man die im Kasten dargestellte Merkstütze ETHOS. Diese Arbeitshilfe erleichtert es Ihnen,

- das Thema der Präsentation zu präzisieren,
- die wesentlichen Facetten des Thema zu berücksichtigen,
- die relevanten Informationen zu sammeln und zu gliedern.

Inhalte / Aspekte	**USPs**	**Spezielle Argumente**	**Beispiele/ Referenzen**	**Medien** (siehe Abschnitt 5)
E conomical = wirtschaftlich				
T echnical = technische				
H uman = menschliche Betroffene/Beteiligte				
O rganizational = organisatorisch				
S ocial = sozial Umfeld/Umwelt				

Abbildung 14: Planungsmatrix „ETHOS"

Economical steht für die Sicht des Kaufmanns. Hier geht es um Bewertungsmaßstäbe wie Preis, Umsatz, Kosten, Gewinn,

Deckungsbeitrag, Wirtschaftlichkeit bis hin zu Themen wie Marktchancen, Unternehmensstrategie, Marketing oder Portfolio-Analyse.

Technical repräsentiert die Perspektive des Ingenieurs und Technikers. Schaut man durch die Brille dieser Personengruppe, so stehen ingenieurwissenschaftliche Beurteilungskriterien im Vordergrund. Dazu gehören technische Leistungsmerkmale eines Produkts, die technische Machbarkeit, aber auch Kategorien wie „Stand der Technik", technische Alleinstellungsmerkmale oder „best available technology".

Human symbolisiert den Aspekt Mensch und umfasst alle Personengruppen, die mit dem präsentierten Thema zu tun haben. Dies können die Mitarbeiter des eigenen Unternehmens genauso sein wie Personengruppen beim Kunden oder in der Öffentlichkeit.

Organizational kennzeichnet die organisatorischen Aspekte der Thematik. Konkret geht es hierbei um Fragen der Aufbau- und Ablauforganisation und um Fragen der operativen Umsetzung.

Social steht für sämtliche Aspekte im Umfeld. Hierzu gehören die politischen, sozialen, juristischen bis hin zu den ökologischen Rahmenbedingungen des Themas oder des präsentierten Produkts.

Überzeugende Argumente finden

In Kundenpräsentationen benötigen Sie überzeugende Argumente und Beispiele, die für Ihr Unternehmen und für Ihr Leistungsangebot sprechen. Bei der Zusammenstellung Ihrer Argumentation können Sie sich ebenfalls an der dargestellten Planungsmatrix ETHOS orientieren. In der Kopfzeile finden Sie im Einzelnen die Rubriken USPs, spezielle Argumente, Beispiele/Referenzen, Medien. Für jede Rubrik sind jeweils alle Aspekte zu berücksichtigen, also die wirtschaftlichen, technischen, menschlichen, organisatorischen und umfeldbezogenen. Bei Bedarf lässt sich die Anzahl der Spalten problemlos vergrößern oder verringern.

Erläuterungen zur Kopfzeile

USP (Unique Selling Proposition)
Das sind Alleinstellungsmerkmale Ihres Unternehmens. *Was können Sie besser als Ihr Wettbewerb? Bei welchen Produktmerkmalen oder Kernkompetenzen sind Sie überlegen/einzigartig?* Bei den USPs geht es also darum, Argumente zu finden, die Ihr Unternehmen aufwerten. Prüfen Sie auch, inwieweit Sie Zusatzleistungen ansprechen können, also zum Beispiel Servicequalität, Hotline, Schulungsangebote, räumliche Nähe oder Vertriebsnetz.

Den Gedanken des USP können Sie auch auf interne Präsentationsanlässe übertragen. Hier lautet die Frage: In welcher Hinsicht bietet Ihr Vorschlag im Vergleich zu konkurrierenden Ansätzen einen unverwechselbaren Nutzen?

Spezielle Argumente und Beweismittel
Ausgehend vom Bedarf und den konkreten Wünschen des Kunden werden in dieser Spalte spezielle Nutzenargumente zusammengestellt. Hierbei können Sie sich an dem bekannten Dreischritt aus der Verkaufspsychologie orientieren:

1. Merkmale/Eigenschaften eines Produkts oder Leistungsangebots.
2. Spezielle Vorteile aus diesen Merkmalen/Eigenschaften im Vergleich zu Konkurrenzlösungen.
3. Spezieller (unverwechselbarer) Nutzen dieser Lösung für den betreffenden Kunden. Dieser Schritt beinhaltet die eigentliche Nutzenargumentation.

Beispiele und Referenzobjekte
Beispiele und Referenzobjekte machen abstrakte Inhalte anschaulich. Durch ein erfolgreiches Referenzobjekt konkretisieren Sie eine abstrakte Kernkompetenz oder eine bestimmte Problemlösung. Griffige Beispiele zur Illustration sind auch deshalb wichtig, weil sie tiefer ins menschliche Gehirn dringen als abstrakte Worte. Die Psychologie spricht in diesem Zusammenhang von der „Ankerfunktion“ anschaulicher Beispiele. Entnehmen Sie die Bilder und Anwendungsbeispiele möglichst aus der Erlebnis- und Erfahrungswelt Ihrer Zuhörer.

Medien
Sie sparen bei der weiteren Vorbereitung Zeit, wenn Sie bereits an dieser Stelle überlegen, welche Kernaussagen später visualisiert werden sollen. Halten Sie daher kreative Ideen und Skizzen zur Veranschaulichung bestimmter Kernkompetenzen, Nutzenargumente oder Produktmerkmale fest. In Kapitel V, 5 kommen wir im Einzelnen auf diese Frage zurück.

Ergänzende Informationsquellen nutzen

Prüfen Sie, inwieweit Sie alle Möglichkeiten genutzt haben, Argumente und Beispiele zu finden, die tragfähig sind und aus der Sicht Ihrer Zuhörer vermutlich cine hohe Akzeptanz haben werden. In Frage kommen vor allem die folgenden Bereiche:

- *Unternehmerische Praxis*
  - Referenzobjekte, Referenzkunden
  - Erfahrungen und Kernkompetenzen
  - interne Forschungsergebnisse
  - kaufmännische/technische/ökologische Produktmerkmale

- *Wissenschaft*
  - Fakten, Untersuchungen, Statistiken
  - Aussagen von Experten mit hoher Reputation (zum Beispiel Max Planck-Gesellschaft, Fraunhofer-Gesellschaft)
  - Neue Erkenntnisse aus Fachtagungen und Kongressen

- *Presse, Publikationen, TV-Sendungen*
  - Fachzeitschriften, Zeitungen
  - Fachliteratur und andere Publikationen
  - Fernsehbeiträge

- *Gesellschaftlicher Bereich*
  - Normen aus Recht, Ethik und Moral
  - Wertewandel und Veränderungen von Bedürfnissen
  - Demografische Veränderungen
  - Sonstige Zukunftstrends

Techniken zum methodischen Vorgehen

Prüfen Sie, inwieweit Mindmapping oder andere Visualisierungstechniken geeignet sind, die Sammlung, Gewichtung und Strukturierung der Inhalte zu fördern:

- Eine Mindmap ist eine „gedankliche Landkarte", die es erlaubt, neue Ideen an relevanten Stellen unterzubringen, ohne die Übersichtlichkeit zu stören (siehe etwa www.mindmanager.de oder www.mindman.com).
- Das Brainstorming kann dazu beitragen, in methodischer Form (allein oder im Team) den freien Fluss der Gedanken und Assoziationen zu stimulieren.
- Die Kärtchenmethode erleichtert Ihnen die spätere Verdichtung und Gliederung der gesammelten Ideen. Hierbei gehen Sie wie folgt vor:
  1. Schreiben Sie verwertbare Informationen (Thesen, Argumente, Zitate, Beispiele usw.) auf Karten der Größe DIN A7 (Postkartengröße).
  2. Markieren Sie auf jeder Karte ein Stichwort.
  3. Kennzeichnen Sie die Karten zusätzlich mit den Buchstaben E für Einleitung, H für Hauptteil und S für Schluss. Die Kärtchen können Sie später nach Kern-, Rand-, Hintergrundinformation gewichten und den Gliederungspunkten Ihrer Präsentation zuordnen.

Wenn Sie sich in neue Themen einarbeiten oder schwierige Fragen zu klären haben, ist es sinnvoll, über Internet zu recherchieren und Gespräche auch mit externen Fachleuten zu führen, um „Spitzenwissen" aufzuspüren, komplizierte Sachzusammenhänge besser zu verstehen und den Blick für Wesentliches zu schärfen. Unverzichtbar ist der Dialog mit anderen vor allem dann, wenn es um Fragen geht, die jenseits der eigenen fachlichen Spezialisierung liegen. Um hier zu einem wohlbegründeten Urteil zu kommen, sind wir – im Sinne einer zweitbesten Lösung – darauf angewiesen, die Meinung vertrauenswürdiger Gewährsleute (aus Wissenschaft, Wirtschaft, Technik, Politik und den übrigen gesellschaftlichen Gruppen) einzuholen und zu übernehmen.

Inhalte gewichten

Wenn Sie die relevanten Inhalte gesammelt haben, ist zu überlegen, welche Informationen die größte Bedeutung haben. Darüber hinaus ist es in der Regel notwendig, Menge und Niveau der Inhalte auf das Maß zu reduzieren, das die Zuhörer angesichts begrenzter Aufnahmekapazität und Präsentationszeit verarbeiten können. Mindestens sollten Sie diejenigen Inhalte aussondern, die Ihren Kundenkreis (wahrscheinlich) über- und unterfordern. Streichen Sie zudem alle Inhalte, die keinen Beitrag zur Erreichung Ihrer Präsentationsziele leisten.

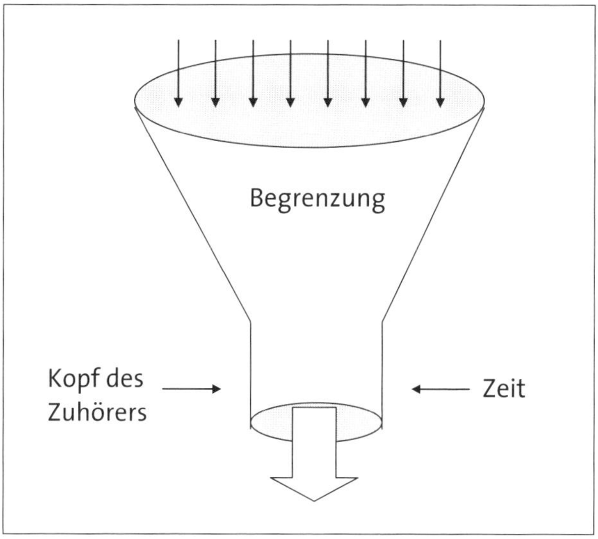

Abbildung 15: Informationen begrenzen

Eine ABC-Analyse erleichtert es, die richtigen Prioritäten zu setzen. Notieren Sie auf Ihren Kärtchen oder an den Ästen Ihrer Mindmap die Buchstaben A, B oder C. Dabei bedeuten:

A = *Kern*informationen: Diese Inhalte haben die höchste Priorität und *müssen* dargestellt werden. Zwei Kontrollfragen helfen Ihnen, die Kerninformationen herauszufinden:

1. Was würde ich präsentieren, wenn meine Präsentationszeit drastisch – sagen wir auf drei Minuten – gekürzt würde?
2. Welche drei bis fünf Argumente will ich im Kopf der Zuhörer dauerhaft verankern?

B = *Rand*informationen: Diese Inhalte *sollten* gebracht werden. Sie dienen dazu, die Kerninformationen anschaulich, verständlich und überzeugend darzustellen. Möglichkeiten hierzu sind praktische Beispiele, Anekdoten, Vergleiche oder Wiederholungen.

C = *Hintergrund*informationen: Diese Inhalte *können* dargestellt werden („nice to know it"). Beispiele für diese Kategorie:

- Detaillierte Informationen zur Firmengeschichte.
- Technische Detailinformationen, die kaufmännisch orientierte Zuhörer überfordern würden.
- Eingehende Informationen zur Vorgeschichte eines Projekts.
- Stimulanzen und auflockernde Elemente, die der Dramaturgie dienen. Dazu gehören Sinnsprüche, Zitate und Cartoons.

☞ **Hinweis:**

Die Unterteilung nach Kern-, Rand- und Hintergrundinformationen erleichtert Ihnen die Vorbereitung unter Zeitdruck und gibt Ihnen in der laufenden Präsentation mehr Flexibilität, weil Sie wissen, welches Ihre Muss-Informationen sind.

4 Wie gliedere ich die Präsentation?

Sie haben die relevanten Inhalte (Fakten, Zahlen, Argumente, Beispiele usw.) für Ihre Präsentation zusammengetragen und aufbereitet. Nun geht es darum, den Hauptteil zu gliedern und Schluss- und Einleitungsteil Ihrer Präsentation zu entwickeln.

Hierfür erhalten Sie zunächst allgemeine Praxistipps für Einleitung, Hauptteil und Schluss. Im Kapitel VI lernen Sie spezielle Standardbaupläne für Überzeugungs- und Informationspräsentationen kennen.

Die Strukturpläne dieses Kapitels sind Angebote, die im Hinblick auf Ihr konkretes Szenario und Ziel zu modifizieren sind. Wenn Sie bei Ihrer Vorbereitung in Zeitdruck sind, stehen Ihnen die Aufbaupläne auf der CD-ROM (Ordner: Aufbaupläne) zur Verfügung: Dort finden Sie präsentable Inhaltsvorlagen zu den Präsentationen, die in Kapitel VI behandelt werden.

Einleitungsteil strukturieren

Der einleitende Teil ist darauf gerichtet, Aufmerksamkeit zu wecken, guten Kontakt zu den Zuhörern herzustellen, in das Thema einzuführen und klare Orientierungen zum Ablauf der Veranstaltung zu geben. Vermeiden Sie daher, im Einleitungsteil bereits Kerninformationen zu vermitteln. Erfahrungsgemäß neigen die Zuhörer in der Einstiegsphase dazu, sich zunächst ein allgemeines Bild zu machen. Dies drückt sich in inneren Dialogen aus wie: Wer tritt da auf? Wirkt der Präsentierende freundlich oder verbissen? Inwieweit lassen äußeres Erscheinungsbild, Auftreten und die ersten Sätze auf Kompetenz schließen? Inwieweit ist das Thema interessant?

Die Frage „Wie beginne ich die Präsentation?“ lässt sich in vielen Fällen wie folgt beantworten:

Merkpunkte für die Einleitung

1. Zuhörer begrüßen
2. Sich selbst vorstellen (falls notwendig)
3. Aufhänger („attention spot“) wählen
4. Thema und Ziel der Präsentation nennen
5. Informationen zum Ablauf der Präsentation geben (Gliederung, Ablauf, Dauer ...)

Diese Phasenfolge sollte nicht schematisch umgesetzt werden. Wie der Einstieg Ihrer Präsentation letztlich aussieht, hängt von den besonderen Rahmenbedingungen, vor allem von Anlass und Ziel, Ihrem Zuhörerkreis und Ihren persönlichen Präferenzen ab. In jedem Falle sollten Sie von Beginn an motivierend, partnerschaftlich und kompetent wirken.

Erläuterungen:

1. Zuhörer begrüßen
Durch die Begrüßungsformel fällt es leichter, einen persönlichen Kontakt zum Auditorium herzustellen. Sie werden zusätzlich Ihren Sympathiewert fördern, wenn Sie eine Formel der Wertschätzung (z.B. Dank für die Einladung) mit der Begrüßung verbinden.

2. Sich selbst vorstellen
In vielen Situationen – etwa bei einer Kundenpräsentation – kommen Sie um die persönliche Vorstellung nicht herum. Auch wegen des prägenden ersten Eindrucks sollten Sie diese Gelegenheit nutzen, indirekt auf Ihre fachliche Kompetenz hinzuweisen. Ein probates Mittel: Sie sagen Ihrem Auditorium in knappen Worten, inwieweit Sie mit dem Thema befasst sind und welches Ihr Verantwortungsbereich ist. Achten Sie bei der Vorbereitung auf das Prinzip der selektiven Wahrheit: „Sag immer die Wahrheit,

aber die Wahrheit musst Du nicht immer sagen". Das bedeutet: Wenn jemandem erst seit kurzem die Projektverantwortung übertragen wurde, wäre es psychologisch ungeschickt, dies bei der persönlichen Vorstellung anzusprechen. Ein wenig Selbstpräsentation ist auch hier nicht von Nachteil!

3. Aufhänger („attention spot") wählen
Zwei Alternativen stehen für den Einstieg zur Verfügung: Sie können einen Aufhänger benutzen, um Aufmerksamkeit zu wecken, oder unmittelbar ins Thema einsteigen. Wenn Sie einen *Aufhänger* benutzen, ist es günstig, diesen an den Anfang Ihrer Präsentation zu setzen – entweder vor oder nach der Begrüßung. Die Variante Aufhänger vor der Begrüßung hat sich in vielen Situationen durchgesetzt, etwa bei der Anmoderation politischer oder wissenschaftlicher Fernsehmagazine. Die Aufhänger sind in der Praxis so vielfältig wie die menschliche Kreativität. Für welche der folgenden Möglichkeiten Sie sich auch entscheiden: Sie sollten sich von dem A-A-A-Prinzip (Mach es **a**nders **a**ls **a**ndere!) leiten lassen.

Erfolg versprechende Ideen für einen zündenden Beginn (weitere Anregungen finden Sie in der Checkliste 3a):

- Einige Worte zur *Bedeutung des Themas:* „Auf der Vertriebsleiter-Konferenz in Barcelona war eine Tendenz nicht zu übersehen: Die meisten Referenten setzten mehr auf Storytelling als auf Powerpoint-Einheitsbrei wie in den vergangenen Jahren."
- Eine *provozierende These:* „Ein GAU an den Börsen kann die Weltwirtschaft aus den Angeln heben ..."
- Ein *Nutzenversprechen:* „Sie erfahren in den nächsten 30 Minuten, wie Sie Ihre Begeisterungsfähigkeit fördern und Ihr Lampenfieber abbauen können."
- Eine *Anekdote,* ein *persönliches Erlebnis:* „Ich fuhr oft im Sommer nach Maine zum Fischen. Ich selbst esse für mein Leben gern Erdbeeren mit Sahne, aber ich habe herausgefunden, dass die Fische aus irgendeinem mir unbekannten Grund Würmern den Vorzug geben. Wenn ich nun also fischen ging, dachte ich nicht daran, was mir schmeckt, sondern daran, was die Fische mochten, und steckte nicht Erdbeeren mit Sahne an den Angelhaken, sondern köderte sie mit einem Wurm oder einer Heuschrecke: Das heißt im Klartext: Der Köder muss dem Fisch schmecken."
- Eine *(verblüffende) Frage:* „Können Sie sich eine Technologie vorstellen, mit der das gesamte Weltwissen auf der Fläche eines Fingernagels ge-

speichert werden kann? Es gibt sie. Speichern im Nano-Bereich lautet das faszinierende Thema."

- *Ein Cartoon, ein Zitat, ein Sinnspruch:* „Edison sagte einmal: 98 Prozent meines Erfolgs war Transpiration, 2 Prozent Inspiration. So in etwa, meine Damen und Herren, können Sie sich die kreativen Prozesse in meiner Abteilung vorstellen."
- *Situativer Bezug:* „Auf dem Weg hierher hatte ich Gelegenheit, mit einem Auszubildenden zu sprechen." „Hier in der Nähe des Kölner Doms fällt es mir leicht, eine Fachtagung zum Thema ‚Architektur des 21. Jahrhunderts' zu eröffnen."
- Ein *mitgebrachter Gegenstand:* „Für Sie habe ich etwas mitgebracht. Es handelt sich um einen riesigen Winzling. Jedenfalls was die Speicherkapazität angeht. Auf so einer Mini-DVD können Sie mehr als 15 Spielfilme in brillanter Qualität speichern."
- Eine *Neuigkeit im Bild:* Als Einstieg in einen Astronomie-Vortrag blendet der Präsentator zu Anfang ein Bild ein: „Dieses Foto, meine Damen und Herren, hat vorher noch kein Mensch gesehen. Es ist taufrisch. Das Hubble-Teleskop hat gestern die Geburt dieser Supernova im Sternzeichen der Jungfrau eingefangen."

Ü8	Mit Hilfe des Arbeitsblattes können Sie prüfen, welche Aufmerksamkeitswecker für Ihre Präsentationen geeignet sind.

Wenn Sie vor Entscheidungsgremien präsentieren, ist es ratsam, einen sachbezogenen Einstieg zu wählen. Steigen Sie unmittelbar ins Thema ein und betonen Sie dessen Bedeutung für die Zukunft. Anders ist die Erwartungshaltung in der Regel bei Fachtagungen oder Kongressen, wo Sachinformation *und* Unterhaltung gefragt sind (Infotainment). Professionelle Redner kennen die Effekte, um ein Auditorium zu fesseln.

4. Thema und Ziel der Präsentation nennen

Während ein „attention spot" die Zuhörer emotional anspricht, ist der zweite Teil der Einleitung rational geprägt. Das Publikum möchte Informationen zu der Frage, um was es geht und was bei der Veranstaltung herauskommen soll. Präzisieren Sie daher das Thema in verständlicher Weise und machen Sie deutlich, welches Ziel Sie mit Ihrer Präsentation erreichen wollen.

Beispiel:
Sie präsentieren das Thema „Der Vorgesetzte als Coach“. In diesem Fall könnten Definition und Zielsetzung etwa so lauten: „Im Mittelpunkt meiner Präsentation stehen zwei Fragen: 1. Was ist unter Coaching zu verstehen? Und 2. Welche Chancen bietet Coaching, um Mitarbeiter zu motivieren und zu fördern? Die Zielsetzung meines Vortrags besteht darin, Problembewusstsein für dieses wichtige Thema zu schaffen und Anregungen für den Führungsalltag zu vermitteln“.

5. Informationen zum Ablauf der Präsentation geben
Zur Einleitung gehört schließlich eine gut lesbare Gliederung auf Flipchart, Pinnwand oder einem anderen Dauermedium. So hat jeder Teilnehmer die Gesamtstruktur während der Präsentation vor Augen. Bei Bildschirmpräsentationen können Sie alternativ die Gliederung mehrfach einblenden oder mit der Navigationsleiste arbeiten (siehe hierzu Kapitel V).

Das Ende der Einleitung ist der beste Zeitpunkt, um Orientierungen zum Ablauf und Regelwerk der Präsentation zu geben. So können Sie Verständnisfragen während des Vortrags zulassen und für weiterführende Fragen und Einwände die Aussprache anbieten. Dieses Vorgehen hat den Vorteil, frühen und häufig zeitraubenden Diskussionen entgegenzuwirken. Vergessen Sie dabei nicht, auf die Dauer der Präsentation hinzuweisen.

Praxistipp

Den einleitenden Teil Ihrer Präsentation sollten Sie zuletzt erarbeiten. Dies empfiehlt sich aus zwei Gründen: Sie können die Erkenntnisse nutzen, die Sie bei der Entwicklung des Hauptteils gewonnen haben. Darüber hinaus können Sie bis kurz vor Ihrem Vortrag aktuelle Informationen zur Situation und zum Ort einfügen.

Hauptteil strukturieren

Ein wichtiges Qualitätskriterium für eine Präsentation ist eine klare und nachvollziehbare Gliederung der Inhalte, die es dem Zuhörer ermöglicht, die präsentierten Inhalte leicht aufzunehmen und zu verstehen. Er muss den „roten Faden“ erkennen können. Achten Sie daher bei der Erarbeitung Ihrer Gliederung darauf, dass

- die einzelnen Abschnitte logisch gegliedert sind,
- die Gliederung verständlich und zielwirksam ist (Informationspräsentationen haben einen anderen Aufbau als Überzeugungspräsentationen),
- die Kernbotschaft erkennbar ist,
- die Anzahl der Gliederungspunkte übersichtlich bleibt (Faustregel: drei, maximal fünf deutlich unterscheidbare Unterpunkte).

Allgemeingültige Empfehlungen für den Aufbau des Hauptteils existieren nicht. Dafür sind die Themen, Zielsetzungen und Situationen zu unterschiedlich. Trotzdem gibt es einige bewährte Arbeitshilfen, die Ihnen eine zielwirksame Gliederung erleichtern:

1. Psychologisch-pädagogische Orientierungen,
2. Strukturierung mit Hilfe von Fünfsätzen,
3. Standardbaupläne für spezielle Präsentationsanlässe. Diese finden sie im nächsten Kapitel und auf der CD-ROM.

1. Psychologisch-pädagogische Orientierungen

Die Inhalte Ihrer Präsentation sind so anzuordnen, dass Ihr Zuhörer sie aufnehmen, verarbeiten und behalten kann. Geht man von der einfachsten formalen Struktur einer Präsentation aus (siehe Abbildung 16), so ist es sinnvoll, die folgenden Empfehlungen sowohl für die Anordnung der Abschnitte (Hauptgliederungspunkte) als auch für die Reihenfolge der Informationen innerhalb eines einzelnen Anschnitts zu beachten:

- Das Bekannte vor dem Neuen.
- Das Einfache vor dem Schwierigen.
- Das Konkrete vor dem Abstrakten.
- Das Allgemeine vor dem Besonderen.
- Das Problem vor der Lösung.
- Bei drei Argumenten: Erst das zweitbeste, dann das schwächere, zum Schluss das stärkste.

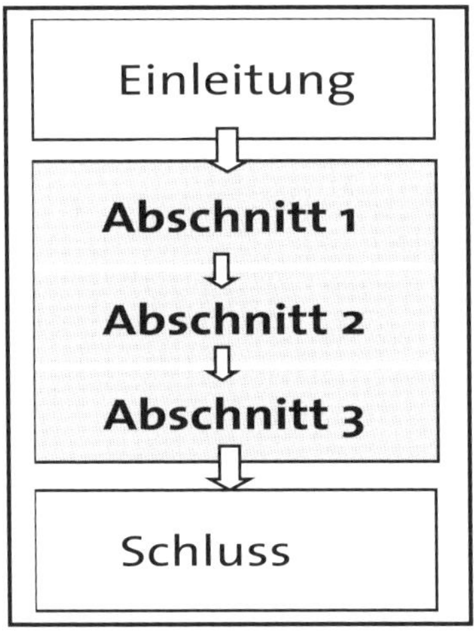

Abbildung 16: Einfachste formale Struktur einer Präsentation

2. Strukturierung mit Hilfe von Fünfsätzen

Weitere Anregungen vermitteln Ihnen die folgenden „Fünfsätze" (zur Fünfsatztechnik siehe z.B. Geißner 1993). Dabei handelt es sich um gedankliche Baupläne, die es erlauben, in fünf Denkschritten kurz, logisch gegliedert und zielwirksam zu argumentieren. Prüfen Sie, inwieweit diese Strukturpläne geeignet sind, einzelne Abschnitte oder den gesamten Hauptteil Ihrer Präsentation überzeugend zu gliedern.

Im Folgenden einige Beispiele für Fünfsatzstrukturen.

Dialektischer Fünfsatz

1. Thema/Problem nennen
2. Argumente (pro)
3. Argumente (contra)
4. Schlussfolgerung/Synthese
5. Zielorientierte Kernbotschaft

Linearer Fünfsatz

1. Der allgemeine Hintergrund ...
2. Die spezielle Problematik ...
3. Unsere Vorgehensweise ...
4. führt zu folgenden Daten ...
5. Unsere Interpretation/Konsequenzen ...

Paralleler Fünfsatz

1. Der Vertrieb wünscht ...
2. ... und begründet dies so ...
3. Die Qualitätskontrolle fordert ...
4. ... und begründet dies so ...
5. Vorschlag zur Synthese ... Begründung ...

Formel zur Ausklammerung der Gegenposition

1. Gegenposition
2. Argumente der Gegenseite
3. Defizite/Unzulänglichkeiten der Gegenseite
4. Eigene Position nennen/begründen
5. Zielorientierte Kernbotschaft

Schlussteil strukturieren

Ein guter letzter Eindruck ist genauso wichtig wie ein guter erster Eindruck. Die Erfahrung zeigt, dass der Schlussteil einer Präsentation besonders stark beim Zuhörer nachwirkt und vermutlich am besten behalten wird. Es empfiehlt sich daher, die Kernbotschaft in Form eines griffigen, einprägsamen Fazits zusammenzufassen. Dies kann zum Beispiel ein Textchart sein, auf dem Sie die wesentlichen Produktmerkmale und Nutzenargumente zusammenfassen. Es gibt weitere dramaturgische Möglichkeiten zur Aufwertung des Schlussteils Ihrer Präsentation. Sie können einen Spannungsbogen aufbauen, indem Sie

- den Einstiegsgedanken wieder aufgreifen,
- mit einem Zitat schließen, das als Gegenstück zu einem Zitat in der Einleitung gedacht ist,

- ein Cartoon (einer Karikatur) zeigen, das als Gegenstück zu einem Cartoon (eine Karikatur) in der Einleitung fungiert oder
- die provozierende Einstiegsfrage beantworten.

Merkpunkte für den Schlussteil

1. Knappe Zusammenfassung der Kernaussagen
2. Gegebenenfalls auflockernde Elemente
3. Ein Appell oder Ausblick
4. Überleitung in die Diskussion

Bringen Sie ggf. ein auflockerndes Element (als Gegenstück zur Einleitung)

Beachten Sie die folgende Faustregel zur Aufteilung der Präsentationszeit

- etwa 15 Prozent für den Einleitungsteil
- etwa 75 Prozent für den Hauptteil und
- etwa 10 Prozent für den Schlussteil.

5 Wie bereite ich den Medieneinsatz vor?

Auf der CD-ROM finden Sie Tipps zu diesem Thema in der Powerpoint-Präsentation „Vorbereitung".

Nachdem Sie das inhaltliche Konzept erarbeitet haben, geht es jetzt darum, den Medieneinsatz vorzubereiten. Die Optimierungsaufgabe besteht darin, für Situation, Zielsetzung und Zuhörerkreis die geeigneten Medien zu finden und diese professionell vorzubereiten.

Die Überlegungen dieses Abschnitts gehen davon aus, dass Sie sich für die *Bildschirmpräsentation* entschieden haben.

Was soll ich visualisieren?

Bevor Sie die Charts gestalten und den Ablauf optimieren, ist zu überlegen, was Sie visualisieren wollen. Dies ist vor allem dann sinnvoll, wenn neue, wichtige und schwierige Sachzusammenhänge vorgestellt werden und wenn eine Visualisierung aus dramaturgischen oder psychologischen Gründen geboten erscheint. Die erarbeiteten Kerninformationen geben Ihnen zusammen mit der Gliederung Ihrer Präsentation ein praktikables Raster, mit dem Sie die Bildschirminhalte festlegen können.

Mögliche Charts im einleitenden Teil

- Titelfolie: Sie beinhaltet Thema, Name des Referenten, Ort und Datum. Je nach Szenario können diese Elemente ergänzt werden durch Name des Kunden, Firma und „Herzlich willkommen". Je nach „Corporate Design-Strategie" und Thema sind andere Varianten denkbar (siehe Best Practices auf der CD-ROM).
- Chart mit einem „Aufhänger": Für die Visualisierung bieten sich zum Beispiel Cartoons, Sinnsprüche oder Zitate an, die einen thematischen Bezug zu Ihrem Thema haben (siehe im Einzelnen Kapitel VII).
- Agenda: Sie sollte bei Präsentationen vor jedem Gliederungspunkt erneut eingeblendet werden. Bei kürzeren Präsentationen (weniger als 10 Minuten) reicht es, wenn Sie die Agenda verbal vorstellen oder am Flipchart visualisieren.

Mögliche Charts im Hauptteil

Lassen Sie sich auch hier bei der Gestaltung der Bildschirminhalte von dem gesamten Spektrum multimedialer Möglichkeiten inspirieren. Je nach Thema, Ziel und Strukturplan des Hauptteils kommen recht unterschiedliche Inhalte für die Visualisierung in Frage. Bei Kundenpräsentationen verdienen folgende Punkte Ihre besondere Aufmerksamkeit:

- Kernkompetenzen und Referenzobjekte
- Produktpalette im Überblick
- Positionierung des Unternehmens am Markt
- Leitbild, Ziele und Strategie des Unternehmens
- Der besondere Nutzen und Zusatznutzen für den Kunden
- Technische und andere Alleinstellungsmerkmale
- Reale und geplante Prozessabläufe
- Operative Schritte im Falle einer Zusammenarbeit
- Forschungsergebnisse
- Zahlen, Statistiken, Trends

- Zahlenwerke, die während der Präsentation zu verändern sind
- Videoclips oder virtuelle Darstellungen zur Firma, zu Referenzobjekten oder zu neuen Technologien

Mögliche Charts im Schlussteil
- Fazit (Textchart mit den 4 bis 5 Highlights/Kernaussagen)
- Ausblick/Appell
- Als Einstieg in die Diskussion: Textchart „Welche Fragen sind entstanden?“ oder Chart mit Firmenlogo im Zentrum der Folie.

Achten Sie bei Auswahl und Entwicklung der Charts insbesondere auf drei Aspekte: Sind die Bilder wirklich geeignet, Ihre Kernbotschaft zu visualisieren? Passen die Bilder zur Erwartungshaltung und zu den Vorkenntnissen des Zuhörerkreises? Inwieweit sind die Bilder in der begrenzten Präsentationszeit zu vermitteln?

Zur schrittweisen Optimierung des visuellen Drehbuchs können Sie das Mindmapping, die Kärtchenmethode oder ein Storyboard nutzen. Das Storyboard ist ein nützliches Planungsinstrument, das alle Phasen bei der Vorbereitung Ihrer Computerpräsentation unterstützen kann. Hierbei skizzieren Sie zunächst die Botschaften (Ideen, Motive ...) jeder zu erstellenden Folie, und zwar für jeden Abschnitt Ihrer Präsentation.

Wenn Sie Ihre Zuhörer beispielsweise für eine Neuerung gewinnen wollen und dabei die Problemlösungsformel (siehe Seite 144) zugrunde legen, würden Sie Folienentwürfe für die Abschnitte: Einleitung, Situationsanalyse, Ziel bestimmen, Lösungsvorschlag, Nutzen, Schritte zur Umsetzung und Fazit zusammenstellen. Wenn Sie ein passendes Chart aus einer anderen Präsentation haben: Fügen Sie es einfach ein und überarbeiten Sie den Inhalt. Dieses Storyboard (Abbildung 17) ist dann Ausgangspunkt für die Qualitätsoptimierung Ihrer Präsentation.

Eine einfache Variante des Storyboard ist gegeben, wenn Sie Ihre Ideen zur Visualisierung auf Zettelchen oder Kärtchen schreiben und diese auf das Flipchart kleben oder an eine Pinnwand heften. So haben Sie die gesamte Konzeption vor Augen. Dieses Grobkonzept wird dann während der Folienerstellung am Computer schrittweise verfeinert und optimiert. Hierbei ist es zweckmäßig, die jeweils fertigen Charts in verkleinertem Format auszudrucken und in das Storyboard einzufügen.

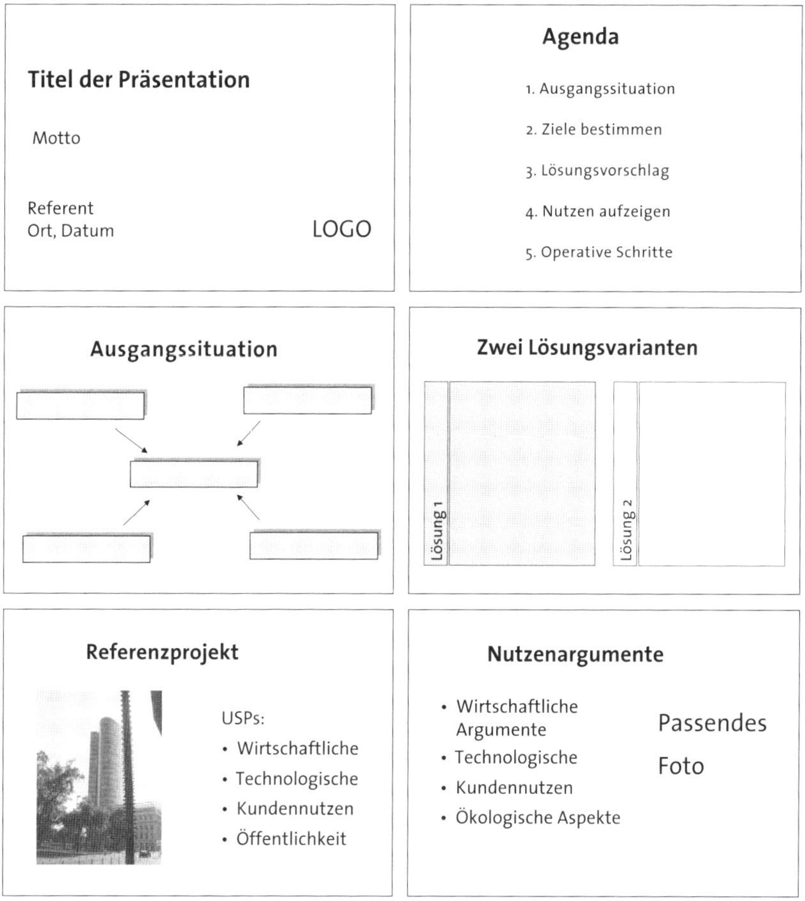

Abbildung 17: Beispiel zur Ideensammlung auf Storyboard

Achten Sie vor allem darauf, dass

- die wesentlichen Elemente in Einleitung, Hauptteil und Schluss enthalten sind,
- die Übergänge sowohl zwischen den Hauptpunkten als auch zwischen den einzelnen Folien logisch und überzeugend wirken,
- die Folien abwechslungsreich gestaltet sind und
- Sie mit der vorgegebenen Zeit zurechtkommen.

Ein Storyboard bietet außerdem Vorteile, wenn Sie eine Präsentation im Team erarbeiten. Sie können dann die gesamte Konzeption, den inneren Aufbau und wichtige Details der Darstellung konkret und anschaulich diskutieren und weiterentwickeln.

Wie erstelle ich zuhörerorientierte Folien?

Sie haben die Inhalte für die Charts einschließlich der multimedialen Elemente zusammengestellt und gehen nun an die detaillierte Gestaltung der Folien.

Bei der Entwicklung einer Bildschirmpräsentation sind stets die Gesichtspunkte der Ziel- und Zuhöreranalyse (siehe Kapitel V, 2) zu beachten. Ihre Folien sollten dazu beitragen, dass Ihre Kernbotschaften zielführend sind und im Einklang stehen mit den Erwartungen und dem Vorwissen des Auditoriums.

Unverzichtbare Qualitätskriterien für motivierende Charts

- Jede Folie enthält in der Regel eine aussagefähige Überschrift. Diese hat die Funktion eines „Advanced Organizers" und bringt die Kernbotschaft der Folie in wenigen Worten auf den Punkt (Details hier auf Seite 157ff.). Falls Sie ein ganzseitiges Foto zeigen, können Sie auf die Überschrift verzichten. Andere Varianten sind denkbar (siehe zum Beispiel die Beispielcharts in der Präsentationsvorlage von Volkswagen auf der CD-ROM).
- Ihre Folien sollten die linke und die rechte Hirnhälfte ansprechen. Kombinieren Sie daher Textinformationen und Zahlendarstellungen mit Fotos und anderen grafischen Elementen. Dies weckt und erhält die Aufmerksamkeit der Zuhörer.
- Faustregeln:
  - Nicht mehr als zwei Textfolien hintereinander.
  - Verknüpfen Sie Textinformation mit Bildvarianten (siehe Kap. VII, 4).
  - Zeigen Sie von Zeit zu Zeit ein Bildschirm füllendes Foto und geben Sie beim Präsentieren dann die Story rein verbal dazu.
- Damit Ihre Folien „hirngerecht" gestaltet sind, sollten Sie mindestens darauf achten, dass
  - der Inhalt im Mittelpunkt steht,
  - die Kerninformation auf einen Blick zu erkennen ist,
  - Textcharts nicht mehr als 7 Zeilen enthalten,

- der Farbeinsatz seriös und sparsam erfolgt,
- Schlüsselworte statt Sätze verwendet werden.

☞ **Hinweis:**

Detaillierte Hinweise für die Gestaltung von Grafiken und Schaubildern erhalten Sie in Kapitel VII.

Auf der CD-ROM finden Sie in der Powerpoint-Präsentation „TippsTricks-Powerpoint“ u.a. Tipps zur anregenden Gestaltung von Textcharts und zur Arbeit mit Phasenkonzepten. Darüber hinaus finden Sie eine Anleitung, um eine laufende Uhr in Ihre Powerpoint-Präsentation einzufügen.

Wie optimiere ich den Ablauf der Bildschirmpräsentation

Powerpoint bietet eine Fülle sinnvoller Tools, die Ihnen die Durchführung der Präsentation erleichtern und dem Zuhörerkreis helfen, relevante Informationen leichter aufzunehmen. Zu diesen Werkzeugen gehören die Themen Navigation, Animationen sowie Hyperlinks. Bevor Sie an diese Feinarbeiten herangehen, sind noch zwei Fragen zu beantworten:

1. Passen die Folien zu meiner Zielgruppe?

Bei der Beantwortung dieser Frage können Sie sich auf die Ergebnisse der Zuhöreranalyse (siehe Kapitel V, 2) stützen. Wenn Sie unter Zeitdruck Ihre Folien in der Sortieransicht durchgehen, können Sie sich bei jeder Folie fragen: Welchen Mehrwert, welchen Nutzen bringt dieses Chart den Zuhörern? Verzichten Sie kategorisch auf alle Folien, die dem Auditorium keinen Nutzen bieten! Im Zweifel können Sie die gestrichenen Chart den Backup-Folien Ihrer Präsentation zuordnen.

2. Wie viele Folien kann ich maximal zeigen?

Bei den meisten Präsentationen nötigt die limitierte Präsentationszeit dazu, die Anzahl der Folien zu begrenzen. Aber wie viele Folien kann ich in der vorgegebenen Zeit zeigen? In der Praxis hat sich eine Faustregel herauskristallisiert: Etwa zwei Minuten pro Folie. Wenn also die zeitliche Vorgabe bei zwanzig Minuten liegt, würden Sie maximal 10 Folien zeigen. Dies ist noch großzügig ausgelegt, denn 15 bis 20 Prozent der gesamten Präsentation werden im Durchschnitt für die Diskussion aufgewendet.

Bei wichtigen Präsentationen vor Entscheidungsgremien ist es ratsam, den Zeitbedarf für einzelne Charts und die Präsentation insgesamt zuverlässig einzuschätzen. Hierzu ist vorab eine Probepräsentation mit Zeitkontrolle sinnvoll. Denn nur so können Sie exakt die Dauer quantifizieren.

Praxistipp

Prüfen Sie die Möglichkeit, die Anzahl der Folien dadurch zu reduzieren, dass Sie die eigentliche Powerpoint-Präsentation kürzen und dafür Phasen des Storytelling und Visualisierungen am Flipchart einfügen. Empfehlungen dazu finden Sie in den Kapiteln III und VIII.

Gliederung und Überleitungsfolien als Orientierungshilfe

Es fördert die Verständlichkeit und wird als zusätzliches Kompetenzsignal wahrgenommen, wenn Sie die Agenda Ihrer Präsentation in der Einleitung vorstellen und vor einem neuen Abschnitt erneut einblenden. Dabei sind verschiedene Varianten denkbar:

Variante 1:
Sie zeigen die gesamte Gliederung jeweils vor einem neuen Abschnitt und heben jeweils den neuen Punkt hervor, während Sie die übrigen farblich abblenden.

Variante 2:
Sie zeigen zu Anfang eine Gesamtübersicht, wobei Sie zu den Unterpunkten Ihrer Präsentation jeweils passende Schlüsselbilder definieren. Zu Anfang eines neuen Abschnitts zeigen Sie dann eine Überleitungsfolie (Zwischentitelfolie), die den anschließenden Unterpunkt und das betreffende Schlüsselbild zeigt.

Variante 3:
Sie zeigen zu Anfang wie bei der Variante 2 die Gesamtübersicht mit Bildern. Diese Folie benutzen Sie sowohl für die Einleitung als auch für den Wechsel der einzelnen Abschnitte. Damit das Auditorium weiß, welchen

Abschnitt Sie ankündigen, heben Sie das Bild mit einem farbigen Rahmen hervor und verändern die korrespondierende Farbe der Schrift.

Beispiele für diese Gliederungsvarianten finden Sie in der Datei „TippsTricksPowerpoint" auf CD-ROM.

Navigieren durch Hyperlinks

Wenn Sie am Bildschirm präsentieren, gelangen Sie normalerweise durch Mausklick auf die nächste Bildschirmseite oder zur nächsten Animation. Sie können mehr Flexibilität in Ihre Präsentation bringen, wenn Sie mit interaktiven Links arbeiten. Diese Links erlauben es Ihnen, auf bestimmte Inhalte Ihrer Präsentation zuzugreifen. Möglich ist zum Beispiel, eine andere als die vorangegangene oder die unmittelbar folgende Folie aufzurufen, die Präsentation zu beenden, in eine andere Präsentation zu verzweigen oder eine Homepage aufzurufen. Falls Sie eine Hauptfolie (Leitseite) eingerichtet haben, können Sie jedes beliebige Chart aus dieser Hauptfolie ansteuern. Auf der CD-ROM finden Sie in der Datei „Tipps & Tricks für Powerpoint" eine Anleitung, wie Sie Hyperlinks einrichten können.

Dieses Navigationswerkzeug bietet Ihnen die Chance,
- innerhalb einer Präsentation auf bestimmte Folien zu springen und zurückzukehren,
- innerhalb einer Präsentation bei Bedarf bestimmte Folien zu überspringen,
- innerhalb einer Präsentation ins Internet oder auf eine CD-ROM zu verzweigen,
- Fortschrittsbalken einzurichten, die auf dem unteren Rand der Folie den aktuellen Status der gezeigten und verbleibenden Folien anzeigen,
- von einer Hauptmenüfolie aus alle Detailinformationen zu einem Produkt oder einem anderen Thema zu erreichen,
- in Excel-Datei oder Word-Dokumente zu verzweigen.

Auskunftsbereitschaft durch interaktive Buttons

Prüfen Sie bei der Vorbereitung Ihrer Präsentation, bei welchen Folien mit Fragen des Publikums zu rechnen ist. Wenn Sie solche Folien identifiziert haben, können Sie für alle Fälle interaktive Buttons einfügen. Diese gestatten es Ihnen, auf Knopfdruck spezielle Charts oder andere Dateien aufzurufen, die für Ihre Zuhörer von Interesse sind. Sie können also schon bei der Vorbereitung bestimmte Folien Ihrer Präsentation für alle Fälle mit kleinen Buttons oder anderen Schaltflächen präparieren. Diese verbinden Sie mit Hyperlinks, um bei einer Frage aus dem Publikum sofort spezielle Informationen zeigen zu können, und zwar aus den Back-up-Folien im Anhang Ihrer Präsentation oder auch aus anderen Dateien und Informationsquellen.

☞ **Zwei Hinweise zur Arbeit mit interaktiven Buttons**

- Platzieren Sie diese Buttons in der Fußzeile, und zwar so, dass sie für die Zuhörer auf den ersten Blick nicht zu sehen sind.
- Fügen Sie dem Button in blasser Schrift ein Schlüsselwort hinzu, damit Sie beim Vortrag wissen, was sich hinter dem Button verbirgt.

Diese Hyperlinks ermöglichen Ihnen also den Zugang zu relevanten Details im Falle von Fragen oder Einwänden aus dem Publikum. Sie sind aber auch dann von Nutzen, wenn sich die Zusammensetzung des Publikums kurzfristig ändert. Sitzen also doch mehr Fachleute als erwartet im Publikum, können Sie über die interaktiven Buttons auf die Folien verzweigen, die fachliche oder technische Details beinhalten. Je nach Komplexität des Themas können Sie auf einer Folie auch mehrere interaktive Buttons platzieren.

In Powerpoint finden Sie eine ganze Palette flexibel einsetzbarer Navigationselemente, die Sie schnell und ohne Programmierung einsetzen können (siehe Datei „Tipps & Tricks für Powerpoint“ auf der CD-ROM).

Zielwirksam animieren

Wer mit Powerpoint präsentiert, sollte die Möglichkeiten kennen, Folien schrittweise aufzubauen und dem Zuhörer dadurch zu helfen, die Informationen besser zu verarbeiten. Auf der CD-ROM (Datei „Tipps & Tricks für Powerpoint“) ist anhand einiger Beispiele dargestellt, wie Sie prinzipiell vorgehen können, um zum Beispiel eine Textfolie, ein Strukturbild, eine Tabelle oder ein Balkendiagramm schrittweise zu animieren.

Es würde den Rahmen dieses Buches sprengen, die Fülle an Möglichkeiten seit Powerpoint 2003 einigermaßen umfassend zu beschreiben. Wer sich im Detail für die vielfältigen neuen Funktionen interessiert, sei auf Fachpublikationen verwiesen (z .B. Schiecke, D. u. a.: Das Microsoft Handbuch Powerpoint 2003, 2. Aufl. Unterschleißheim 2006).

☞ **Hinweis:**

Wenn Sie bei der Vorbereitung Ihrer Folien nicht wissen, inwieweit Sie Animationseffekte nutzen sollen, beantworten Sie diese Fragen: Wie präsentieren vermutlich meine Zuhörer? Inwieweit kennen meine Zuhörer Animationseffekte? Wichtig: Entfernen Sie sich im Zweifel nicht zu weit von den Präsentationsgewohnheiten Ihres Auditoriums. Bei Präsentationen vor Managern der ersten Führungsebene rate ich dazu, Animationen mit großer Zurückhaltung zu nutzen oder ganz darauf zu verzichten.

Titel- und Abschlussfolie einfügen

Es hat sich bewährt, das einleitende und abschließende Chart nicht zu animieren. Die Titelfolie bildet den Hintergrund für Ihren Einstieg. Sie lenkt die Aufmerksamkeit der Zuhörer direkt auf das Thema und zeigt sowohl den Namen des Referenten als auch das Logo der Unternehmung. In vielen Firmenpräsentationen enthalten Titelcharts zudem Schlüsselfotos („Key Visuals"), die in Zusammenhang mit den Kernkompetenzen, Prozessen und/oder Produkten stehen. Schauen Sie sich beispielsweise das Einstiegschart der Heidelberger Druck an (Datei im Ordner „Best Practices"): Dort finden Sie neben relevanten Textinformationen eine Druckmaschine und Printprodukte.

Die Abschlussfolie beendet Ihre Bildschirmpräsentation und kann zur Diskussion überleiten. Für diesen Fall eignet sich etwa ein Folienbild mit der Aufschrift „Fragen?" oder „Diskussion". Wenn keine Aussprache vorgesehen ist, können Sie zum Beispiel mit einem pfiffigen Zitat, mit einem Sinnspruch oder mit einem Appell an das Auditorium Ihre Präsentation beenden. Diese Situation ist zum Beispiel bei Kongressen gegeben, bei denen mehrere Referenten hintereinander auftreten.

Es ist ratsam, Detail- und Extrafolien zum Schluss hinter der Abschlussfolie einzufügen. So können Sie bei speziellen Fragen in der Diskussion sofort reagieren.

Wie bereite ich den Präsentationsraum vor?

Damit Sie bei Kundenpräsentationen und bei anderen externen Vorträgen keine Überraschungen erleben, ist es ratsam, vorab Informationen über die Ausstattung des Raumes und die verfügbaren Medien einzuholen. Teilen Sie dem Kunden oder Veranstalter rechtzeitig Ihre Medienwünsche mit. Sie ersparen sich viel Ärger, wenn Sie dem Veranstalter eine Checkliste für die technische Ausstattung und eine Skizze zur räumlichen Anordnung der Medien zusenden.

Auf der CD-ROM finden Sie unter der Rubrik „Checklisten" eine differenzierte Zusammenstellung der Anforderungen an den Präsentationsraum.

6 Wie gestalte ich das Präsentations-Skript?

In den meisten Fällen benötigen Sie für die Durchführung Ihrer Präsentation ein Manuskript oder einen „Spickzettel", der Ihnen hilft,

- beim Thema zu bleiben und den „roten Faden" einzuhalten,
- Ihre Redehemmungen zu kontrollieren („Ich habe mein Konzept in der Hand"),
- nichts Wichtiges zu vergessen: Mit einem kurzen Blick auf den Merkzettel können Sie benötigte Informationen und Argumente abrufen.

Ein maßgefertigtes Manuskript ist besonders wichtig, wenn Sie Ihren Auftritt als Stress-Situation erleben und das Präsentationsthema sowie die vorgesehenen Medien für Sie neu sind. Bei Bildschirmpräsentationen ist mindestens die erwähnte Gliederungsübersicht der Charts notwendig (siehe Kapitel V, 5). Denn nur so können Sie die nächste Folie, die Sie ja erst nach Mausklick sehen, sicher anmoderieren.

Bei der Manuskriptgestaltung sind eine Reihe alternativer Lösungen denkbar:

- Klassisches Stichwort-Skript (Kärtchensystem)
- Notizzettel bei Bildschirmpräsentationen
- Ausformuliertes Manuskript
- Stichworte auf optischen Medien („Optische Rhetorik")

Welche Skript-Variante für Sie in Frage kommt, hängt vom Anlass der Präsentation, von den eingesetzten Medien sowie von Ihrer persönlichen Souveränität und Risikobereitschaft ab.

Vermeiden Sie nach Möglichkeit ein ausformuliertes Manuskript, denn es verleitet zum Ablesen und behindert so den „freien“ Vortrag. Wegen des prägenden ersten und letzten Eindrucks ist es allerdings ratsam, den Einleitungs- und Schlussteil auszuformulieren. So haben Sie zwei „psychologische Sicherheitszonen“ für alle Fälle. Den mittleren Teil Ihrer Präsentation können Sie dann stichwortartig aufbauen. Wer seinen Präsentationsinhalt beherrscht und rhetorische Sicherheit mitbringt, kann ohne Skript vortragen und dabei die optischen Medien wie etwa die Folienreihe als Leitfaden benutzen.

Praxistipps für das klassische Stichwort-Skript

Technische Aspekte

- Verwenden Sie festes Papier im Format DIN A5 quer.
- Beschriften Sie die Zettel einseitig.
- Nummerieren Sie die Blätter.
- Schreiben Sie gut lesbar!
- Faustregel: 1 Zettel für 2 bis 3 Minuten.
- Markieren Sie die Stellen, an denen Sie Medien einsetzen wollen.

Inhaltliche Aspekte

- Einleitung und Schluss ausformulieren.
- Zettel in zwei Hälften aufteilen: linke Hälfte für Kerninformationen, rechte Hälfte für Rand- und Hintergrundinformationen.
- Wichtiges durch Fettdruck, Farben, Sperren, Großschreiben u. Ä. hervorheben.
- Ausreichend breiten Rand lassen, um ergänzende Informationen einfügen zu können.
- Auf den Zetteln können Sie rhetorische Hinweise auch farbig notieren, zum Beispiel: *langsam sprechen, Blickkontakt halten, Standort wechseln.*
- Achten Sie auf die Übergänge zwischen den einzelnen Abschnitten Ihrer Präsentation.

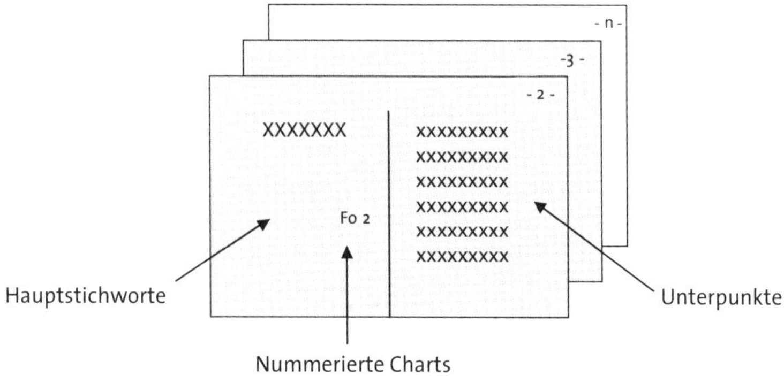

Abbildung 18: Aufteilung eines Stichwortkonzepts

Praxistipps für Notizzettel bei Bildschirmpräsentationen

Ohne „Spickzettel" ist es bei Bildschirmpräsentationen relativ umständlich, auf eine bereits behandelte Folie zurückzugehen oder eine der ausstehenden Folien zu überspringen. Powerpoint bietet hier zwei Varianten zur zeitsparenden Navigation (siehe hierzu die Powerpoint-Datei auf CD-ROM: „Vorbereitung"):

- *Minifolien als Handzettel.* Drucken Sie sich einen Handzettel aus, auf dem sechs oder neun Folien Ihrer Präsentation Platz finden. Alternativ können Sie eine Gliederungsübersicht ausdrucken.
- *Notizen neben Folien* oder *Leerzeilen neben Folien* (siehe Abbildung 19). Beide Varianten haben den gleichen formalen Aufbau: In der linken Spalte steht die Foliennummer, in der mittleren ein Abbild der jeweiligen Folie und in der rechten entweder die vorbereiteten Notizen zum Chart oder Linien für Erläuterungen. Bei beiden Optionen werden jeweils drei Charts je DIN A4-Seite ausgedruckt. Diese Variante ist am besten dafür geeignet, das Vortragskonzept individuell aufzubereiten. Auch als „Handout" für die Teilnehmer kommt diese Möglichkeit in Frage. Zum einen weil sie rasch auszudrucken ist und zum anderen, weil jeder seine persönlichen Notizen zu den Charts darauf anfertigen kann.

Folie 1	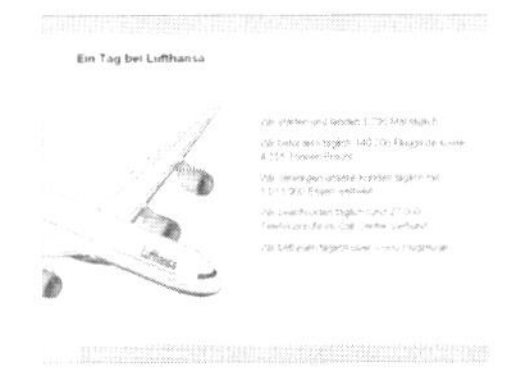	

Abbildung 19: Stichwort- und Notizzettel für Bildschirmpräsentationen

Praxistipps für das ausformulierte Manuskript

Ein ausformuliertes Manuskript ist für bestimmte Situationen zweckmäßig. Zum Beispiel für Präsentationen im internationalen Geschäft, bei denen Sie mit Hilfe eines Simultandolmetschers vortragen. Zudem hat ein Manuskript den Vorteil, dass Sie die benötigte Präsentationszeit exakt ermitteln können, denn Sie benötigen bei anderthalbzeiligem Abstand (30 Zeilen bei 60 Anschlägen) 2 Minuten pro Seite bei normalem Sprechtempo. Bei einer 20-minütigen Präsentation können Sie also von etwa 10 ausformulierten Manuskriptseiten ausgehen. Beachten Sie jedoch, dass es sich hierbei um die reine Vortragszeit handelt. Hinzu kommt die Zeit für die Beantwortung von Fragen, für spontane Einfälle während des Vortrags und für die Diskussionsphase.

Bei dem ausformulierten Manuskript gelten im Prinzip die gleichen Regeln wie beim Stichwortkonzept:

- Verwenden Sie festes Papier im Format DIN A5.
- Große Buchstaben (14 oder 18 Punkte) fördern die Lesbarkeit.
- Wählen Sie zweizeiligen Abstand.
- Beschreiben Sie nur die obere Hälfte oder zwei Drittel des Manuskripts. So können Sie besser Blickkontakt halten!
- Verwenden Sie rhetorische Hinweise im Manuskript. Zum Beispiel Pausenmarkierung durch Absätze und innerhalb eines Absatzes mit Bleistiftstrichen.
- Neuer Gedanke, neue Seite; lassen Sie jedoch die ersten drei/vier Worte der folgenden Seite unten auf das Manuskript schreiben. So wissen Sie, wie Ihr Vortrag weitergeht.
- Stoppen Sie die Zeit durch Probevorträge.

Für Bildschirmpräsentationen können Sie sich auch Ihre Minifolien mit dem gesamten Fließtext ausdrucken lassen. Dies kann zum Beispiel für computergestützte Vorträge bei Fachtagungen und Kongressen eine hilfreiche Möglichkeit sein.

7 Wie erstelle ich teilnehmergerechte Tischvorlagen?

Schriftliche Unterlagen wie Merkblätter oder „Handouts" sind dann bereitzustellen, wenn sie vom Zuhörerkreis erwartet werden und zur Erreichung Ihrer Überzeugungs- und Informationsziele beitragen. Bei den meisten Kundenpräsentationen dürfte dies der Fall sein. Ähnlich ist es bei Fachtagungen, Kongressen oder Schulungen. Hier helfen didaktisch aufbereitete Unterlagen, die Präsentation aufzuwerten und dem Zuhörer Gelegenheit zu geben, das Gehörte später nachzulesen und das Gedruckte anderen zu zeigen. Nutzen Sie die Chance, durch die Qualität Ihrer Unterlagen die Wichtigkeit des Themas zu betonen sowie das Image Ihrer Person, Ihrer Abteilung und des gesamten Unternehmens zu vergrößern.

Allgemeine Empfehlungen

Die Teilnehmerunterlagen sollten mit den vorgetragenen Argumenten und den verwendeten optischen Medien inhaltlich übereinstimmen. Beschränken Sie sich auf die Kerninformationen Ihrer Präsentation. Achten Sie von A bis Z auf hohe Qualitätsstandards und eine imageförderliche Gestaltung, die im Einklang mit der Corporate-Design-Strategie Ihres Unternehmens stehen.

Empfehlungen für den inhaltlichen Aufbau

- Deckblatt mit Titel der Präsentation, Datum, Veranstalter, Name des Präsentators, Ort und Zeit.
- Geben Sie Ihren Unterlagen ein ansprechendes Motto, das neugierig macht und Interesse für das Papier weckt.
- Prüfen Sie, ob eine Teilnehmerliste sinnvoll ist.
- Gliedern Sie die Präsentation.
- Ordnen Sie Kerninformationen nach Gliederungspunkten.
- Verknüpfen Sie die wesentlichen Informationen mit Grafiken: Zuerst Grafik, dann der Text. Erläutern Sie im Text wesentliche Elemente der jeweiligen Grafik.

- Übernehmen Sie die in der Präsentation verwendete Folien und Dias inhaltsgleich in die Unterlagen.
- Optional können Sie die wichtigsten Charts in verkleinertem Format beifügen.
- Der Kunde muss spüren, dass die Unterlage individuell für ihn oder für diesen speziellen Präsentationsanlass entwickelt wurde.

☞ **Hinweis:**

Wer nach dem wünschenswerten „Reißverschlussprinzip" präsentiert (siehe Seite 187), hat auf den Vortragsfolien lediglich Schlüsselworte und erklärungsbedürftige Schaubilder. Durch das gesprochene Wort erhalten die Zuhörer die notwendigen Hintergrundinformationen. Die Folien in der Tischvorlage sollten mehr enthalten als die Vortragsfolien. Sie sollten selbsterklärend sein, das bedeutet, auch relevante Erläuterungen zu den Schlüsselworten enthalten. Dies gestattet es den Teilnehmern, die präsentierten Inhalte später ohne Verständnisschwierigkeiten nacharbeiten zu können.

Empfehlungen für die formale Gestaltung

- Gegliedertes Inhaltsverzeichnis mit Seitenzahlen und nummerischen Gliederungspunkten (max. drei Ebenen, zum Beispiel 2.2.1)
- Einheitliches Seitenformat, Rand lassen für Notizen
- Einheitliche Gestaltung der Leerräume zwischen Überschrift und Text
- Beschränkung auf *eine* Schriftfamilie
- Zwischenüberschriften nicht größer als die Lesegröße
- 12 Punkte Lesegröße, Überschriften 2 Punkte größer, Fußnoten und Bildunterschriften 2 Punkte kleiner als Lesegröße
- Auflockerung des Fließtextes durch Absätze
- 1,5- oder 2-zeiliger Abstand
- Gleichmäßige Verteilung von Fotos und Bildern
- Überreichen Sie die Unterlagen in einer Präsentationsmappe

Wann sollten die Teilnehmerunterlagen verteilt werden?

Hier gibt es keine allgemeine Regel. Sie sollten zwischen zwei Gesichtspunkten abwägen:

1. Ausgabe vor der Präsentation
Für diese Variante spricht, dass die Zuhörer während Ihrer Ausführungen Notizen an den betreffenden Stellen im Skript machen können. Zudem för-

dern professionelle Unterlagen in einer frühen Phase der Präsentation die Kompetenz des Vortragenden. Schließlich haben die Zuhörer die Gesamtstruktur der Ausführungen ständig vor Augen und können bei Bedarf sofort nachschlagen.

Gegen eine Ausgabe der Unterlagen vor der Präsentation spricht, dass es bei den Zuhörer zu einem Motivkonflikt kommen kann: Sie blättern während des Vortrags in den Unterlagen und werden dadurch abgelenkt. Dies wiederum kann dazu führen, dass wesentliche Präsentationsinhalte nicht aufgenommen werden.

2. Ausgabe nach der Präsentation
Wenn Sie die Tischvorlagen später verteilen, ist das Risiko der Ablenkung geringer. Es fällt dann leichter, dem Vortragenden die uneingeschränkte Aufmerksamkeit zu schenken. Nachteilig ist bei dieser Variante, dass die Zuhörer häufig sehr viel mitschreiben, was die Informationsaufnahme hemmen kann. Zudem sind Rückfragen zu den Unterlagen oft nicht mehr möglich.

Praxistipp

Falls Sie die Unterlagen nach der Präsentation aushändigen wollen, sollten Sie dies in jedem Falle einleitend ankündigen.

VI Aufbaupläne für Präsentationen

Die in der Übersicht (Abbildung 20) dargestellten Standardbaupläne knüpfen an die allgemeinen Praxistipps des vorangegangenen Kapitels an. Behandelt werden spezielle Gliederungsvorschläge für interne und externe Präsentationen, die in der täglichen Managerkommunikation die größte Bedeutung haben: Überzeugungs- und Informationspräsentationen sowie Grußworte.

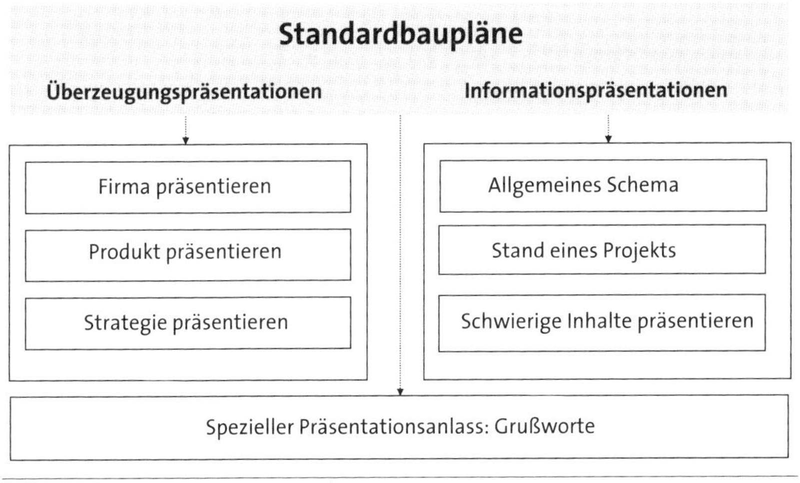

Abbildung 20: Standardbaupläne in der Übersicht

In der Praxis überschneiden sich die beiden Präsentationsarten mehr oder weniger. Wer überzeugen will, wird vor der Nutzenargumentation auch über seine Idee oder sein Produkt informieren. Wer Neuentwicklungen vermittelt, wird „implizit" bestrebt sein, seine Forschungs- und Entwicklungsabteilung imageförderlich darzustellen.

Das Thema „Grußworte“ ist deshalb aufgenommen worden, weil Führungskräfte bei verschiedenen Anlässen – etwa im Rahmen von Events oder anderen Veranstaltungen – ein paar Worte zur Einführung sagen müssen, und dies häufig mit wenig Vorbereitungszeit und vor großem Publikum.

Auf der CD-ROM finden Sie im Ordner „Aufbaupläne“ Powerpoint-Präsentationen zu den unten beschriebenen Anlässen.

1 Standardbaupläne für Überzeugungspräsentationen

Firma präsentieren

Im Kundenkontakt ist es von Zeit zu Zeit notwendig, das eigene Unternehmen oder den eigenen Unternehmensbereich überzeugend und situativ angemessen vorzustellen. Dabei kann der Kontext unterschiedlich sein.

Firmenpräsentation im Wettbewerb mit anderen Unternehmen:
Hier geht es darum, die besonderen Fähigkeiten und Kernkompetenzen der Firma überzeugend darzustellen und beim Kunden nachhaltiges Interesse für eine Zusammenarbeit zu wecken. Ausgeklammert bleiben sowohl die Analyse konkreter Probleme als auch die Darstellung bestimmter Lösungswege. Typische Praxissituation für derartige „Capability Presentations“: Nach einer Ausschreibung für ein Großprojekt sind drei Unternehmen in der engeren Wahl und präsentieren nacheinander vor einem Entscheidungsgremium. Die Strategie ist darauf gerichtet, sich gegen die Mitbewerber durchzusetzen.

Firmendarstellung als Teil einer Produktpräsentation:
Die Ausführungen zum Unternehmen (Referenzen, Kernkompetenzen, Patente, Positionierung am Markt …) bilden den Hintergrund, vor dem die produktbezogene Präsentation abläuft. So wird der präsentierende Geschäftsführer eines kleinen Unternehmens seine Ausführungen dadurch aufwerten können, dass er in der Anfangsphase zwei erfolgreiche Referenzprojekte erläutert, die für renommierte Unternehmen durchgeführt wurden.

Firmenpräsentation integriert in Verkaufsgespräche:
In dialogischen Gesprächssituationen ist es ratsam, die Kerninformationen zur Firma interaktiv mit dem Kunden darzustellen. Aus dem möglichen

Themenraster werden hierbei nur die Module behandelt (gegebenenfalls über das Notebook gezeigt), die zur Erwartungshaltung des Gegenübers passen.

Firmenpräsentation
(Mögliches Aufbauschema)

1. Wer sind wir?
2. Leistungsangebot/Produkte
3. Einsatzgebiete/Anwendungsfelder
4. Optional: Die nächsten Schritte bei einer Zusammenarbeit
5. Fazit

Erläuterungen:

1. Wer sind wir?
Als Unterpunkte kommen in Frage: Firmenname, Positionierung am Markt, am Markt seit ..., besondere Erfahrungen und Kernkompetenzen, markante Erfolge.

2. Leistungsangebot/Produkte
Überblick der Produktpalette mit den besonderen Vorzügen (USPs). Dazu gehören auch mögliche Stütz- und Zusatzleistungen Ihres Unternehmens. Zum Beispiel im Bereich der Vertriebsorganisation, des Service oder im Bereich des Umweltschutzes.

3. Einsatzgebiete/Anwendungsfelder
Kernkompetenzen können Sie am besten durch Referenzprojekte belegen. Denn bei erfolgreichen Projekten sind die besonderen Fähigkeiten in der Praxis unter Beweis gestellt worden. Bedenken Sie bei der Auswahl der Referenzobjekte wie auch bei der Darstellung der Produkte und der besonderen Stärken Ihres Unternehmens, was aus der Sicht des Kunden und seiner Branche besonders interessant sein könnte.

4. Die nächsten Schritte bei einer Zusammenarbeit
Hierbei geht es darum, dem Kunden zu zeigen, wie die nächsten operativen Schritte im Falle einer Zusammenarbeit aussehen würden.

5. Fazit
In der Zusammenfassung bietet sich die Chance, die besonderen Vorteile und Kompetenzen des eigenen Unternehmens zu verstärken.

Praxistipp

Stellen Sie Gegenwart und Zukunft in den Mittelpunkt Ihrer Präsentation. Belasten Sie Ihren Kunden nicht mit vergangenheitsorientierten Informationen (lange Listen zur Firmengeschichte, Zahlenfriedhöfe oder nervtötende Organigramme). Konzentrieren Sie sich beim Rückblick auf wenige markante Meilensteine. Die Details fügen Sie in die Tischvorlage ein.

Produkt präsentieren

Im Folgenden lernen Sie wichtige Strukturierungshilfen kennen, die für die Präsentation von Ideen, Produkten, Strategien, Arbeitsergebnissen oder ähnliche Anlässe in Frage kommen. Die größte Bedeutung hat dabei die sogenannte *Problemlösungsformel.* Sie haben die Struktur bereits im ersten Kapitel kennen gelernt. Der formale Aufbau dieser Formel lässt sich sehr gut auf interne wie auf externe Anlässe übertragen, und zwar immer dann, wenn Sie ein Auditorium von einer Idee überzeugen wollen. Dieses Schema eignet sich auch zur Strukturierung einer Helden- oder Ritter-Geschichte (siehe Seite 71).

Die Problemlösungsformel lässt sich ohne Weiteres auf Produktpräsentationen übertragen. Die folgenden Kästen zeigen Beispiele für die Szenarien: Präsentation *alternativer* Lösungen sowie Präsentation *einer* Lösung.

Produktpräsentation
(Szenario: Alternative Lösungen)

1. Situation und Problem analysieren
   (ggf. negative Konsequenzen; zentrale Fragen)
2. Ziel definieren
   (Was soll erreicht werden?)
3. Lösungen darstellen
4. Vorteile und Nachteile diskutieren
5. Empfehlung für die beste Lösung
6. Operative Schritte

Produktpräsentation
(Szenario: Eine Lösung)

1. Situation und Problem analysieren
   (ggf. negative Konsequenzen; zentrale Fragen)
2. Ziel definieren
   (Was soll erreicht werden?)
3. Lösungsvorschlag darlegen
4. Nutzen aufzeigen
5. Operative Schritte

Falls verschiedene Lösungsvorschläge präsentiert werden, ist es ratsam, die Diskussion der Vor- und Nachteile kriterienorientiert durchzuführen. Diese Bewertungskriterien sind zu Beginn der vierten Phase zu nennen.

Strategie präsentieren

Eine ähnliche Struktur haben die folgenden Aufbaupläne, die sich insbesondere dann eignen, wenn Sie für eine Strategie überzeugen wollen oder wenn Sie eine unangenehme Nachricht zu übermitteln haben.

Folgend zwei Aufbaupläne für interne Anlässe:

Empfehlung einer Strategie

1. Bedeutung des Themas; Ziel definieren
2. Ausgangssituation (Kernprobleme)
3. Alternative Strategien im Überblick
4. Diskussion der Vor- und Nachteile
5. Empfehlung für die beste Variante
6. Mögliche Probleme bei der Umsetzung
7. Die nächsten Schritte

Unangenehme Nachricht präsentieren

1. Hintergrund
2. Darstellung der unangenehmen Nachricht
3. Alternative Lösungswege (Optionen)

4. Vor- und Nachteile der Optionen
5. Die nächsten Schritte darlegen
(ggf. im Dialog mit dem Auditorium)

2 Standardbaupläne für Informationspräsentationen

Allgemeines Schema

Der Grundgedanke dieses Schemas ist in Kapitel I erläutert worden. Dieser Strukturplan ist nicht nur bei Stegreifvorträgen, sondern auch für Informationspräsentationen geeignet, vor allem dann, wenn Sie im Hauptteil heterogene Gesichtspunkte darzustellen haben.

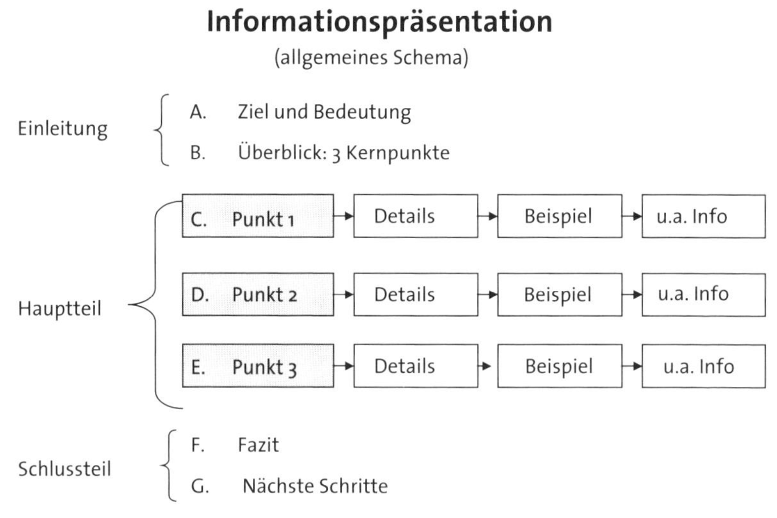

Abbildung 21: Allgemeines Schema für Informationspräsentationen

Erläuterung anhand eines Beispiels:

Sie haben an einem Kongress zum Thema *„Neue Lernwege am Arbeitsplatz"* teilgenommen. Auf Wunsch Ihres Chefs sollen Sie vor Ihren Kollegen eine 15-minütige Präsentation zu den Kernpunkten der Tagung halten.

Das abgebildete generelle Schema kann Ihnen helfen, Ihre Informationspräsentation auch bei knapper Zeit in eine geordnete Struktur zu bringen, die entsprechenden Folien zu entwickeln und beim Vortrag flexibel zu agieren.

Einleitung

A *Eröffnung:* Sie nennen das Ziel der Präsentation und sagen etwas zur *Bedeutung* des Themas, damit jeder weiß, wovon Sie in den nächsten 15 Minuten reden werden: „In der letzten Woche habe ich an einem Kongress zum Thema ‚Neue Lernwege am Arbeitsplatz' teilgenommen. Veranstalter war die Fraunhofer-Gesellschaft. Unter den Fachleuten bestand Konsens darüber, dass dieses Thema immer wichtiger wird, um am Markt zu überleben. In den folgenden 15 Minuten erfahren Sie, welche Ideen und Konzepte dieses Kongresses für unser Team in Frage kommen."

B *Überblick der Kernpunkte:* Nennen Sie hier die wichtigsten Themenbereiche, über die Sie sprechen wollen. Diese Struktur ist wichtig, damit Ihre Kollegen die Details einordnen können: „In drei Bereichen zeichnen sich große Chancen ab, um das Lernen effizienter und individueller zu gestalten: 1) Interaktives Lernen mit CD-ROM; 2) Das Lernen über das Internet oder Intranet (www-based-learning); 3) Verknüpfung von Seminarlernen und online-Lernen (Blended-Learning-Konzepte)."

Hauptteil

C *Punkt 1 mit Details:* Wie die Abbildung 21 zeigt, stellen Sie zu jedem der drei Punkte die wichtigen Details dar: „Beginnen wir mit dem interaktiven Lernen über CD-ROM. Der Grundgedanke besteht darin, dass jeder Mitarbeiter sich mit Hilfe seines PCs oder Notebooks eigenständig die betreffenden Lerninhalte aneignen kann. Die Vorteile: Jeder kann Zeitpunkt, Dauer und Lerntempo selbst bestimmen. Man kann eine große Zahl von Mitarbeitern erreichen".

Beispiel: Dieser Schritt dient der Veranschaulichung der dargestellten Details. Ein gutes Beispiel fördert die Aufmerksamkeit und hilft, die Kernbotschaft beim Adressaten zu verankern. „Wir könnten diesen Gedanken aufnehmen und etwa ein Argumentationstraining für unsere Vertriebsmannschaft entwickeln lassen. Die Mustermann AG hat diese Idee bereits umgesetzt und sehr gute Erfahrungen damit gemacht. Jeder Mitarbeiter, der zum Kunden fährt, findet auf der entsprechenden CD-ROM Inhalte zu den Fragen: Auf welche Kernkompetenzen und Referenzobjekte kann ich mich in der Argumentation stützen? Wie reagiere ich, wenn schwierige Einwände kommen? Welche Vorgehensweise ist empfehlenswert, um meine Ziele zu erreichen? usw. In vorgeschalteten Verhaltenstrainings sind die Mitarbeiter auf die Arbeit mit diesem digitalen Werkzeug vorbereitet worden.

Die nächsten Gliederungspunkte

D Das Lernen über das Internet und Intranet sowie

E Verknüpfung von Seminarlernen und Onlinelernen werden analog abgehandelt.

Schlussteil

F *Fazit:* Die Kernpunkte sind zu rekapitulieren. „Bei den neuen Lernwegen am Arbeitsplatz liegen meiner Einschätzung nach die größten Chancen in drei Feldern: Interaktives Lernen mit CD-ROM, WWW-based Learning und Verknüpfung von Seminarlernen und Online-Learning".

G *Nächste Schritte:* Wie die letzte Phase aussieht, hängt vom jeweiligen Szenario ab. Die Informationspräsentation endet in der Regel mit der Klärung von Verständnisfragen und einer weiterführenden Diskussion.

Stand eines Projekts präsentieren

Im Berufsalltag gibt es viele Situationen, in denen Sie gefordert sind, den aktuellen Stand eines Projekts darzustellen.

In den meisten Fällen empfiehlt sich ein dreiphasiges Vorgehen, das je nach situativen Besonderheiten modifiziert werden kann:

Stand eines Projekts präsentieren

1. Projektziele
2. Der aktuelle Status des Projekts
   - Kurze Beschreibung
   - Soll-Ist-Abweichungen und Risiken
3. Die nächsten Schritte

1. Schritt: *Projektziele*
Sie stellen das Gesamtziel des Projekts dar. Dabei differenzieren Sie situationsgerecht nach Sachziel, Kostenziel und Terminziel. Bei komplexen Vorhaben ist zudem die Beziehung zu anderen Projekten aufzuzeigen.

2. Schritt: *Darstellung des aktuellen Status des Projekts*
Zeigen Sie,
- wo Sie auf Plan liegen,
- wo Zielabweichungen aufgetreten sind und
- wo die größten Risiken liegen.

Erläutern Sie, warum es zu diesen Abweichungen gekommen ist.

3. Schritt: *Die nächsten Schritte*
In dieser zukunftsgerichteten Phase geht es darum,
- Lösungswege aufzuzeigen, um Soll-Ist-Abweichungen in den Griff zu bekommen,
- aufzuzeigen, wer was, wie, mit wem und bis wann tun sollte,
- ggf. Vorschläge zu machen, inwieweit bestimmte (Teil-)Ziele neu zu definieren sind.

Danach leiten Sie zur Diskussion über.

Schwierige Inhalte präsentieren

Verständlichkeit ist eine notwendige Voraussetzung erfolgreicher Präsentationen. Das ist besonders dann wichtig, wenn die Zuhörer eine andere fachliche Spezialisierung, Ausbildung oder kulturelle Prägung haben als der Vortragende. Oft wird im Auditorium zu viel vorausgesetzt: Es werden sofort Details dargestellt, ohne Hintergrund und Kontext verdeutlicht zu haben. Daher lohnt es sich für jeden, der präsentiert, Gespräche führt oder an Besprechungen teilnimmt, der Frage nachzugehen, wie Fachbegriffe, schwierige Sachverhalte oder Technologien, die für die Zuhörer neu sind, verständlich erklärt werden können.

Das folgende Ablaufschema (vgl. Weidenmann 2002) zeigt, wie man dabei hirngerecht vorgeht.

Fünf Schritte zur Verständlichkeit

1. „Szenario" darstellen
   (Worum geht es?)
2. Überblick, Struktur
   (Worauf kommt es an?)
3. Details erklären
   (Was heißt das genau?)
4. Überprüfen
   (Hat der Zuhörer alles verstanden?)
5. Fazit und Praxisnutzen
   (Inwieweit ist das praxisrelevant?)

Erläuterung:
Die fünf Hauptpunkte zeigen, wie Sie als Präsentierender vorgehen können, um neue und komplexe Inhalte zuhörergerecht darzustellen. Mit jedem Punkt korrespondieren Fragen, die sich die Zuhörer jeweils stellen: *Worum geht es? Worauf kommt es an?* usw.

1. *Szenario:* Es fällt leichter, Neues einzuordnen, wenn wir einen Bezug zur eigenen Erfahrung herstellen können und wenn der Praxisnutzen erkennbar ist. Günstig ist daher als Einstieg ein Szenario („kognitiver Rahmen"), das den Zuhörern (vermutlich) bekannt ist. Dies kann ein Beispiel, eine konkrete Situation oder ein Nutzenversprechen sein: „Stellen Sie sich vor …" oder „Sie alle kennen doch …" oder „Das Online-Lernen bietet große Chancen für Ihre Karriere …" oder „Vor ein paar Wochen habe ich zum ersten Mal …". Die psychologische Funktion dieses Einstiegs: Relevantes Vorwissen wird beim Zuhörer aktiviert, was die Aufnahme, Verarbeitung und spätere Speicherung des Neuen erleichtert.

2. *Überblick und Struktur bereitstellen:* Dadurch erhält der Zuhörer ein Raster, um die späteren Details einordnen zu können. Beispiel: „Zunächst erfahren Sie Schwachstellen der alten Software. Daran anknüpfend werden die Leistungsmerkmale des neuen Programms erläutert" „Auf dem Flipchart sehen Sie vier Punkte, die von Bedeutung sind". Günstig ist es, wenn sich das gewählte Einstiegsszenario (Schritt 1) mit dem Punkt „Überblick und Struktur" gut verknüpfen lässt.

3. *Details erklären:* Wichtig ist, dass die entscheidenden Punkte verstanden werden. Aus psychologischen Gründen ist es förderlich, wenn Sie die

Sprachebene der Zuhörer treffen, Fachbegriffe auf ein Mindestmaß beschränken, interessant und abwechslungsreich erklären und verschiedene Sinneskanäle ansprechen. Nutzen Sie hierbei die Möglichkeiten zur Visualisierung der Kernbotschaft.

4. *Überprüfen des Lernerfolgs:* Die entscheidende Frage lautet: „Haben die Zuhörer wirklich das Wesentliche verstanden, und zwar so, dass sie es Dritten weitergeben könnten?" Es ist sinnvoll, zu Verständnisfragen anzuregen und Erfahrungen der Zuhörer zum Thema einzubeziehen. Falls notwendig, wird man ergänzende und vertiefende Ausführungen machen. Achten Sie während Ihrer Erklärungen auf die Reaktionen im Auditorium. Suchen Sie den Dialog, wenn körpersprachliche Signale der Zuhörer auf Verständnisprobleme oder Abbruchgedanken schließen lassen.

5. *Fazit und Praxisnutzen:* Fassen Sie in diesem letzten Schritt noch einmal die Quintessenz des Gesagten zusammen und unterstreichen Sie die Bedeutung des dargestellten Themas für die Praxis.

3 Grußworte

Bei einem „Grußwort" wird ein kurzer Beitrag erwartet, der nicht im Mittelpunkt der Veranstaltung steht. Sie sprechen im Namen Ihres Unternehmens oder Ihrer Unternehmenssparte.

Das Grußwort kann persönlich vorgetragen oder in Vertretung „verlesen" werden. Falls Sie ein Grußwort im Namen eines Vorstandsmitglieds oder eines anderen Repräsentanten vortragen, sollte dieses Fernbleiben kurz begründet werden.

Ziel eines Grußwortes (vgl. Redenberater 2005)
- Sie überbringen die Grüße des Unternehmens oder der Organisation.
- Sie weisen auf die erfreulichen Kontakte und die exzellente Zusammenarbeit hin.
- Sie erwähnen Anlass und Thematik der Veranstaltung.
- Je nach Situation können Sie auch zum Anlass der Veranstaltung gratulieren.
- Sie wünschen im Namen Ihrer Unternehmung/Organisation einen guten und erfolgreichen Verlauf.

Nebenfunktionen eines Grußwortes

- Sie können höflich die besonderen Qualitäten des Veranstalters betonen.
- Konkret können Sie auf Verdienste, Leistungen, nationale und internationale Bedeutung des Veranstalters hinweisen.
- Loben Sie mit Augenmaß die veranstaltende Institution, die zu würdigende Person oder sonstige beteiligte Personen.

Darüber hinaus bietet ein Grußwort die Chance, das eigene Unternehmen ins rechte Licht zu rücken. Es liegt im Geschick des Redners, auf bestimmte Leistungen oder Aktivitäten des eigenen Unternehmens hinzuweisen, die im Zusammenhang mit einem Aspekt der Veranstaltung stehen.

> Auf der CD-ROM finden Sie eine Powerpoint-Präsentation zu diesem Thema (siehe im Ordner „Aufbaupläne" die Datei: Grußworte).

In der folgenden Tabelle finden Sie einen Vorschlag zur Gliederung von Grußworten. Die Checkliste lässt sich – leicht modifiziert – auch auf andere Arten von Gesellschaftsreden übertragen.

Checkliste zur Gliederung
Anrede
Begrüßung
Besondere Begrüßung • Hauptperson • Verwandte oder Freunde von auswärts • Ehrengäste
Zweck (Was ist der Anlass dieser Feier/Veranstaltung?) „Wir sind hier zusammengekommen, um ..." „Ich freue mich ganz besonders ..." „Manchmal kann es auch eine besondere Ehre sein, zu sprechen ..."
Rückblick in die Vergangenheit (Was war?)
Gegenwart (Was ist?)
Ausblick in die Zukunft/Wünsche und Hoffnungen (Was wird sein? Was soll sein?)
Dank und Glückwunsch „Herzlichen Dank, dass ich dabei sein darf, und Glückwunsch von ... "

VII Visualisierung
Gründe, Funktionen und Gestaltungskriterien

Durch visuelle Unterstützung können Qualität und Wirkungsgrad Ihrer Präsentationen nachhaltig verbessert werden. Dabei ist Visualisierung* darauf gerichtet, bestimmte Inhalte Ihrer Präsentation in Bildform darzustellen. In diesem Kapitel erfahren Sie, wie der gesamte Prozess von der Bildidee bis hin zur fertigen Folie und Folienreihe optimiert werden kann. Die Kriterien zur Visualisierung sind nicht nur für die zielwirksame Gestaltung einer einzelnen Präsentation von Bedeutung. Sie können auch zur Optimierung zentral erstellter Präsentationen herangezogen werden, die den Mitarbeitern via Intranet weltweit zur Verfügung stehen.

Die Themen im Überblick:

- Wozu visualisieren?
- Welche Bildertypen stehen zur Verfügung?
- Welche allgemeinen Gestaltungskriterien sind zu berücksichtigen?
- Welche speziellen Kriterien sind bei der Gestaltung von Bilder und Grafiken zu beachten?

Zur schnellen Information der Kerninhalte dieses Kapitels siehe Powerpoint-Präsentation „Visualisierung" auf der CD-ROM.

1 Wozu visualisieren?

Eine zielgerichtete Visualisierung erleichtert es Ihnen,
- Aufmerksamkeit zu wecken und zu erhalten,
- die Kernbotschaft Ihrer Präsentation nachhaltiger zu verankern,
- den Bezugsrahmen und die innere Struktur Ihrer Ausführungen zu verdeutlichen,

* Der Begriff „Visualisierung" wird im Folgenden so weit gefasst, dass er auch die multimediale Gestaltung von Bildschirminhalten umfasst.

- sprachliche Ausführungen verständlicher zu machen,
- konkrete Realität abzubilden, zu symbolisieren und zu simulieren,
- kompetent und professionell aufzutreten.

Untersuchungen zur „Bildüberlegenheitswirkung“ (siehe Abbildung 22) belegen, dass bildhaft vermittelte Inhalte besser erinnert werden können als konkrete oder abstrakte Wörter, und zwar sowohl kurzfristig als auch langfristig. Diese Wirkung gilt für einfache wie auch für komplizierte Inhalte.

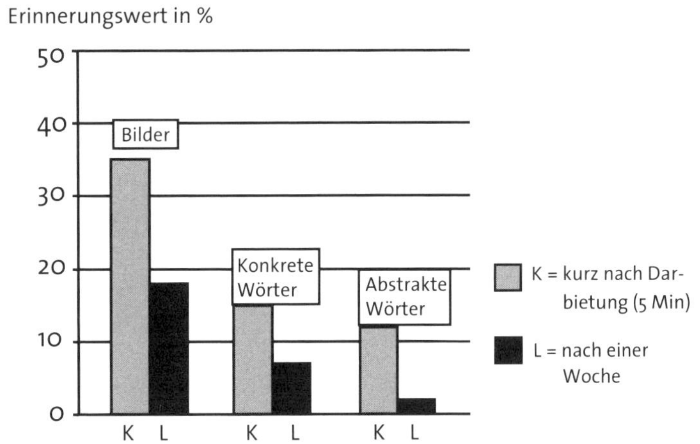

Abbildung 22: Gedächtnisleistungen für Wörter und Bilder (vgl. Kroeber-Riel 1993)

Die verschiedenen Funktionen, die Bilder bei Präsentationen übernehmen können, lassen sich anhand des folgenden Katalogs darstellen. Diese sieben Funktionen sind wissenschaftlich gut begründbar und erleichtern Ihnen die Auswahl von Grafiken und Schaubildern. Dabei darf nicht übersehen werden, dass der Wirkungsgrad von Bildern entscheidend von den Voraussetzungen abhängt, die die Zuhörer mitbringen, vor allem von ihrer Erwartungshaltung und ihrem Vorwissen.

Die Funktionen im Einzelnen:

Aktivierungs- und Motivationsfunktion
Hierbei wird vorausgesetzt, dass die Wissensstruktur beim Zuhörer komplett vorhanden ist. Ein Kundenkreis arbeitet zum Beispiel seit Jahren mit dem Softwareprogramm *Alpha.* Es reicht dann ein Schlüsselbegriff (Alpha) oder ein Symbol aus, um dieses Vorwissen der Zuhörer zu *aktivieren.* Ist dieses Thema positiv besetzt, kann ein motivierender Effekt damit einhergehen.

Es gibt weitere Möglichkeiten, um die Teilnehmer zu motivieren, beispielsweise durch
- thematisch passende Bilder, die Freude machen oder einen Wow-Effekt auslösen,
- Bilder, die eine offene Frage oder ein Rätsel enthalten,
- Bilder, die einen attraktiven Einleitungsgedanken visualisieren.

Kontrollfragen:

Zur Aktivierung: Mit welcher Schlüsselinformation (im Bild) kann das vorhandene Vorwissen beim Zuhörer aktiviert werden?
Zur Motivation: Welche Bilder sind geeignet, die Zuhörer zusätzlich zu motivieren?

Organisationsfunktion
Damit die präsentierten Inhalte besser verstanden werden, ist es sinnvoll, den Zuhörern einen Bezugsrahmen für das Neue zu geben, den Kontext zu verdeutlichen und die Thematik zu strukturieren. Diese Aufgabe können Bilder erfüllen. Wenn jemand zum Beispiel die Funktion digitaler Whiteboards darstellt, könnte man Situationen voranstellen, in denen dieses Medium von Bedeutung ist. Auch eine Agenda, die den „roten Faden" der Präsentation repräsentiert, erfüllt die Funktion eines Bezugsrahmens.

Kontrollfrage:

Welche Kontext-Informationen muss ich vermitteln, um den Zuhörern das Verstehen und das Aufnehmen der Informationen zu erleichtern?

Abbildfunktion
Wenn Sie Produkte, Referenzobjekte oder Dienstleistungen verbal präsentieren, wird es dem Zuhörer schwer fallen, sich eine konkrete Vorstellung von dem dargestellten Inhalt zu machen. Bilder können hier die Funktion übernehmen, die Realität abzubilden. Dies erleichtert es den Zuhörern, sich den Gegenstand besser vorzustellen und einzuprägen. Durch dieses Vorgehen hat er gleichzeitig eine logisch-rationale Perspektive (durch die verbalen Informationen) und eine visuell-ganzheitliche Sicht der Dinge (durch die konkreten Bilder).

Kontrollfrage:

Welche Inhalte kann ich wie konkretisieren?

Interpretationsfunktion
Bei der Darstellung technischer oder kaufmännischer Produktmerkmale kann es leicht zu Missverständnissen kommen. Diese Gefahr ist insbesondere dann gegeben, wenn erklärungsbedürftige Inhalte vor Nichtfachleuten präsentiert werden. Der Einsatz geeigneter Bilder erleichtert es den Zuhörern, neue und schwierige Zusammenhänge so zu interpretieren, wie Sie es erwarten. Beispielsweise durch den Konstruktionsplan einer Pumpe, durch einen Ablaufplan, durch Schaubilder oder Zeichnungen. Zu dieser Rubrik gehören auch Bilder, die Sie bei offenen Fragen spontan am Flipchart oder auf einer Folie entwickeln.

Kontrollfrage:

Mit welchen Bildern erleichtere ich den Zuhörern die „richtige" Interpretation meiner Ausführungen?

Konstruktions- oder Fokusfunktion
Ihre Recherchen haben ergeben, dass Ihre Zuhörer zwar gewisse Vorkenntnisse zum Thema haben, dass sie aber ein bestimmtes Produktmerkmal nicht kennen. In diesem Falle legen Sie den Fokus auf die Vermittlung des zu ergänzenden Wissens. So können Sie beispielsweise ein spezielles Chart vorbereiten, das in einer Ausschnittsvergrößerung den relevanten Teil des Produkts zeigt. Immer wenn neue Sachzusammenhänge oder Pro-

blemlösungen dargestellt werden, stellt sich die Frage, welche Bilder geeignet sind, um die Wissenslücken beim Zuhörer auszugleichen.

Kontrollfrage:

Welche Wissenslücken haben vermutlich meine Zuhörer? Welche Bilder kommen in Frage, um innerhalb der knappen Präsentationszeit die Wissenslücken aufzufüllen, die für das Verständnis meiner Präsentation wichtig sind?

Ersatzfunktion
Wenn Sie vor Zuhörern präsentieren, die kein Vorwissen zu Ihrem Thema mitbringen, können Bilder sozusagen als Ersatz die Wissenslücke schließen. Beispiel: Ein Hirnphysiologe referiert an einer Volkshochschule vor interessierten Nichtfachleuten zum Thema: Was passiert im Gehirn, wenn wir lernen? Um hier eine sinnvolle Plattform zu haben, bietet es sich an, ein einfaches Modell der Hirnhemisphären und der wichtigsten Hirnareale zu visualisieren. Vor dieser Frage steht im Grunde jeder Spezialist, der Nichtfachleuten einen schwierigen Sachzusammenhang verständlich machen soll.

Kontrollfrage:

Welche visuellen Hilfsmittel muss ich zusätzlich einsetzen, wenn die Zuhörer kein oder nur sehr geringes Vorwissen mitbringen?

Gedächtnisstützende Funktion
Unter diesem Blickwinkel lautet die Frage: Wann sind Bilder geeignet, den Zuhörern das dauerhafte Speichern der Kerninformationen zu erleichtern. Hierfür bieten sich eine Reihe unterstützender visueller Hilfsmittel an:

- anschauliche Eselsbrücken, wie sie die klassische Mnemotechnik für die Kunst der freien Rede entwickelt hat (siehe z.B. Quintilian). Beispiele sind die auf Seite 110 dargestellte Merkstütze ETHOS zum besseren Einprägen der fünf Aspekte eines Themas oder die Kiss-Regel für die Gestaltung von Folien *(„**K**eep **i**t **s**hort and **s**imple“).*
- Bilder, die starke Emotionen auslösen, prägen sich besser ein.

- Inhalte werden besser verankert, wenn sie am Vorwissen der Teilnehmer anknüpfen und auf verschiedenen Lernkanälen (insbes. Auge und Ohr) vermittelt werden.
- Werden Bilder „live" am Flipchart oder auf Folie entwickelt, haften sie nachhaltiger im Gedächtnis der Zuhörer.

Kontrollfrage:

Welche visuelle Unterstützung bietet sich an, um die Kernbotschaft nachhaltiger beim Zuhörer zu verankern?

2 Welche Bildertypen stehen zur Verfügung?

Aus praktischen Gründen werden drei Hauptkategorien von Bildern und eine ergänzende Rubrik „Stimulanzen" unterschieden (Abbildung 23).* Je nach Thema, Ziel und Szenario Ihrer Präsentation können diese Bildertypen in vielfältiger Weise miteinander kombiniert werden.

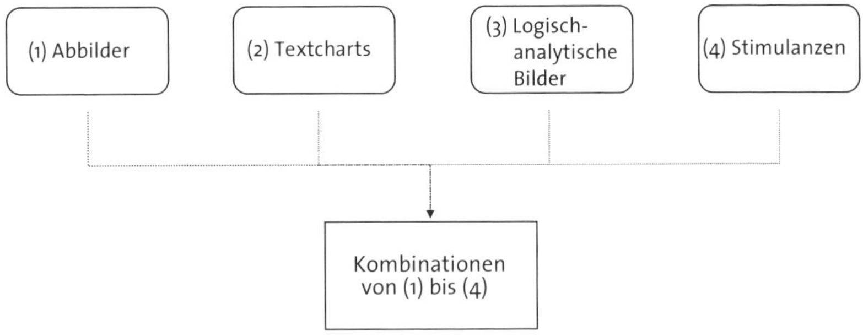

Abbildung 23: Typen von Bildern

* Textcharts werden als spezielle Variante behandelt, weil in Präsentationen überwiegend Textcharts verwendet werden. Sachlogisch gehören sie zu der Rubrik „logisch-analytische Bilder". Die Kategorie Stimulanzen ist ebenfalls aus didaktischen Gründen eingerichtet worden, weil es für Ziele des Infotainment wichtig ist, auflockernde Materialien verfügbar zu haben. Stimulierende Charts können auch Text (z.B. Sinnsprüche) und /oder Abbilder (z.B. Karikaturen) beinhalten.

Abbilder
Abbilder sind dadurch gekennzeichnet, dass sie eine sehr große Ähnlichkeit zum wirklich existierenden Objekt haben. Zu dieser Rubrik gehören zum Beispiel Fotos, Zeichnungen und Modelle. Neben diesen statischen „Abbildern" können in Präsentationen Videosequenzen und Computersimulationen eingesetzt werden, die Realität mit größerer „Echtheit" abbilden, vor allem durch die dynamischen und audio-visuellen Möglichkeiten. Besonders zukunftsträchtig sind virtuelle Darstellungen, um zukünftige, geplante „Wirklichkeiten" darzustellen.

Text-Charts
Über 50 Prozent der in Präsentationen verwendeten Folien sind Text-Charts. Die Visualisierung von Texten und Schlüsselworten eignet sich vor allem für Titel-Charts, Gliederungen, Aufzählungen von Produktmerkmalen und Nutzenargumenten sowie für die Zusammenfassung der Kernaussagen.

Logisch-analytische Bilder
Balken-, Kreis- und Liniendiagramme oder Strukturbilder und Mindmaps zielen darauf, abstrakte Inhalte (Trends, Zahlenwerke, Strukturen, Konzepte, Prinzipien, Ideen ...) anschaulich zu machen. Logisch-analytische Bilder können nicht ohne Weiteres vom Zuhörer entschlüsselt werden. Koordinatensysteme setzen beispielsweise bestimmte mathematische Kenntnisse und ein gewisses Abstraktionsvermögen beim Zuhörer voraus. Daher ist vor der Entwicklung komplizierter Schaubilder zu prüfen, welche Bildungsvoraussetzungen und fachliche Spezialisierung der Zuhörerkreis hat.

Stimulanzen
Das sind auflockernde Elemente, die dazu beitragen können, Aufmerksamkeit zu wecken, den Vortrag interessant und lebendig zu gestalten sowie bestimmte Informationen besser beim Zuhörer zu verankern. Dazu gehören zum Beispiel Cartoons, Clip-Arts, Karikaturen, Aphorismen, Animationen oder andere multimediale Optionen.

Kombinationen der vier Bildvarianten
Prinzipiell lassen sich alle Formen der Visualisierung miteinander kombinieren. Die Möglichkeiten und Grenzen sind durch das Szenario, die eingesetzten Medien und die Präsentationsziele definiert.

3 Welche allgemeinen Gestaltungskriterien sind zu berücksichtigen?

Die folgenden Empfehlungen helfen Ihnen, Bilder und Grafiken in psychologischer und ästhetischer Hinsicht zu optimieren sowie den übergreifenden Corporate-Design-Kriterien Ihres Unternehmens Rechnung zu tragen.

> Auf der CD-ROM finden Sie unter der Rubrik Checklisten eine Zusammenstellung der wichtigsten Gestaltungskriterien für die Visualisierung (Datei: KriterienCharts).

Es ist zweckmäßig, allgemeine und spezielle Gestaltungsprinzipien zu unterscheiden. Die *allgemeinen Prinzipien* sind bei der Gestaltung aller Charts zu berücksichtigen, während die *speziellen Kriterien* (Kapitel VII, 4) jeweils für die verschiedenen Varianten von Bildern und Grafiken gelten.

Bei der Gestaltung von Schaubildern sind einmal die Vorgaben der unternehmerischen Corporate-Design-Strategie zu berücksichtigen. Das leitende Ziel: Übergreifende Gestaltungsregeln für Powerpoint-Folien, Internet-Charts, Tischvorlagen usw. sollen zu einem unverwechselbaren, einheitlichen Unternehmensauftritt beitragen und ein durchgängiges Erscheinungsbild mit hohem Wiedererkennungswert sicherstellen. Diese Vorgaben haben in der Praxis einen unterschiedlichen Detaillierungsgrad. In den meisten CD-Strategien finden sich bindende Angaben zu den unten erläuterten Gestaltungskriterien Überschrift, Schriftart, Schriftgröße sowie Verknüpfung von Text und Bild.

> Auf der CD-ROM sehen Sie unter der Rubrik Firmenpräsentationen, wie namhafte Unternehmen recht unterschiedliche, wenngleich jeweils in sich schlüssige Grundkonzepte für die Gestaltung von Bildschirmfolien entwickelt haben. Sie finden Firmenpräsentationen der Unternehmen: DaimlerChrysler, Deutsche Bahn, ThyssenKrupp, Deutsche Lufthansa, RWE, Deutsche Telekom, Volkswagen, Heidelberger Druck, Bitkom, Verein Deutscher Ingenieure, IAO Fraunhofer-Institut.

Einfach ist einfach besser

In den Corporate Design Guidelines von DaimlerChrysler heißt es dazu:

„Jede Präsentation vermittelt nicht nur Informationen, sie stellt auch immer den Unternehmensauftritt dar. Deshalb müssen alle Präsentationsvorlagen nach den Regeln unseres Corporate Design gestaltet sein … Lassen Sie sich durch die Möglichkeiten der Computerprogramme nicht zu vermeintlich kreativen Stilübungen und Verzierungen verführen. Selten werden Präsentationen dadurch besser. Im Gegenteil: Vordergründige Effekthascherei lenkt von den Inhalten ab und verwischt unser visuelles Profil. Ziel jeder Präsentation ist, Botschaften kurz, prägnant und klar darzustellen. Deshalb gilt: Einfach ist einfach besser.“ (Die CD-Guidelines von DaimlerChrysler finden Sie auf CD-ROM).

Neben dem Layout-Rahmen sind allgemeine Grundregeln für die Visualisierung zu beachten: Ordnung und klare Struktur; knappe, stichwortartige Aussage; sparsamer Einsatz von Farbe und Bildern. Dies ist kein Selbstzweck, sondern zielt einzig und allein darauf, Ihre Aussagen in einer „hirnfreundlichen“ und imageförderlichen Weise dem Zuhörerkreis nahe zu bringen. In der folgenden Übersicht finden Sie die wichtigsten Gesichtspunkte:

Allgemeine Gestaltungskriterien

- Aussagefähige Überschrift
- Kerninformation auf einen Blick
- Begrenzung der Informationsmenge
- Schriftart und Schriftgröße
- Sparsamer Farbeinsatz
- Ergänzende Hinweise

Aussagefähige Überschrift

Jedes Chart braucht einen kurzen, treffenden und interessanten Titel („action title“). Er soll die Kernbotschaft der betreffenden Folie auf den Punkt bringen („Wenn ich die Quintessenz der Folie in ein paar Worten zusammenfassen müsste, wie würde der Folientitel lauten?“) Eine griffige Überschrift weckt Aufmerksamkeit und erfüllt damit eine ähnliche Funktion wie der „attention spot“ in der Einstiegsphase einer Präsentation.

Beispiel:
Sie wollen die Umsatzentwicklung des Jahres 2006 darstellen. Im zweiten Quartal ist der Umsatz drastisch eingebrochen (Ihre Kernaussage). Für ein Säulendiagramm wäre der Titel *Umsatzentwicklung im Jahre 2006* wenig aussagekräftig. Besser: *Drastischer Umsatzeinbruch im zweiten Quartal.* Hier kann man von guten Journalisten in Presse und Fernsehen lernen. Achten Sie einmal unter diesem Blickwinkel auf die Bildlegenden in Nachrichtenmagazinen oder auf Überschriften in Zeitungen. Der Folientitel sollte möglichst in der Kopfzeile über der Text- oder Bildinformation des Schaubildes stehen und höchstens zwei Zeilen umfassen. Für alle Folien sollten Titel- und Untertitel (Headline/Subline) an der gleichen Stelle stehen und die gleiche Punktgröße haben. Achten Sie auch darauf, dass die Überschriften einheitlich formuliert sind.

Kerninformation auf einen Blick

Die wesentlichen Inhalte gehören in die Mitte der Folie. Stellen Sie in einer Folie möglichst nur *ein* Thema dar. Gute Bilder lenken den Blick des Betrachters rasch auf die Kernaussage. Diesen Prozess können Sie lenken, indem Sie wichtige Inhalte optisch hervorheben. Beispielweise durch: Farben, Fettdruck, Unterstreichen, Einrahmen, Farbwechsel, Kursivdruck, besondere Symbole oder durch Vergrößerung der Schrift. Wählen Sie jedoch nur *eine* Form der Hervorhebung, also entweder unterstreichen *oder* kursiv setzen *oder* farbig unterlegen.

Tipp

Das Auge des Betrachters wird spontan auf bewegte Elemente gelenkt. Wenn Sie also auf einer Folie eine Reihe von Informationen haben, könnten Sie die wesentliche Aussage animieren (z .B. Wischen von links). Das Publikum wird mit Sicherheit zuerst auf dieses Element schauen. Praxisbeispiel: Folie 24 und 25 in der Powerpoint-Datei „Auftritt“ auf CD-ROM.

☞ **Ergänzende Hinweise:**

- Lassen Sie etwa 25 Prozent einer Folie frei.
- Reservieren Sie einen Folienrand. Faustregel: Mindestens 5 Prozent der Gesamtbreite der Folie!

- Beachten Sie bei der Gestaltung eines Bildes die in der westlichen Welt übliche Blickfolge: Von links nach rechts und von oben nach unten.
- Die Reihenfolge in einer Auflistung signalisiert „unterschwellig“ die relative Bedeutung.
- Die Zuhörer werden auf Ihren Folien zuerst Menschen wahrnehmen, dann Tiere, danach Gegenstände, geometrische Formen und zuletzt Text.

Begrenzung der Informationsmenge

Wegen der begrenzten Aufnahmefähigkeit der Zuhörer ist es notwendig, die Informationen auf jeder Folie (wie auch in der Präsentation insgesamt) auf ein vertretbares Maß zu beschränken.

Empfehlungen zur „Mengenreduktion“

- Eine Aussage pro Chart. Verteilen Sie daher komplexe Inhalte auf mehrere Charts.
- Verzichten Sie auf überflüssige Details. Die entscheidende Frage muss lauten: Welche Kerninformation will ich mit dieser Folie bei den Zuhörern verankern? Lassen Sie alles weg, was nicht dazugehört!
- Nutzen Sie die Tischvorlage für differenzierte Details, Quellenangaben, komplette Auflistungen und unübersichtliche Organigramme. Formulierungsbeispiel: *„Ich möchte Sie nicht langweilen mit den 36 technischen Produktmerkmalen, die dem Kunden einen Mehrwert bringen. Sie finden diese komplett im Handout auf Seite 16ff. Stellvertretend möchte ich Ihnen auf der nächsten Folie vier besonders attraktive Merkmale vorstellen.“*
- Begrenzen Sie die Anzahl der Zeilen auf Textcharts und in Tabellen (Faustregel 7 Zeilen). In den USA favorisiert man sogar noch kleinere Informationsquanten: 4 x 4 bedeutet vier Zeilen bei vier Wörtern pro Zeile oder 6 x 6, d.h. 6 Zeilen bei 6 Wörtern pro Zeile.
- Es fördert die Lesbarkeit und mindert Komplexität, wenn Sie die Zahlen auf- oder abrunden (falls sachlich vertretbar: 9 Prozent anstelle 9,7523 Prozent).
- Vermeiden Sie: Zu viele Farben, zu viele Schriftgrößen, zu viele ClipArts und Stimulanzen, zu viele Effekte.

Faustregel:

So einfach wie möglich, so wenig wie möglich,
so lesbar und so übersichtlich wie möglich.

Schriftart und Schriftgröße

Beachten Sie auch hierbei die Vorgaben des CD-Strategie Ihres Unternehmens. Schriftart und Schriftgröße beeinflussen wesentlich die Lesbarkeit Ihrer Charts. Für Präsentationen eignen sich am besten serifenlose Schriften wie Helvetica, Arial, Verdana, Swiss, Executive oder Futura. Der Verein Deutscher Ingenieure VDI setzt zum Beispiel die Schrift *Futura* ein. Sie ist ein Element des VDI-Erscheinungsbildes und soll mit ihrem Schriftcharakter für Sachlichkeit, Kompetenz, Geradlinigkeit und Seriosität stehen. Achten Sie wegen der Lesbarkeit zudem auf möglichst kräftige Strichstärken und deutliche Zeilenabstände.

Weitere Tipps

- **Beschränken Sie sich auf eine, höchstens zwei Schriftarten in Ihrer Präsentation.**
- **Setzen Sie maximal drei Schriftgrößen pro Folie ein.**
- **Sorgen Sie dafür, dass auch die kleinsten Schriftzeichen und Zahlen für alle lesbar sind.**

Sparsamer Farbeinsatz

Dosierter und zielgerichteter Farbeinsatz erleichtert es, die Aufmerksamkeit der Zuhörer auf die Kernbotschaft zu lenken und die Professionalität Ihrer Darstellung zu verstärken. Darüber hinaus kann Farbe:

- *Mittel zur Betonung* sein (z.B. um die Kerninformation hervorzuheben).
- *Mittel zur Strukturierung* sein (z.B. gleiche Sachverhalte oder gleiche Zeiträume in der gleichen Farbe darzustellen).
- *Informationsträger* sein, wenn die Farbe zum Beispiel ein wichtiges Merkmal eines Produkts ist (z.B. bei einem Fahrzeug, in der Modebranche, in der Architektur, in der Sicherheitstechnik).
- „unterschwellig“ *Stimmung und Lernbereitschaft beeinflussen* (z.B. durch einen blauen Folienhintergrund, der eher beruhigend wirkt).
- *Aufmerksamkeit der Teilnehmer zusätzlich stimulieren.*

Entwickeln Sie ein einheitliches und nicht zu „lautes“ Farbsystem, das mit der CD-Strategie Ihres Unternehmens und mit dem Selbstverständnis Ihres Ressorts (Produktgruppe …) abgestimmt ist.

Spezielle Praxistipps

- Achten Sie auf eine einheitliche Farbgestaltung innerhalb Ihrer Präsentation.
- Innerhalb eines Sach- oder Produktbereichs ist es ratsam, mit Abstufungen innerhalb einer Farbe zu arbeiten. Wechseln Sie die Farbe, wenn Sie sich einem neuen Produkt oder Sachbereich zuwenden.
- Verwenden Sie bei Textdiagrammen nicht mehr als drei Farben: eine für den Hintergrund, eine für den Text und eine für Hervorhebungen. Zusätzliche Farben können für Logo und Rahmengestaltung herangezogen werden.
- Arbeiten Sie bei den übrigen Diagrammvarianten (Kreis-, Linien-, Balkendiagramm usw.) höchstens mit vier oder fünf Farben.
- Maximieren Sie die Kontraste zwischen Text und Objekten im Vordergrund und dem gewählten Hintergrund. Dies kommt der Lesbarkeit Ihrer Charts zugute.
- Verzichten Sie möglichst auf Farbverläufe, weil die Kontraste dadurch an einigen Stellen der Folie schlechter werden.
- Achten Sie darauf, dass alle Hyperlinks und andere Navigationselemente in derselben Farbe zu halten sind. Dies erleichtert dem Zuhörer die Orientierung (siehe hier im einzelnen Powerpoint-Handbuch 2003, Seite 251).

☞ **Hinweis:**

Testen Sie vorab die gewählten Farben und Farbkontraste auf dem Bildschirm und mit dem Beamer, den Sie auch bei Ihrem Auftritt verwenden. Wenn Sie einen anderen Beamer beim Probelauf verwenden, achten Sie auf die gleiche Ansi-Lumen-Zahl.

Vermeiden Sie insgesamt zu schrille Effekte und optische Sensationen. Die optische Gestaltung soll die inhaltliche Botschaft unterstützen, sie nicht verdrängen. Der Inhalt muss von sich aus überzeugen! Achten Sie darauf, dass die Botschaft Ihrer Präsentation nicht durch Multimedia-Klimbim (3D-Charts, wahllose Animationen, Überfrachtung mit ClipArts, Geräuscheffekte bei Folienwechsel, zu laute Farben, zu viele Schraffuren u.a.) übertönt wird.

Neben diesen allgemeinen Orientierungen gibt es spezielle Kriterien für Text-Charts und die übrigen Bildvarianten. Geringfügige Dopplungen zu den allgemeinen Kriterien sind aus Gründen besserer Lesbarkeit bewusst in Kauf genommen.

Hinweise für Text-Charts

Bei den meisten Präsentationen dominieren Folien mit Textinformationen. Daher ist es besonders wichtig, Text-Charts hirngerecht und motivierend zu gestalten: Beachten Sie dabei folgende psychologische Faustregeln:

Regeln für Textcharts

- Aussagefähige Überschrift
- Bis zu 7 Zeilen pro Folie
- 3 bis 5 Wörter pro Zeile
- Schlüsselwörter statt Sätze
- Groß- und Kleinbuchstaben
- Doppelter Zeilenabstand
- Gleichförmigkeit vermeiden

Erläuterungen:

- *Sieben Zeilen pro Folie:* Die Zahl „sieben" ist ein ideales Maß. Sie folgt aus der begrenzten Aufnahmefähigkeit des menschlichen Kurzzeitgedächtnisses. Mindestziel sollte sein, diese Vorgabe von 7 Zeilen möglichst nicht zu überschreiten.
- *Schlüsselworte statt Sätze:* Vermeiden Sie, das gesprochene Wort auch schriftlich zu zeigen. Unterstützen Sie Ihren Vortrag und Ihre Informationen mit Grafiken oder Illustrationen. Fassen Sie die Inhalte zu griffigen Aussagen zusammen. Arbeiten Sie mit Schlagworten und argumentieren Sie verbal.
- Benutzen Sie *Groß- und Kleinbuchstaben.* Dies fördert die Lesbarkeit. Die größte Wirkung erzielt ein Text, wenn die Kernaussage allein im freien Raum steht. Lassen Sie daher um den Text „etwas Luft" (vgl. DaimlerChysler Guidelines, S. 8).

- *Vermeiden Sie Gleichförmigkeit:* Werden mehrere Textfolien, die identisch aufgebaut und animiert sind, hintereinander gezeigt, ist die Gefahr groß, dass sich Langeweile und Desinteresse beim Zuhörer einstellen. Prüfen Sie, inwieweit Sie die Textinformation verknüpfen können mit Fotos, Diagrammen, Grafiken oder sonstigen Stimulanzen. Dies darf allerdings kein Selbstzweck sein. Vielmehr sollte stets der Bezug zur Kernbotschaft und zum jeweiligen Folientitel erkennbar sein.

☞ **Hinweis:**

In den Präsentationsvorlagen von Volkswagen (siehe Datei Vorlagen „Volkswagen" auf der CD-ROM) finden Sie Varianten, um Bilder in Powerpoint-Präsentationen einzubinden:

- Textfolie mit schmalem Bild (Chart 24)
- Ein größeres Bild mit Text (Chart 25)
- Ein großes Bild mit Überschrift (Chart 26)
- Ein großes Bild ohne Überschrift (Chart 27)
- Mehrere kleine Bilder (Chart 28)

Spezielle Tipps für Titelfolien

Bei den meisten Anlässen beginnen Präsentationen mit einer Titelfolie (Startfolie). Sie gibt dem Publikum eine erste Orientierung zur Präsentation und lenkt die Aufmerksamkeit rasch auf das Thema. Wie die Praxisbeispiele auf der CD-ROM (Best Practices) zeigen, kann die Startfolie sehr unterschiedlich gestaltet sein.

Unter inhaltlichem Aspekt gehören zum Titelchart:

- Thema der Präsentation (groß gestaltet und im oberen Bereich der Folie)
- Name des Referenten
- Sie können ergänzende Informationen auf der Titelfolie unterbringen, zum Beispiel: Datum und Ort der Veranstaltung,
- Logo des eigenen Unternehmens, Logo der Partnerfirma usw.

Wichtig ist dabei, dass das Wesentliche der Startfolie (in der Regel der Präsentationstitel) auf den ersten Blick gut zu erkennen ist.

Die Titelfolie ist zum einen optisch klar von den übrigen Folien abzugrenzen. Andererseits sollte sie in Einklang stehen mit Gestaltungskriterien wie Schriftfamilie, Farbe usw., die für die gesamte Präsentation gelten.

Bei längeren Präsentationen kommen Zwischentitel-Folien in Frage. Sie haben die Funktion, in einen neuen Abschnitt motivierend und anschaulich einzuführen. Dabei haben sich Schlüsselbilder („key visuals") bewährt.

Hinweise für den Einsatz von Abbildern und Zeichnungen

Abbilder sollten in einer engen Beziehung zum Thema stehen, zur Zielerreichung beitragen und mindestens eine der auf Seite 155ff. beschriebenen Funktionen erfüllen. Leider wird der Bildeinsatz in der Praxis häufig inflationär gehandhabt. Da ist es chic, hier ein Foto und dort ein Clip-Art einzusetzen. Da wird ein Imagefilm eingebunden, weil das auch die Mitbewerber tun. Da werden komplizierte technische Zeichnungen gezeigt, ohne dem Zuhörer gezielte Verständnishilfen zu geben.

Im Gegensatz zu logisch-analytischen Bildern sind Abbilder dadurch gekennzeichnet, dass sie ein gewisses, wenngleich unterschiedliches Maß an Ähnlichkeit mit einem wirklich existierenden oder geplanten Produkt/Objekt haben. Welche Bilder unter welchem Blickwinkel eingesetzt werden, bestimmen Ziel und Kernaussage der Präsentation.

Welche Typen von Abbildern stehen zur Verfügung?

Fotos und Videos

Sie helfen, verbale oder Textinformationen zu konkretisieren, zu ergänzen und verständlicher zu machen. Die Motive für realistische Bilder können sehr unterschiedlich sein. Sie reichen von Produkten, Referenzobjekten, Personen(-gruppen), Fabrikationsanlagen, Stadtsilhouetten bis hin zu Verfahrensprozessen und Imagefilmen.

Sie können Ihrem Zuhörerkreis realistisch, perspektivisch und in Farbe zeigen,

- wie ein Produkt, Gerät oder ein Referenzobjekt aussieht,
- wie die Bedienungselemente bei technischen Geräten angeordnet sind,
- wie bestimmte Prozesse funktionieren,
- inwieweit ein Bauvorhaben gediehen ist.

Fotos und realitätsnahe Videos fördern die Glaubwürdigkeit Ihrer Ausführungen und können aufgrund der Digitaltechnik relativ leicht in Bildschirmpräsentationen eingebunden werden.

Praxistipps

- Ein Foto repräsentiert stets nur *eine* Perspektive. Häufig ist es notwendig, den zu präsentierenden Gegenstand aus verschiedenen Blickwinkeln zu zeigen und nicht sichtbare Eigenschaften zu visualisieren. Dies kann verbal oder durch ergänzende Textinformation geschehen.
- Planen Sie „Eingriffe" ins Bild, um dem Zuhörer zusätzliche Orientierungs- und Verständnishilfen zu geben. So können Sie wichtige Bildelemente etwa durch Farben, Umrahmungen und Pfeile hervorheben oder durch Vergrößerung eines zentralen Bildausschnitts. Bei Videofilmen haben Sie diese Optionen, um die Kerninformation hervorzuheben: Zeitlupe, Standbild, Texteinschübe, Zoom auf wichtige Details, Nahaufnahmen oder Einrahmungen.
- Bei der elektronischen Präsentation komplexer Bilder ist es ratsam, die Aufmerksamkeit der Zuhörer auf wesentliche Aspekte zu lenken
  - durch schrittweisen Aufbau des gesamten Bildes,
  - durch Nummerierung der relevanten Detailinformationen,
  - durch Zerlegung eines Gesamtbildes in mehrere Einzelbilder,
  - durch eine hirngerechte Bildkomposition (Die Wichtigkeit wird durch die Reihenfolge, Schriftgröße, Größe eines Objekts oder durch Signalfarben ausgedrückt.).
- Videoclips bieten die Chance, Realität in einem hohen Maße an „Echtheit" abzubilden. Wichtige Voraussetzung: Die Inhalte müssen aktuell und für Ihr Auditorium verständlich sein. Im Rahmen des Infotainment und in pädagogischen Situationen können Videoeinschübe auch dramaturgischen Zielen dienen.

Röntgenansicht eines Objekts und Zeichnungen*

Bei dieser Kategorie von Abbildern besteht ein geringeres Maß an Ähnlichkeit zu dem betreffenden realen Gegenstand. In der Regel geht es hier darum, einen Überblick, ergänzende Erklärungen und Verständnishilfen zu geben.

* Bei den Zeichnungen gibt es Ausprägungen, die noch eine gewisse Ähnlichkeit mit einem realen Gegenstand haben (Abbilder), und solche, die logisch-analytischer Natur sind, wie etwa Strukturbilder. Aus Gründen besserer Lesbarkeit finden Sie hier Praxistipps für beide Varianten.

Die didaktischen Möglichkeiten im Einzelnen:

Wie die Abbildung zeigt, bietet die *Röntgenansicht* die Möglichkeit, sowohl die Außenkontur als auch Position und Aussehen von Einzelteilen im Inneren zu zeigen. Das besondere Merkmal: Die 3D-Perspektive, realistische Größenverhältnisse, eine durchsichtige Außenkontur. Geeignet sind Röntgenbilder, um Nichtfachleuten zu zeigen, wie sich Einzelteile in das Ganze einfügen und wie der Sachverhalt (Produkt, Bauwerk ...) im Überblick aussieht. Je nach Ziel kann variiert werden hinsichtlich Blickrichtung, Detailtiefe und Abstraktionsgrad.

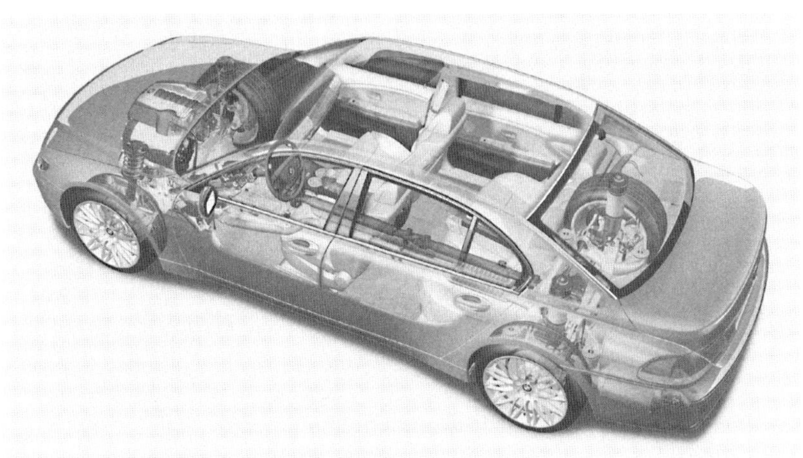

Abbildung 24 : Röntgenansicht eines BMW (Quelle: BMW AG)

- Anstelle eines Fotos, das nicht immer schnell zur Hand ist, werden *Strichzeichnungen* genutzt, um die Konturen eines Geräts zu zeigen. Es kann etwa am Flipchart oder auf einer Folie die Lage der äußeren Bedienungselemente skizziert und das Wichtige hervorgehoben werden. Als Mittel der Hervorhebung können verschiedene Strickstärken, Rahmen oder Farben eingesetzt werden.
- Bei technisch orientierten Präsentationen werden häufig *Schnittzeichnungen* eingesetzt (Abbildung 25). Diese Darstellungsform erlaubt es, verdeckte Bauteile zu zeigen, die genaue Lage der Bauteile im Inneren anzugeben und die Prozesse im Inneren zu veranschaulichen. Auch hier kann je nach Ziel und didaktischer Intention variiert werden über Blickrichtung und Abstraktionsgrad.

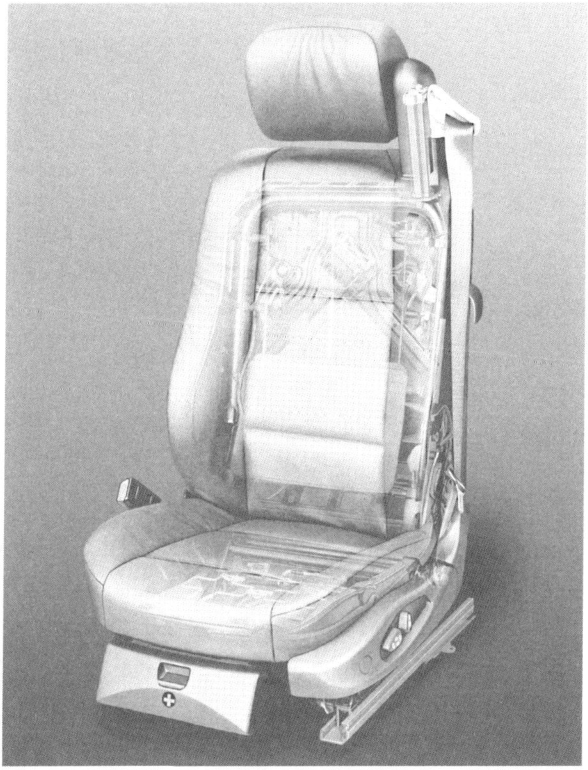

Abbildung 25: Schnittzeichnung BMW Aktivsitz (Quelle: BMW AG)

- Stehen technische Detailfragen im Mittelpunkt einer Präsentation, so sind *technische Zeichnungen* unverzichtbar. Sie haben die Funktion,
  - Form und Abmessungen zu definieren,
  - bestimmte Produktmerkmale verständlich darzustellen,
  - eine Grundlage für die Fertigung oder den Nachbau zu schaffen.

Technische Zeichnungen können als visuelles Hilfsmittel nur dann eingesetzt werden, wenn der Zuhörerkreis in der Lage ist, die Fachsprache der Ingenieure, Konstrukteure und Mechaniker zu verstehen. Als Entscheidungskriterien stehen hierbei die Ergebnisse der Zuhöreranalyse (Kapitel V, 2) zur Verfügung.

Hinweise für logisch-analytische Bilder

In diesem Abschnitt geht es um Bilder, die *abstrakte* Inhalte veranschaulichen. Sie erhalten Empfehlungen für die folgenden Darstellungsformen:

- Diagramme,
- Strukturbilder.

Diagramme

Wenn Sie Umsatzzahlen, Deckungsbeiträge, technische oder andere quantifizierbare Zusammenhänge in Bilder umsetzen wollen, kommen fünf (logisch-analytische) Schaubildformen in Frage. Dies sind Kreis-, Balken-, Säulen-, Kurven- und Punktdiagramme.

Eine praktikable, dreiphasige Vorgehensweise findet sich bei Gene Zelazny, um Zahlen in Bilder umzusetzen:

1. Aussage präzisieren
2. Vergleich
3. Wahl der Schaubildform

Bevor Sie mit dem ersten Denkschritt beginnen, ist die Frage zu klären, ob das Bild wirklich erforderlich ist. Wenn Sie diese Frage mit Ja beantworten, folgt:

Denkschritt 1: Aussage präzisieren
Wie sollen die Zahlen und Daten interpretiert werden? Welchen Aspekt will ich in dem Schaubild hervorheben? Was genau will ich zeigen?

Ohne die Beantwortung dieser Frage sollten Sie sich nicht für ein bestimmtes Schaubild entscheiden.

Denkschritt 2: Vergleich
Jede Aussage, d.h. jeder Ausschnitt aus den Daten, die Sie betonen wollen, enthält immer irgendeinen Vergleich. Fünf Typen von Vergleichen kommen in Frage:

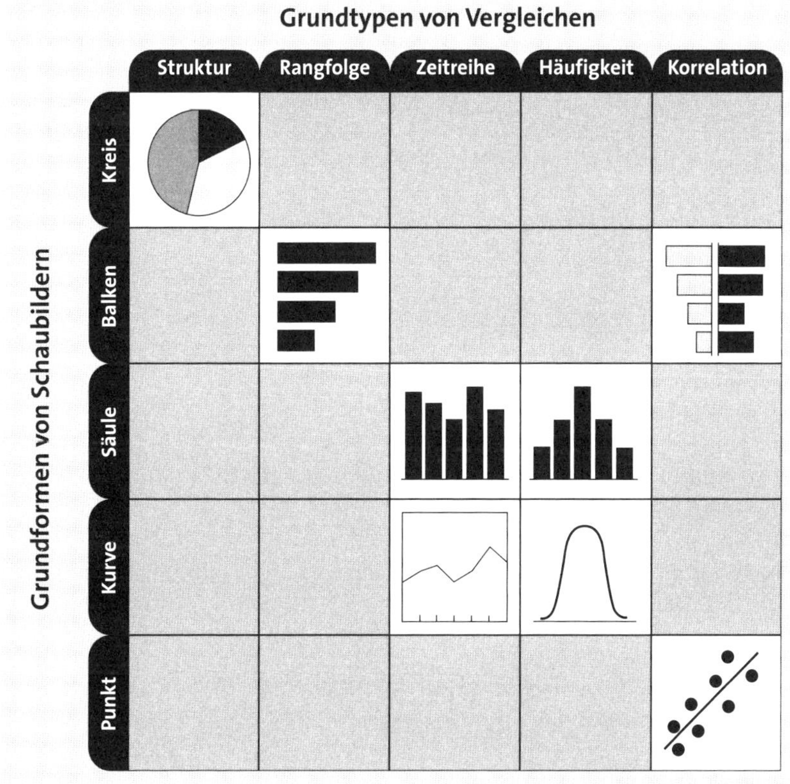

Abbildung 26: Grundtypen von Vergleichen

Strukturvergleich zeigt Anteile an einer Gesamtheit.

Worte wie „Anteil", „Prozentsatz", „X Prozent entfallen auf" ... weisen immer auf Strukturvergleiche hin. Beispiel: 20 Prozent des Gesamtumsatzes entfallen auf den Geschäftsbereich Südeuropa.

Rangfolgevergleich stellt Objekte bewertend gegenüber.

Sind alle gleich oder ist eines größer, kleiner, besser oder schlechter als das andere? Ausdrücke wie „größer", „kleiner als", „gleich" zeigen, dass es sich um Rangfolgevergleiche handelt. Beispiel: Im Vergleich zu den übrigen Sparten des Unternehmens haben wir die wenigsten Trainingstage pro Mitarbeiter.

Zeitreihenvergleich zeigt Veränderungen (Steigerung, Stagnation, Rückgang) über die Zeit.

Worte wie „verändern“, „wachsen“, „steigen“, zunehmen“, „fallen“, „schwanken“ ... signalisieren diesen Vergleichstyp. Beispiel: Einbruch des Gewinns seit dem ersten Quartal 2006.

Häufigkeitsvergleich zeigt, wie häufig ein Objekt in einer Reihe aufeinander folgender Größenklassen auftritt.

Worte, die auf einen Häufigkeitsvergleich hindeuten sind: „im Bereich X bis Y“, „Verteilung nach“, „die häufigsten Ausprägungen“. Beispiel: 90 Prozent der deutschen Unternehmen liegen in dem Intervall 3 bis 5 Trainingstage pro Mitarbeiter und Jahr.

Korrelationsvergleich zeigt, wie stark der Zusammenhang zwischen zwei oder mehr Variablen ist.

Worte wie ein „relativ zu“..., „steigt (nicht) mit“ ..., „fällt (nicht) mit“, „ein starker Zusammenhang zwischen X und Y“ verraten den Korrelationsvergleich. Beispiel: Zwischen Besuchshäufigkeit und Kundenzufriedenheit ist ein enger Zusammenhang erkennbar.

Denkschritt 3: Wahl der Schaubildform
Jeder Vergleichstyp korrespondiert mit einem dieser Schaubilder:

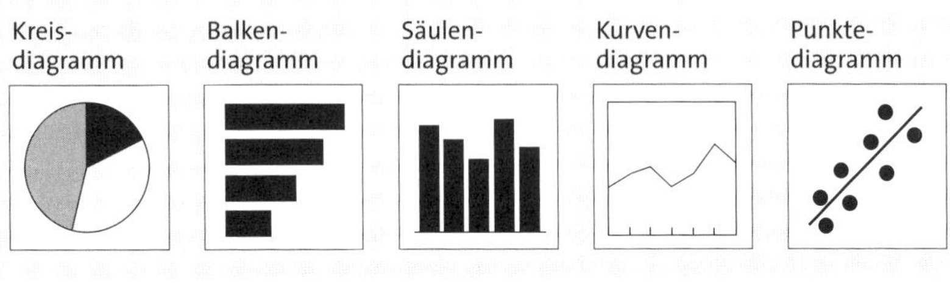

Abbildung 27: Fünf Schaubildformen

Kreisdiagramm

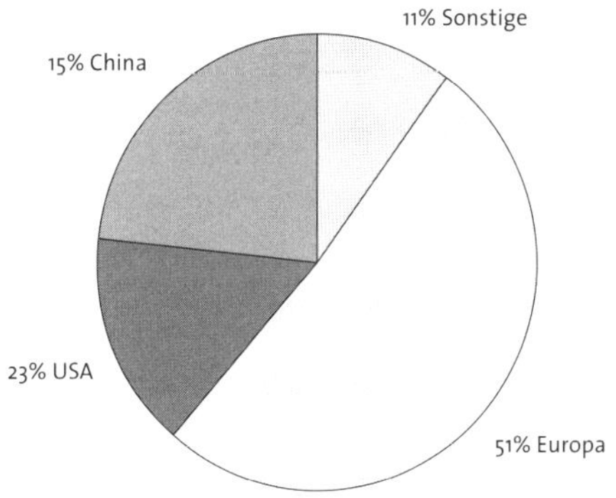

Abbildung 28: Beispiel „Kreisdiagramm“

Diese Schaubildform eignet sich am besten, um Strukturvergleiche wiederzugeben. Strukturvergleiche zeigen die Größe von Bestandteilen in Prozent eines Ganzen.

Praxistipps

- Pro Chart nur eine Kernaussage.
- Unterteilen Sie maximal sieben Segmente pro Chart.
- Fassen Sie kleinere Segmente unter „Sonstige“ zusammen.
- Platzieren Sie das wichtigste Segment rechts oben an der 12-Uhr-Linie.
- Schließen Sie die übrigen Sektoren der Größe nach im Uhrzeigersinn an.
- Das wichtigste Segment sollte die stärkste Kontrastfarbe haben (z.B. Gelb auf Dunkelblau).
- Beschriftungen müssen sich deutlich vom Hintergrund abheben.
- Verzichten Sie auf 3D-Darstellungen und Schattierungen.

Balkendiagramm

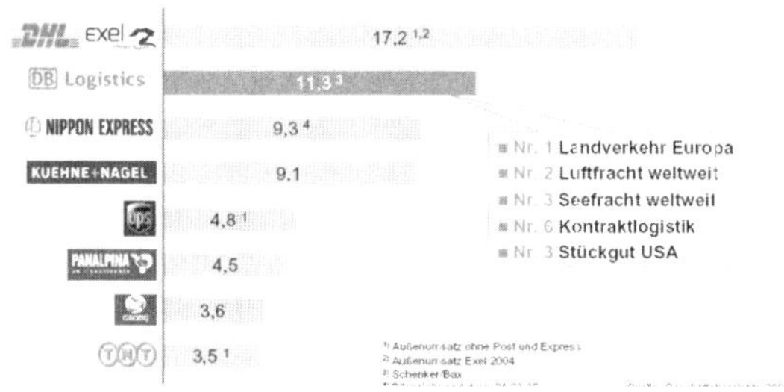

Abbildung 29: Beispiel „Balkendiagramm“

Der Rangfolgevergleich, der Objekte bewertend gegenüberstellt, lässt sich am besten durch diesen Diagrammtyp optisch umsetzen.

Praxistipps

- Höchstens vier Balken oder vier Elementegruppen pro Darstellung.
- Nicht mehr als 3 Unterscheidungen bei den Grundelementen (z.B. max. 3 Schriftgrößen oder 3 Farbstufen).
- Die kräftigste Farbe oder Schraffur für das wichtigste Objekt, das auch in der Überschrift (Aussagetitel) hervorgehoben wird.
- Diagramme mit vertikalen Säulen lassen nur wenig Platz für kommentierende Texte. Mehr Raum für Beschriftungen lässt das Balkendiagramm, in dem Sie die Säulen waagerecht anordnen.
- Wählen Sie den Abstand zwischen den Balken/Säulen kleiner als die Balken/Säulenbreite.
- Angaben zu den Säulen oder Balken erfolgen in einer Legende.

☞ Ergänzende Hinweise zu Füllmustern und Farben

- Verwenden Sie zur Darstellung der einzelnen Datengruppen für alle Balken jeweils dieselben Füllmuster bzw. Farben.
- Um positive und negative Werte zu unterscheiden, können Sie wirkungsvoll mit verschiedenen Füllmustern oder Farben arbeiten.
- Bei Segmentbalkendiagrammen ordnen Sie die Farben so, dass die Segmente an der Grundlinie die dunkelsten Füllmuster/Farben, die obersten Segmente die hellsten Muster/Farben aufweisen.

Säulendiagramm

Abbildung 30: Beispiel „Säulendiagramm“

Während Struktur- und Rangfolgevergleich immer Relationen zu einem bestimmten Zeitpunkt darstellen, zeigt der Zeitreihenvergleich Veränderungen über die Zeit.

Praxistipps

- Das Säulendiagramm eignet sich am besten, wenn weniger als acht Zeitpunkte abgedeckt werden.
- Das Kurven- oder Liniendiagramm wirkt übersichtlicher, wenn auf der X-Achse mehr als 8 Zeitpunkte erfasst sind.
- Einzelne Aspekte können durch Pfeile, Linien, Schraffuren oder Farbe hervorgehoben werden.
- Farbe und Schraffur kann zum Beispiel dazu verwendet werden, Daten der Vergangenheit von denen der Zukunft zu unterscheiden.

Kurvendiagramm

Praxistipps

- Verwenden Sie höchstens drei bis vier Vergleichslinien pro Chart.
- Die Linie der Kurven muss immer stärker sein als die Basislinie; diese soll etwas stärker sein als die vertikalen und horizontalen Linien des Hintergrundnetzes.
- Die verschiedenen Kurven können durch Farbe und durch Art und Breite der Linien unterschieden werden.
- Beschränken Sie sich auf maximal 20 Datenpunkte pro Diagramm. Das bedeutet zum Beispiel: 7 Linien mit 5 Beobachtungspunkten.
- Verschiedene Linienstile (z.B. durchgezogene, gestrichelte, punktierte, farbige) können die Aussagekraft Ihrer Grafiken erhöhen.
- Unterscheiden Sie die verschiedenen Kurven durch Farbe, Art und Breite der Linien. Farbe ist dabei wirkungsvoller als die Art der Linien.
- Durchgehende Linien sind im Zweifel unterbrochenen vorzuziehen.

Im Mehrfach-Kurvendiagramm zeigen Sie die Entwicklung von zwei oder mehr Objekten. Bei einem Vergleich zum Mitbewerber verwenden Sie für Ihr Unternehmen die stärkste durchgezogene Linie.

Häufigkeitsdiagramm

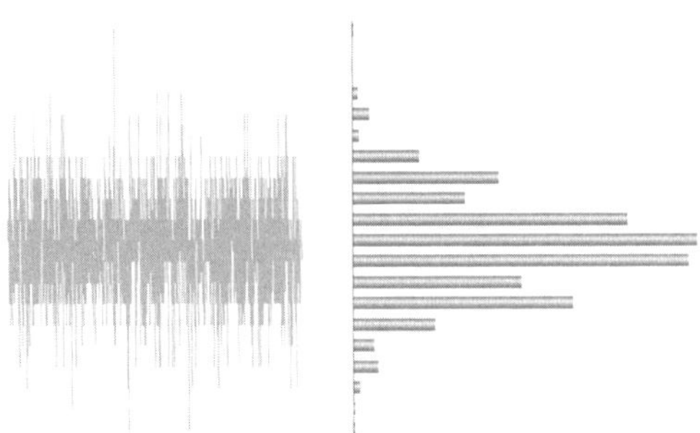

Abbildung 31: Beispiel „Häufigkeitsdiagramm“

Dieses Schaubild zeigt, wie oft ein Objekt (Häufigkeit) in einer Reihe aufeinander folgender Größenklassen (Verteilung) auftritt.

Praxistipps

- Fassen Sie die Datenmengen der Gruppen so zusammen, dass ein aussagefähiges Muster, eine Verteilung sichtbar wird.
- Häufigkeitsverteilungen lassen sich als Säulen- oder als Kurvendiagramme darstellen.
- Säulen sind dann günstiger, wenn die Anzahl der dargestellten Gruppen gering ist (ca. 5 bis 7).
- Verwenden Sie nie weniger als 5 und niemals mehr als 20 Gruppen.
- In der Regel wählt man alle Gruppen gleich breit.
- Definieren Sie die Gruppengrenzen eindeutig. Vermeiden Sie „überlappende“ Einteilungen wie: 0–25, 25–30, 30–75, weil z.B. die Zahl 25 in zwei Gruppen auftaucht. Besser: 0–24, 25–29, 30–74 usw.

Punktdiagramm

Abbildung 32: Beispiel „Punktdiagramm“

Ein Korrelationsvergleich gibt an, wie stark die Beziehung zwischen den zu betrachtenden Variablen ist. Die zwei wichtigen Darstellungsformen: das Punkte- oder Streudiagramm und das Doppelbalken-Diagramm.

Praxistipps

- Wenn Sie die Punkte im Koordinatensystem beschriften, wird das Diagramm in der Regel unübersichtlich. Es wirkt gefälliger, jedem Punkt einen Buchstaben oder eine Zahl zuzuordnen und an anderer Stelle – in einer Legende – zu erklären.
- Prüfen Sie, ob Sie nicht mit Hilfe einer anderen Schaubildform, z.B. einem Doppel-Balkendiagramm, Ihre Aussage visualisieren können. Bei weniger als 25 Punkten ist diese Variante sinnvoll.
- Bei Präsentationen im kaufmännischen Bereich gibt es eine ganze Reihe von Varianten, zum Beispiel die Portfolio-Analyse oder die Break-even-Analyse.

Hinweise für Strukturbilder

Bei der Visualisierung von Strukturen geht es um die Darstellung von Elementen und die zwischen ihnen bestehenden Beziehungen. Mit Hilfe von Strukturbildern lassen sich zum Beispiel

- betriebwirtschaftliche Systeme beschreiben,
- Aufbau- und Ablauforganisationen visualisieren (Organigramm ...),
- kausale Beziehungen darstellen (Schemata mit Ursache und Wirkung),
- die Beziehungen in einer Gruppe darstellen (Soziogramme),
- Entscheidungs- und Problemlösungsprozesse präsentieren,
- Netzpläne und Flussdiagramme darstellen.

Neben den allgemeinen Gestaltungsempfehlungen (siehe Punkt VII, 3) sind diese besonderen Hinweise zu bedenken:

- Begrenzen Sie die Anzahl der Elemente. Achten Sie auf Übersichtlichkeit und auf klare, einfache Strukturen.
- Bedenken Sie die natürliche Blickrichtung: von links nach rechts und von oben nach unten.
- Die zentrale Information gehört ins Zentrum der Folie.
- Die Reihenfolge signalisiert „unterschwellig" die Wichtigkeit der Elemente.
- Nutzen Sie Animationstechniken, um die Charts schrittweise zu entwickeln.
- Lassen Sie sich bei der Entwicklung von Strukturbildern von den Beispielcharts auf der CD-ROM inspirieren.

- Überlegen Sie vor der Gestaltung eines Strukturbildes: Was ist meine Kernaussage, die ich mit Hilfe des Strukturbildes im Kopf des Zuhörers verankern will?

Praxistipp:

Prüfen Sie bei zu vielen Textfolien (Aufzählungsfolien mit Bullets), inwieweit die Textinformationen in Strukturbilder umgesetzt werden können. Wie Abbildung 33 zeigt, eignen sich zum Beispiel diese Themen:

- Einflussfaktoren in einer Situation
- Negative Konsequenzen eines Problems
- Drei Determinanten eines Konzepts
- Drei erfreuliche Konsequenzen
- Phasenkonzept
- Phasen eines Prozesses

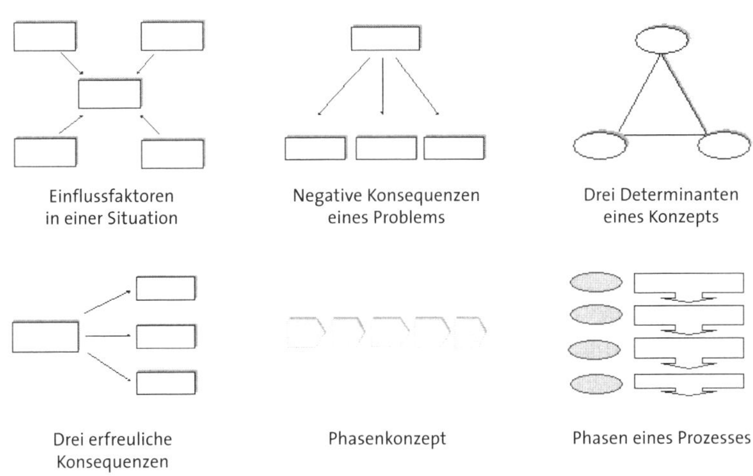

Abbildung 33: Einfache Strukturbilder

Details finden Sie in der Präsentation „Visualisierung" auf der CD-ROM.

Hinweise für den Einsatz von Stimulanzen

Clip-Arts, Cartoons, Sinnsprüche und andere Stimulanzen sind vorrangig darauf gerichtet, Präsentationen aufzulockern und Gefühle zu wecken. Elemente des „Infotainment" sind mit Augenmaß einzusetzen, weil sie sonst Ihre Seriosität und Kompetenz gefährden. Art und Niveau der Visualisierung müssen zum Szenario, insbesondere zur Erwartungshaltung der Zuhörer passen.

Praxistipps:

- Verzichten Sie auf gewagte Stimulanzen. Fragen Sie im Vorfeld Freunde und Kollegen, ob die geplanten Cartoons, Clip-Arts oder Sinnsprüche einsetzbar sind.
- Bei vielen Präsentationsanlässen ist es sinnvoll, mit einem Spannungsbogen zu arbeiten: Hierbei bringen Sie ein auflockerndes, zum Präsentationsthema passendes Element (Cartoon, ein Zitat, eine Karikatur o. Ä.) in Ihrer Einleitung (als „Aufmerksamkeitswecker"). Zum Ausklang der Präsentation fügen Sie als Kontrapunkt eine korrespondierende Stimulanz ein.
- Verzichten Sie bei Präsentationen vor wichtigen Kunden oder vor einem übergeordneten Entscheidungsgremium (Vorstand/Geschäftsführung ...) auf Stimulanzen. Kommen Sie rasch zur Sache – auch wegen der oft begrenzten Zeit.
- Bei Cliparts und Cartoons ist die Gefahr gegeben, dass das Auditorium zum x-ten Mal dieselben Powerpoint-Clips und Cartoons hat erleiden müssen. Tragen Sie daher „maßgeschneiderte" Stimulanzen zusammen.
- Vergessen Sie auch bei der Arbeit mit auflockernden Elementen nicht, von anderen zu lernen. Amerikanische Manager beginnen ihre Präsentationen oft mit attraktiven Analogien aus anderen Lebensbereichen, um einen Lacher zu provozieren. Danach folgt die Überleitung zum Sachthema.

☞ **Hinweis:**

Sammeln Sie motivierende Zutaten für Ihre Präsentationen in einer individuell gestalteten *(elektronischen) Motivdatei.* In diese können Sie Sinnsprüche, Zitate, Clip-Arts, Cartoons und Karikaturen bis hin zu Anekdoten, Storys und Videoclips aufnehmen. Auf Seite 81 finden Sie einen Vorschlag, wie so eine Motivdatei gegliedert werden kann, sowie ergänzende WWW-Links für eine zeitsparende Recherche auf der CD-ROM.

VIII Powerpoint-Präsentationen Spezielle Tipps für Auftritt und Medieneinsatz

Inhalt dieses Kapitel:

- Neun Tipps für Powerpoint-Präsentationen vor Gruppen
- Besonderheiten bei Powerpoint-Präsentationen am „runden Tisch"
- Flipchart – ein unverzichtbares Dauermedium
- Besonderheiten beim Einsatz von Videomitschnitten
- Kriterien für die Wahl der geeigneten Medien

Sie haben Ihre Computerpräsentation anhand der Qualitätskriterien aus Kapitel V sorgfältig vorbereitet. Der Präsentationsraum ist wunschgemäß präpariert. Die Bildschirmdarstellung ist optimiert. Sie wissen aufgrund Ihrer Probevorträge und Übungen, dass Sie die Präsentation in der vorgegebenen Zeit schaffen und das Handling der elektronischen Medien beherrschen. Dadurch besitzen Sie die notwendige Sicherheit, Ihre Computerpräsentation überzeugend zu „verkaufen".

Trotz dieser sorgfältigen Vorbereitung können verschiedene Fehler auftreten. Der Computer dominiert die gesamte Präsentation; der Vortragende wird in der Hintergrund gedrängt, es findet kaum Interaktion statt, die Zuhörer bleiben passiv, die Folien werden nicht anmoderiert, der Vortragende hält kaum Blickkontakt zum Publikum. Nachteilig wirken darüber hinaus elektronische Folienschlachten, übertriebene Animationen, ein langweiliger Vortragsstil und persönliche Unsicherheiten beim Einsatz der Medien.

1 Neun Tipps für die Durchführung von Powerpoint-Präsentationen

Die folgenden Praxistipps helfen Ihnen, diese Fallstricke zu vermeiden und den Kontakt zum Zuhörer zu halten. Bedenken Sie bei Vorträgen mit Medien, dass Sie nicht nur an den vorgetragenen Inhalten, der wahrgenommenen Kompetenz und der Qualität der Visualisierung gemessen werden. Noch wichtiger ist die emotionale Beziehung zum Auditorium: Inwieweit gelingt es Ihnen, durch Ihre Persönlichkeit und durch die Art und Weise von Vortrag und Interaktion, Vertrauen, Glaubwürdigkeit und Akzeptanz aufzubauen? Dies setzt bewusstes Beziehungsmanagement voraus, das an allen Kundenkontaktpunkten ansetzt, und zwar vor, während und nach der Präsentation.

Tipp 1: Erst der Mensch – dann die Technik

Zu Anfang jeder Präsentation sollte der persönliche Kontakt zum Publikum und nicht die Technik im Mittelpunkt stehen. Sonst laufen Sie Gefahr, dass im Kopf des Zuhörers multimediale Eindrücke dominieren und Ihre Persönlichkeit kaum wahrgenommen wird. Meine Empfehlung: Wählen Sie in der Einstiegsphase Ihrer Präsentation einen zentralen Standort. Wenn Sie in der Mitte vor dem Referententisch und dem Beamer stehen, fördern Sie „unterschwellig" Ihre Wirkung. Dieses Signal lässt Sie offen und sicher erscheinen, weil keine Barriere zwischen Ihnen und dem Auditorium vorhanden ist.

Nach der Begrüßung und den einleitenden Worten treten Sie zur Seite und beginnen Ihre Bildschirmpräsentation. Wenn Sie in dieser Phase das Titelchart noch ausgeblendet haben (Leerfolie zu Anfang oder Taste B – für „black screen" – drücken), lenken Sie die volle Aufmerksamkeit der Zuhörer auf Ihre Person. Als Alternative können Sie bereits kurz vor Ihrem Auftritt das Titelchart Ihrer Präsentation einblenden. Dies ist beispielsweise dann ratsam, wenn Sie in den ersten Minuten mit großem Lampenfieber zu kämpfen haben. Sie lenken dann bewusst die Blicke des Publikums weg von Ihrer Person hin zur Leinwand, auf der Vortragsthema, Ihr Name sowie „Herzlich willkommen" zu lesen sind.

Tipp 2: Halten Sie vorrangig Blickkontakt zum Auditorium

Viele Vortragende machen den Fehler, während der gesamten Präsentation am Rand der „Bühne" zu stehen und den projizierten Bildern an der Leinwand mehr Blickkontakt anzubieten als dem Auditorium. Achten Sie darauf, dass Sie sich nicht zu weit von der Leinwand entfernen. Ihre Persönlichkeit und das gezeigte Bild sollten aus Sicht der Zuhörer eine „Handlungseinheit" bilden.

Während Sie Ihre Folien erläutern, muss der Kontakt zum Zuhörer erhalten bleiben. Wählen Sie als Standort „mitte rechts" oder „vorne rechts" (siehe Seite 78) und platzieren Sie Ihr Notebook so, dass Sie mühelos das Bild auf dem Display kontrollieren, während Sie das Publikum anschauen. Gewöhnen Sie sich daran, während Ihres Vortrags den Zuhörern 80 Prozent Blickkontakt anzubieten und 20 Prozent der Präsentationszeit zum Notebook und in Ausnahmefällen (etwa beim Zeigen mit Laserpointer) zur Leinwand zu schauen. Ihr Blickkontakt zum Publikum hat den Vorteil, dass Sie souveräner wirken und emotionale „Nähe" erzeugen. Darüber hinaus haben Sie die Chance, am nonverbalen Verhalten der Teilnehmer zu erkennen, inwieweit Verständnisprobleme da sind und ob Ihre Ausführungen auf Akzeptanz oder Widerspruch stoßen.

Tipp 3: Bauen Sie Spannung auf durch dramaturgische Elemente

Um Aufmerksamkeit zu sichern und Ihre Persönlichkeit stärker ins Spiel zu bringen, ist die Frage der Dramaturgie außerordentlich wichtig. Bleiben Sie nicht wie „angetackert" an einem Fleck stehen, sondern verändern Sie bewusst Ihren Standort. Bei diesem gelenkten Standortwechsel können Sie sich an den auf Seite 78 erklärten neun virtuellen Quadraten orientieren.

Beispiele für gelenkten Standortwechsel:

- Sie unterbrechen ab und zu Ihre Bildschirmpräsentation und gehen in eines der vorderen Quadrate, um zum Beispiel eine Geschichte zu erzählen, persönliche Erfahrungen darzustellen oder von einem Referenzprojekt zu berichten. Dies ist auch ratsam, wenn Sie Fragen der Teilnehmer beantworten.
- Sie können ab und zu ein Folien füllendes Bild mit knapper Überschrift einblenden und die zugehörige Information durch Storytelling darstellen (siehe auch den Ansatz von Atkinson 2005).
- Sie gehen während Ihrer Powerpoint-Präsentation zum Flipchart, um dort ein Bild zu entwickeln oder eine besonders wichtige Information (Kennziffer, Nutzenargument o.Ä.) anzuschreiben. Saubere und ästhetisch gefällige Anschriebe können eine große Wirkung entfalten: Sie sind allein mit Stift und einem weißen Bogen Papier. Sie agieren „live" ohne Netz und doppelten Boden. Die Zuhörer können Schritt für Schritt miterleben, wie eine Skizze, ein Strukturbild oder ein Diagramm entsteht: Das Flipchart ist ein unverzichtbares ergänzendes Medium Ihrer perfekten Powerpoint-Charts. Details finden Sie unter Punkt 3 und in der Powerpoint-Präsentation „Medien" auf der CD-ROM.

Tipp 4: Flexibel bleiben durch Tastenkürzel (Shortcuts)

Auch wenn Sie eine Präsentation am Bildschirm gut ausgearbeitet haben, können Sie niemals mit Gewissheit sagen, wie Ihre Zuhörer darauf reagieren werden. Stellen Sie sich daher auf ungeplante Situationen und Wünsche Ihres Auditoriums flexibel ein. Beispiel: Ihre Zuhörer haben Verständnisfragen oder wollen eigene Beiträge einbringen. In dieser Situation sollten Sie in der Lage sein, die elektronische Präsentation zu Gunsten des Dialogs zu unterbrechen. Hierbei können Sie hilfreiche Tastenbefehle nutzen: Wenn Sie während einer Bildschirmpräsentation F1 drücken, erhalten Sie eine komplette Übersicht der verfügbaren Tastenbefehle. Sie sollten mindestens diese Befehle kennen:

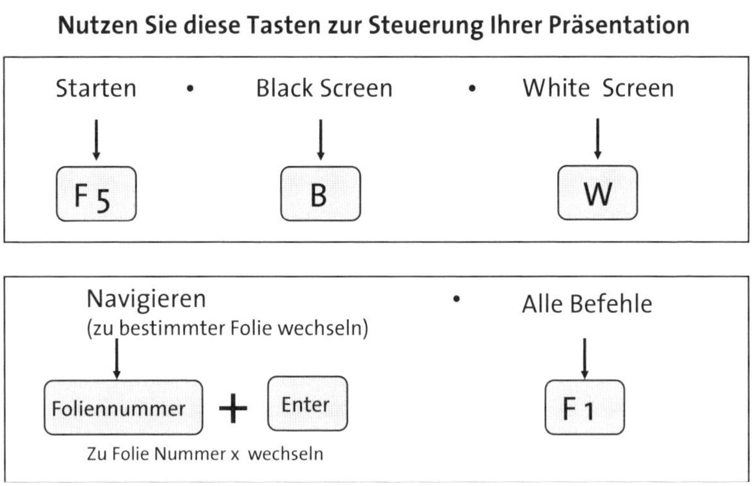

Abbildung 34: Wichtige Tastenkürzel

Ihre Flexibilität ist insbesondere dann notwendig, wenn sich Rahmenbedingungen kurzfristig ändern. So kann es vorkommen, dass die Präsentationszeit gekürzt wird oder dass sich das Auditorium anders zusammensetzt als angekündigt. In diesen Fällen sind Sie gefordert, sich kurzfristig auf diese veränderten Gegebenheiten einzustellen: Vorher definierte Präsentationspfade und Links (siehe Kapitel V, 5) ermöglichen Ihnen, auf Folien zu springen, die nach Ihrer Einschätzung besonders wichtig sind und die zu der veränderten Situation passen.

Tipp 5: Präsentieren Sie nach dem „Reißverschlussprinzip“

Sie präsentieren hirnfreundlich, wenn auf Ihren Folien Schlüsselworte oder erklärungsbedürftige Schaubilder stehen, die Sie durch Ihre verbalen Ausführungen mit Leben füllen. Folieninformation und Vortrag greifen somit komplementär ineinander („Reißverschlussprinzip“). Wichtig ist dabei, dass die Information auf der Folie zeitgleich mit dem gesprochenen Wort gezeigt wird. So sichern Sie ein hohes Maß an Aufmerksamkeit und minimieren ablenkende Effekte. Wenn es unumgänglich ist, mehrere Aspekte auf einer Folie darzustellen, wie etwa bei Flussdiagrammen, Strukturbildern oder bei Balkendiagrammen, rate ich dazu, Animationen zu nutzen. So können Sie Schritt für Schritt denjenigen Aspekt einblenden, den Sie erläutern wollen.

Selbsterklärende Folien wirken aus Sicht des Redners wie ein Korsett und erschweren einen lebendigen, motivierenden Vortrag. Aus der Sicht der Zuhörer erzeugen sie negative Gefühle und wirken demotivierend.

Gewöhnen Sie sich daran, einfache Vortragsfolien in einem separaten Arbeitsschritt zu erstellen. Ihre Folien haben eine gute Qualität, wenn sie beim Zuhörer positive Gefühle auslösen und in Einklang stehen mit den Kriterien für „hirnfreundliche“ Bilder (siehe hierzu Kapitel VII, 3).

Selbsterklärende Folien gehören in die Tischvorlage. Sie erlauben es den Teilnehmern, sich später die präsentierten Inhalte ohne Verständnisprobleme noch einmal bewusst zu machen.

Tipp 6: Inszenieren Sie Ihre Folien hirnfreundlich

Weil man auf Knopfdruck, also mit wenig Energieaufwand, Charts ein- und ausblenden kann, verführen Bildschirmpräsentationen dazu, die Zuhörer zu überfordern. Folienschlachten sind nicht selten die Folge. Hier ein probates Mittel, um im richtigen Rhythmus zu präsentieren und Spannung zu erzeugen: Sie moderieren die nächste Folie (oder die nächste Botschaft) an. Dann blenden Sie das Bild ein und lassen es kurz wirken. Erst danach erklären Sie den Inhalt.

Wie Sie Folien „inszenieren“

1. Bild ankündigen: „Wie sich das vergrößerte Display in das Cockpit einfügt, sehen Sie auf der nächsten Folie ...“ Erst danach klicken.
2. Bild einblenden – kleine Pause, damit die Zuhörer sich orientieren können.
3. Folie erklären – bei Bedarf Zeigehilfe einsetzen.
4. Reaktion der Zuhörer beachten (ggf. Verständnisfragen zulassen).
5. je nach Situation: Bild ausblenden oder nächste Folie anmoderieren.

☞ **Drei ergänzende Hinweise:**

1. Damit Sie die Folien in dieser Weise anmoderieren können und bei Zwischenfragen einen schnellen Überblick über die Reihenfolge der Folien haben, ist es wichtig, die Präsentation auf nummerierten Handzetteln oder als Gliederungsansicht für Sie selbst auszudrucken.
2. Nutzen Sie bei der Anmoderation von Schaubildern Formulierungen, die Interesse wecken und die gespannt machen auf das Kommende. Beispiele: „Auf der nächsten Folie sehen Sie die Neuentwicklung im Bild.“ (Klick) „Aufgrund unserer regelmäßigen Kundenzufriedenheitsanalysen wissen wir recht genau, was unsere Kunden wünschen.“ (Klick) „Die Umsatzentwicklung des letzten Quartals wird Sie überraschen.“ (Klick) „Ein erstaunlicher Trend zeigte sich auf der Messe in Shanghai.“ (Klick) „Sie werden sich fragen, wie wir das Problem in den Griff bekommen haben. Das nächste Chart gibt Ihnen die Antwort.“ (Klick) „Ich habe Ihnen eine Qualitätsdefinition mitgebracht, die aus drei Worten besteht.“ (Klick)
3. Derartige rhetorische Verstärker können Sie auch nutzen, wenn Sie am Flipchart ein vorbereitetes Bild enthüllen oder eine Handskizze ankündigen.

Beispiel:

Während Ihrer Powerpoint-Präsentation schreiben Sie eine Zahl an das Flipchart. Den gelenkten Standortwechsel (siehe Tipp 3) können Sie etwa so ankündigen: „Ich möchte Ihnen eine Zahl ans Flipchart schreiben, die Sie in Erstaunen versetzen wird.“ – Pause. Nun gehen Sie langsam zum Flipchart und schreiben die Zahl (mit einem dicken schwarzen Stift) an. In unserem Beispiel die Zahl 200.000. Kleine Pause. Sie treten zur Seite, nehmen Blickkontakt zum Auditorium auf und erläutern: „Dies ist die Kostenersparnis in Euro, die unser Lösungsvorschlag pro Quartal mit sich bringt. Dann schreiben Sie „pro Quartal“ zusätzlich ans Flipchart. Wenn Ihre Erklärung abgeschlossen ist, leiten Sie zur nächsten Powerpoint-Folie über: „Ich werde Ihnen jetzt erläutern, wie diese beträchtliche Kostenersparnis zu realisieren ist". – Pause. Dann gehen Sie zurück zu Ihrem Standort neben dem Notebook und blenden das nächste Chart ein.

Tipp 7: Eine Fernbedienung ist ein Muss

Mit Hilfe einer Fernbedienung können Sie sich während der Präsentation frei im Raum bewegen. Losgelöst vom Notebook können Sie auf Knopfdruck das nächste Chart einblenden. Dies wirkt professioneller und eröffnet mehr Spielraum für Dramaturgie und Medienwechsel. Standard-Fernbedienungen (Adressen unter WWW.Links) verfügen über eine Maustaste, die das Funksignal an den PC oder Laptop sendet. Mit dem integrierten Laserpointer können Sie die Aufmerksamkeit der Zuhörer auf wichtige Punkte lenken.

Darüber hinaus gibt es „intelligente" Fernbedienungen – so genannte Gyrotools –, die einen entscheidenden Vorteile haben: Sie können den Mauszeiger direkt über die Bewegung der Hand zu steuern. Die Maussignale werden auch hier durch Funk übertragen. Diese Maus erlaubt es auch, Makros vorab zu definieren, um während der Präsentation ins Internet, Intranet oder auf CD-ROM zu verzweigen (Infos zum Beispiel bei www.medium.de).

☞ **Drei ergänzende Hinweise:**

1. Es ist schwierig, mit dem Laserpointer einen fixen Punkt zu markieren. In der Regel wackelt und zittert dieser Leuchtpunkt. Lampenfieber mag dies noch verstärken. Umkreisen Sie daher die Information, die Sie erklären wollen, und schalten Sie den Pointer sofort nach Gebrauch aus.
2. Sie können in vielen Fällen auf Zeigehilfen verzichten, wenn Sie beim Erstellen der Bildschirmpräsentation wesentliche Informationen bereits hervorheben, und zwar durch Animationen, durch Farben, durch Kästen oder Nummerierung von Stichworten.
3. Falls Sie die Tastatur des Notebooks während der Präsentation benötigen, ist es ratsam, seitlich sitzend zu präsentieren. Hierbei können Sie einen Großteil der Zuhörer ansehen und gleichzeitig das projizierte Bild kontrollieren.

Tipp 8: Sichern Sie die Aufmerksamkeit der Zuhörer

Die vorstehenden Tipps tragen dazu bei, dass Ihre Zuhörer nicht in eine passive Haltung gedrängt werden. Nutzen Sie zudem die in Kapitel III dargestellten Techniken zur Aktivierung der Zuhörer. Sie sollten mindestens dann zusätzliche Anreize für die Zuhörer bereithalten, wenn Sie während der Präsentation Signale wahrnehmen, die auf „Abbruchgedanken" oder Desinteresse hindeuten. In diesen Fällen können Sie zum Beispiel

- den Nutzen des präsentierten Vorschlags verdeutlichen,
- die Zuhörer aktivieren (z.B. durch rhetorische oder direkte Fragen),
- Vergleiche, Storys oder Referenzbeispiele bringen,
- rhetorische Verstärker einsetzen oder
- eine kleine Diskussionsphase einfügen.

Falls die Signale der Zuhörer auf nachhaltiges Desinteresse hindeuten, ist es ratsam, die wesentlichen Punkte zusammenzufassen und sofort in die Diskussion überzuleiten. Dieses Vorgehen ist bei den meisten Kundenpräsentationen problemlos möglich.

Tipp 9: Halten Sie „Notprogramme" für technische Pannen bereit

Es gibt Ihnen zusätzlich Sicherheit, wenn Sie eines der folgenden „Notprogramme" vorbereitet und trainiert haben:

1. „Absturz" in der Einstiegsphase der Präsentation: Sie verteilen die Tischvorlage und präsentieren die Inhalte anhand dieses „Dauermediums". Falls ein Handout oder Ähnliches nicht verfügbar ist, bleiben Ihnen nur der verbale Vortrag und die unterstützende Nutzung des Flipchart oder Copyboards. Simulieren Sie vorher beide Varianten.
2. „Absturz" in der Schlussphase der Präsentation: Fassen Sie den bisherigen Teil der Präsentation zusammen und leiten in die Diskussion über.

Falls es möglich ist, den technischen Defekt sofort zu beheben oder einen Ersatz-Computer oder Ersatz-Beamer einzusetzen, können Sie eine kurze Pause machen und fortfahren, wenn die Panne behoben ist.

2 Besonderheiten bei Powerpoint-Präsentationen am „runden Tisch"

Bei multimedialen Präsentationen ist die Gefahr besonders groß, dass die Blicke des Kunden vorrangig auf den Bildschirm gelenkt werden. Sorgen Sie durch Sitzanordnung, Dramaturgie und kurze Bildsequenzen dafür, dass die Kommunikation nicht zu kurz kommt. Günstig ist eine Sitzposition, die den Kunden aufwertet und ergonomisch günstig ist. Erfahrungsgemäß erleichtert es ein runder Tisch, dialoggerecht zu sitzen, Blickkontakt zu halten und dem Gesprächspartner eine gute Sicht auf den Bildschirm zu ermöglichen. Vermeiden Sie es, Seite an Seite zu sitzen, denn dies erschwert den Blickkontakt und kann vor allem beim Erstkontakt emotional einengend wirken. Wenn lediglich ein eckiger Tisch zur Verfügung steht, kommt als zweitbeste Lösung die Übereck-Sitzposition in Frage.

Nehmen drei bis fünf Personen an einer Tischpräsentation teil, ist ein Beamer erforderlich. Achten Sie auch hier bei der Platzierung stets darauf, dass alle Teilnehmer die präsentierten Inhalte uneingeschränkt wahrnehmen können. Bei Bedarf sollten Sie auch in der Lage sein, die Blickrichtung der Teilnehmer auf wesentliche Punkte zu lenken. Das kann dadurch geschehen, dass Sie die Bildschirmseite durch Mausklick parallel zu Ihren Ausführungen schrittweise aufbauen. Falls dies nicht möglich oder nicht praktikabel ist, reicht ein Stift als Zeigehilfe völlig aus, um die Aufmerksamkeit der Gruppe zu lenken.

3 Flipchart – ein unverzichtbare Dauermedium

Das Flipchart ist das wichtigste Dauermedium für Präsentationen. Es eignet sich in idealer Weise zur Ergänzung von Bildschirmpräsentationen. Darüber hinaus kann es bei bestimmten Szenarien auch als Hauptmedium eingesetzt werden. Schließlich hilft Ihnen ein Flipchart, um sich bei technischen Pannen geschickt aus der Affäre zu ziehen. In jedem Falle rate ich Ihnen, sich mit den besonderen Chancen des Flipcharts vertraut zu machen und die Anwendung zu üben.

Vereinzelt wird in Publikationen die Meinung vertreten, man solle beim Vortrag ganz auf Powerpoint verzichten und als Alternative auf das Flipchart setzen. Derartige Empfehlungen gehen an der Praxis berufsbezogener Präsentationen vorbei. Zwar gibt es unbestreitbare Vorzüge dieses Dauermediums. Vergessen Sie jedoch nicht,

- dass Sie heute und in Zukunft für eine Fülle von Präsentationsanlässen – gerade auch im internationalen Business – Powerpoint benötigen,
- dass die Möglichkeiten des Flipchart begrenzt sind,
- dass Sie vermutlich als wenig kompetent erlebt werden, wenn Sie bei der Vorstellung eines „Hightech-Produkts“ mit traditionellen Hilfsmitteln am Flipchart präsentieren.

Sie bereiten sich daher am besten für das breite Spektrum an Präsentationsanlässen vor, wenn Sie je nach Situation in der Lage sind, Ihre Vorträge mit Powerpoint, mit Flipchart und ohne mediale Unterstützung zu halten. Sie benötigen also das Know-how für alle drei Vortragsformen (Abbildung 35). Die Ausführungen dieses Abschnitts helfen Ihnen, das Flipchart als Hauptmedium wie auch als ergänzendes Medium zu Powerpoint wirkungsvoll einzusetzen. Bedenken Sie, dass Sie die emotionale Beziehung zum Auditorium umso nachhaltiger entwickeln können, je mehr Sie Ihre Persönlichkeit in den Mittelpunkt rücken. Prüfen Sie unter diesem Blickwinkel bei Ihren Powerpoint-Präsentationen,

- inwieweit Sie Anschriebe am Flipchart einfügen können (Schnittmenge zwischen A und C),
- inwieweit Sie Teile des Vortrags ohne Medienunterstützung gestalten können (Schnittmenge zwischen A und B).

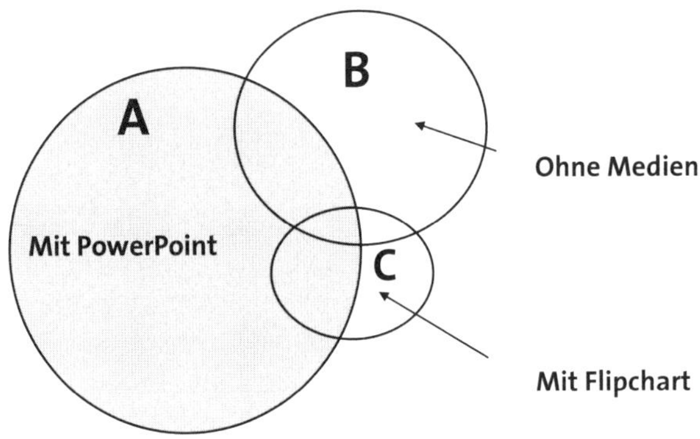

Abbildung 35: Schnittmengen zwischen drei Vortragsformen

Sie erfahren nun,

- welche Vorteile und Nachteile das Flipchart mit sich bringt,
- wie Sie die Blätter wirkungsvoll gestalten,
- was bei der Arbeit am Flipchart zu beachten ist,
- was Copy- und Whiteboards leisten.

Die Vorteile des Flipcharts

- Sie können Bilder optimal auf die betreffende Situation abstimmen.
- Sie haben die Chance, schwierige Zusammenhänge „live" zu erläutern. Am Flipchart entwickelte Handskizzen prägen sich dem Zuhörer besser ein als vorgestanzte Hochglanzfolien.
- Sie können Bilder am Flipchart ohne Mühe verändern und ergänzen.

- Sie können mit Hilfe dieses Dauermediums einleitend die Gliederung der Präsentation erläutern. Die Gliederung kann dann während des Vortrags dauernd (daher: Dauermedium) im Blickfeld der Teilnehmer bleiben. Die detaillierten Inhalte präsentieren Sie mit Hilfe Ihres Kurzfristmediums „Computer".
- Sie können vorbereitete oder beschriebene Flipchartbögen im Raum aufhängen und so einen komplexen Gedankengang dokumentieren.
- Sie können Ideen eines Brainstorming und Diskussionsbeiträge rasch festhalten.

☞ **Hinweis:**

Heften Sie Ihre Gliederung an eine Pinnwand, damit Ihr Flipchart für weitere Anschriebe nicht „blockiert" ist.

Aus psychologischer Sicht können Sie beim geschickten Einsatz dieses Mediums Aufmerksamkeit und Spannung erzeugen und „unterschwellig" Ihre Kompetenz und Souveränität fördern.

Mögliche Nachteile des Flipchart

- Die Qualität der Anschriebe hängt von der Handschrift und vom grafischen Talent des Vortragenden ab.
- Ungeübte Vortragende erleben die Arbeit am Flipchart häufig als schwierig, weil die Persönlichkeit ungeschützt den kritischen Blicken ausgesetzt ist und die Anschriebe oft unangenehme Pausen mit sich bringen.
- Komplexe Anschriebe nehmen in der Regel viel Zeit in Anspruch.
- Beachten Sie, dass das Flipchart im westeuropäischen sowie nord- und südamerikanischen Raum eine hohe Akzeptanz hat; demgegenüber ist es in osteuropäischen und vielen asiatischen Ländern nicht immer vorhanden oder wird sehr selten genutzt. In japanischen Konferenzräumen sind digitale Whiteboards durchweg verfügbar.
- Flipchart-Anschriebe können Sie nur mit Hilfe von Digitalfotos vervielfältigen.
- Der Einsatz des Flipcharts als Hauptmedium wird von vielen Kunden als vergangenheitsorientiert wahrgenommen: Es ist ein ideales Ergänzungsmedium.
- Für Gruppen von mehr als 30 Teilnehmern ist das Flipchart nicht mehr geeignet.

Was am Flipchart visualisieren?

- Gliederung
- Skizzen
- Kernaussagen
- Strukturbilder
- Symbole
- Wichtige Kennziffern
- Beiträge und Fragen der Zuhörer

Tipps zur Gestaltung der Blätter

- Planen Sie vor dem Anschrieb die Raumaufteilung und die Anordnung der einzelnen Elemente.
- Schreiben Sie Schlüsselworte statt Sätze.
- Beschränken Sie sich auf maximal 4 bis 5 Zeilen pro Chart.
- Kariertes Papier erleichtert Ihnen saubere Anschriebe.
- So einfach wie möglich.
- Maximal zwei Schriftgrößen.
- Faustregel: Dicker Strich, einfache Anschriebe, wenig Details!

Tipps und Tricks zur Arbeit am Flipchart

Mit jedem Flipchart-Anschrieb geben Sie eine Kostprobe Ihrer Persönlichkeit ab. Weil Sie die Bilder „live" entwickeln und auf dem Dauermedium längere Zeit zu sehen sind, sollten Sie auf ein Mindestmaß an Qualität achten. Nur wenn dies gesichert ist, fördern Sie „unterschwellig" Ihr Image und Ihre Kompetenz. Schlechtes Schreiben ist kein Naturgesetz: Die folgenden Tipps helfen Ihnen, Anschriebe am Flipchart sauber und lesbar zu gestalten:

- Üben Sie die Standardschrift für Flipchart und Pinnwand. Wie Sie Alphabet und Zahlen gut lesbar schreiben, zeigt das folgende Beispiel (vgl. Weidenmann 2002; diese Standardschrift können Sie bei der Firma Neuland unter www.neuland.de beziehen.):

ABCDEFGHIJKLMNO
PQRSTUVWXYZ

abcdefghijklmnop
qrstuvwxyz

1234567890

- Nicht mit der Spitze, sondern mit der Breitseite der Folienstifte schreiben! Sie erreichen eine eindrucksvolle Schrift, wenn Sie den Stift mit der ganzen Filzkante gleichmäßig auf das Papier setzen, dann schreiben und dabei den Stift nicht drehen (Details dazu in der Datei „Medien“ auf der CD-ROM).
- Üben Sie, die Buchstaben und Zahlen mit einem Filzstift genau nachzuschreiben. Zunächst im Sitzen auf Kärtchen, dann im Stehen auf Flipchart.
- Großbuchstaben sollten etwa 5 cm hoch sein. Auf kariertem Papier entspricht das etwa zwei Karos. Kleinbuchstaben sollten etwa 2/3 so hoch sein wie Großbuchstaben.
- Nehmen Sie für Überschriften (Großbuchstaben) drei Karos, für einzelne Schlüsselwörter oder Zahlen vier Karos (etwa 10 cm).
- Schreiben Sie die Buchstaben eines Wortes eng zusammen: Das fördert die Lesbarkeit und hilft, Platz sparend zu schreiben.
- Wählen Sie grundsätzlich Schwarz als Grundfarbe. Dies kommt der Lesbarkeit zugute, denn Schwarz auf Weiß ist der größte Kontrast für das menschliche Auge. Arbeiten Sie mit einer zweiten Farbe, um zum Beispiel Kerninformationen hervorzuheben (etwa durch Unterstreichen oder Einrahmen) und Bullets, Pfeile oder andere Symbole zu zeichnen. Die Signalfarbe Rot ist am besten geeignet, die Aufmerksamkeit der Zuhörer zu lenken.
- Stellen Sie sich beim Erklären neben das Flipchart. Nutzen Sie Ihre dem Medium zugewandte Hand als Zeigehilfe. Ein Zeigestab wirkt hier gestelzt. Auch am Flipchart gilt: Sprechen Sie nur dann, wenn Sie Blickkontakt zum Publikum haben.

- Nehmen Sie zu jeder Präsentation Ihre eigenen Filzstifte mit (zwei schwarze und einen roten Stift). Denn in Konferenzräumen finden Sie nicht selten halb ausgetrocknete Stifte, die für professionelle Anschriebe ungeeignet sind.

Verborgene Merkhilfen nutzen
Sie können Ihre Flipchartbögen mit dünnen Bleistiftstrichen präparieren, ohne dass die Zuhörer dies wahrnehmen. Beispielsweise können Sie Strukturbilder oder technische Zeichnungen in der Grundstruktur vorbereiten: Während der Präsentation haben Sie dann nur noch die Linien mit dem Filzstift nachzuzeichnen. Auf diese Weise können Sie Zeichnungen und Bilder „live" entwickeln, die ästhetisch ansprechend aussehen.

In der Präsentation „Medien" auf der CD-ROM finden Sie Anregungen,
- um einfache Freihandzeichnungen und Strukturbilder zu zeichnen,
- um das Anschreiben wichtiger Zahlen wirkungsvoll zu inszenieren oder
- um komplexe Bilder – wie zum Beispiel einen Elefanten – am Flipchart darzustellen.

Kontakt halten durch die Touch-Turn-Talk-Technik
Stellen Sie das Flipchart so auf, dass jeder Teilnehmer Ihre Anschriebe problemlos aufnehmen kann. Jedes Wort, jede Zahl muss auch vom letzten Platz aus lesbar sein. Vielen Vortragenden fällt es schwer, die Zuhörer anzuschauen, während Sie einen Anschrieb am Flipchart erklären. Ähnlich wie beim Zeigen mit Zeigestab an der Leinwand können Sie die Technik des Touch-Turn-Talk nutzen:

Sie verfahren hierbei folgendermaßen:
- *Touch:* Mit Ihrer Hand berühren Sie den Punkt, den Sie erklären wollen (Noch nicht sprechen!).
- *Turn:* Während Ihre Hand auf dem Punkt verweilt, drehen Sie den Oberkörper zum Publikum.
- *Talk:* Jetzt nehmen Sie Blickkontakt zum Publikum auf und beginnen zu sprechen.

Copyboards und elektronische Whiteboards
Mit Hilfe des seit Jahren bekannten Copyboards können Sie Anschriebe direkt ausdrucken. Zu den Weiterentwicklungen gehört das elektronische Whiteboard. Es erfasst die notierten Informationen sofort und in Farbe auf Ihrem Computer. Von dort aus können Sie das Bild entweder aus-

drucken, per Dataprojektor an die Wand projizieren oder als E-Mail versenden.

WWW-Links zu den Dauermedien sowie zu den übrigen Präsentationsmedien finden Sie auf der CD-ROM.

4 Besonderheiten beim Einsatz von Videomitschnitten

Videos und Filme bieten die Chance, die Realität durch bewegte Bilder sehr anschaulich und eindrucksvoll darzustellen. Sie lassen sich mit wenigen Handgriffen in dic Powerpoint-Präsentation einfügen.

Im Rahmen berufsbezogener Präsentationen werden Videosequenzen vor allem eingesetzt, um

- das eigene Unternehmen oder einzelne Sparten vorzustellen (Imagefilm/Firmenvideo),
- komplizierte Problemlösungen, Prozesse und Entwicklungen verständlich zu erklären,
- Referenzojekte im Bewegtbild zu zeigen und Aussagen von zufriedenen Kunden oder Referenzpersonen zu präsentieren (USA),
- Statements von Personen aus dem eigenen Unternehmen oder aus Wirtschaft, Forschung und Politik im O-Ton einzublenden (zum Beispiel Grußworte oder Aussagen zu umstrittenen Themen),
- neue Erkenntnisse aus Forschung und Technik audio-visuell vorzustellen.

Worauf bei Video-Einschüben zu achten ist:

- Hohe Qualität und didaktische Eignung
- Kurze Video-Einschübe
- Verständnishilfen geben

Was heißt das?

Hohe Qualität und didaktische Eignung

Achten Sie darauf, dass die eingesetzten Videosequenzen allgemeine Qualitätsstandards erfüllen. Die meisten Zuhörer haben durch Fernsehen und Internet hohe Ansprüche an Dramaturgie und Inhalte von Videoclips. Achten Sie bei der Auswahl der Filme darauf, diesen Erwartungen Rechnung zu tragen.

Prüfen Sie stets, inwieweit ein Videoelement zum Szenario Ihrer Präsentation passt.

Kontrollfragen:
- Inwieweit trägt die Filmsequenz dazu bei, meine Präsentationsziele zu erreichen und bestimmte Inhalte verständlich und eindrucksvoll „rüberzubringen"?
- Inwieweit bieten sie zusätzliche Chancen, Interesse zu wecken, zu informieren oder zu überzeugen sowie Image und Kompetenz des Unternehmens aufzubauen?

Kurze Video-Einschübe

Beschränken Sie sich auf kurze Video-Einschübe. Nur in Ausnahmefällen sollten Video-Einschübe länger als eine Minute dauern. Sonst besteht die Gefahr, dass Sie als Vortragender an den Rand gedrängt werden und Ihr Vortrag im Vergleich zum Video eher langweilig wirkt:
- In der Regel ist es nicht ratsam, einen Videoclip bereits zu Anfang einer Präsentation zu zeigen. Der persönliche Kontakt zu den Zuhörern sollte die Einstiegsphase prägen. Allerdings kann es bei Fachtagungen und Kongressen aus dramaturgischen Gründen sinnvoll sein, mit einem kurzen Clip von 30 Sekunden Aufmerksamkeit und Interesse für das Thema zu wecken.
- Informierende und erklärende Videos können je nach Thema an verschiedenen Stellen Ihres Präsentations-Drehbuchs eingebunden werden. Beispielsweise zur Veranschaulichung technischer Produktmerkmale oder zur Darstellung prägnanter Referenzprojekte. Sie dienen dazu, verbal vorgetragene Kernkompetenzen zu illustrieren. Das bewegte Bild hilft also, abstrakte Nutzenargumente plastisch darzustellen und dadurch im Kopf des Kunden zu verankern.
- Ein eindrucksvolles Video können Sie als Stimulanz für den Fall bereithalten, dass die Aufmerksamkeit des Publikums sinkt.

Videos können:

- Realität „echt" abbilden
- Image verbessern
- Verständlichkeit fördern

Verständnishilfen geben

Wie bei den übrigen Medien ist auch bei Video-Einschüben darauf zu achten, dass optimale Voraussetzungen für die Verarbeitung der Bewegtbilder gegeben sind. Als Präsentator fördern Sie das Verständnis beim Zuhörer, wenn Sie vor und nach dem Video-Einschub Hinweise zur Bildverarbeitung geben.

Sie kündigen den Film an
Hierbei sagen Sie etwas zur Bedeutung des Themas, zu markanten Details sowie zur Dauer des Videos. „Dieses einminütige Video zeigt Ihnen ein aktuelles Referenzobjekt, das wir in China realisiert haben. Es verdeutlicht die eben angesprochenen Kernkompetenzen. Sie sehen im bewegten Bild, wie wir den Konstruktionsentwurf praktisch umgesetzt haben."

Sie präsentieren danach den Film
Es kann didaktisch geboten sein, das Video an bestimmten Stellen anzuhalten und ergänzende Erläuterungen zu geben. Dies ist vor allem dann wichtig, wenn der Begleitkommentar im Film das Wesentliche nicht hinreichend betont. Nach dem Video-Einschub sollten Sie die Kerninformationen zusammenfassen und auf Wunsch Verständnisfragen des Auditoriums beantworten. Danach leiten Sie zum nächsten Punkt der Präsentation über.

5 Kriterien für die Wahl geeigneter Medien

Zu keiner Zeit gab es ein größeres Spektrum an Präsentationsmedien als heute. Die einschlägigen Messen und Fachtagungen zeigen dem Besucher eine Fülle neuer Trends und technologischer Optionen. Für den Anwender ist es kaum möglich, die ganze Bandbreite der Möglichkeiten zu überschauen. Fachleute erwarten, dass in naher Zukunft computergestützte Präsentationen mit anderen Systemen und Medien weiter vernetzt werden, die zusätzliche Chancen zur Interaktion und zur Überbrückung von Distanzen mit sich bringen. Stellvertretend sei verwiesen auf Electronic Meeting Systems, Videokonferenzen sowie Echtzeit-Computer-Konferenzen (siehe hierzu die WWW-Links auf der CD-ROM).

Bei der Medienwahl ist stets eine Reihe von Faktoren zu berücksichtigen, die Sie bereits in Kapitel V „Präsentationen vorbereiten" kennengelernt haben. Dazu gehören: Ihre Ziele und Inhalte, die Erwartungen der Zuhörer, die Corporate Identity des eigenen Unternehmens sowie der Aufwand für die Präsentation und die Besonderheiten des Veranstaltungsortes.

Entscheidungskriterien für die Medienauswahl

- Eignung für Anlass, Ziel und Rahmen
- Eignung für die Zielgruppe
- Eignung als Kurzzeit- oder Dauermedium
- Eignung für Dramaturgie und Interaktion
- Eignung für die eigene Persönlichkeit
- Eignung im Hinblick auf begrenzende Faktoren

Eignung für Anlass, Ziel und Rahmen

Es gibt *Anlässe* und *Ziele* für Präsentationen, die a priori den Einsatz einer Powerpoint-Präsentation nahe legen. Dazu gehören zum Beispiel Firmen- und Produktpräsentationen, die darauf zielen,

- Kernkompetenzen, Referenzobjekte, Leistungsangebote aus dem High-tech-Bereich (Software, IT, Telekommunikation usw.) darzustellen,
- Bildschirminhalte wie Software, Layouts oder Diagramme im Dialog mit dem Kunden weiterzuentwickeln,
- Kerninformationen durch Multimedia beim Zuhörer nachhaltiger zu verankern,
- Animationen, Simulationen und virtuelle Darstellungen einzubinden,
- die eigene Kompetenz durch den Einsatz elektronischer Medien zu unterstreichen.

Die computergestützte Präsentation ist auch bei anderen Anlässen wie Fachkongressen, Konferenzen, Verkaufstagungen oder Schulungen sinnvoll oder gar zwingend,

- wenn während der Präsentation ins Internet oder Intranet verzweigt werden soll,
- wenn Daten und Abläufe während der Präsentation zu verändern oder zu aktualisieren sind,
- wenn Personen an der Präsentation beteiligt werden sollen, deren persönliche Anreise nicht möglich oder nicht wirtschaftlich wäre,
- wenn die besonderen Chancen digitaler Peripheriegeräte wie elektronisches Whiteboard oder Dokumentenkamera genutzt werden sollen.

Eignung für die Zielgruppe

Ihre Medien müssen genauso wie die übrigen Elemente der Präsentationsstrategie positiv auf das Publikum wirken. Zwei Fragen helfen Ihnen hierbei, Fehlentscheidungen zu vermeiden:

- Welche Präsentationsmedien sind meinen Zuhörern (vermutlich) vertraut? Setzen Sie im Zweifel auf diejenigen Medien, die Ihre Zuhörer bei ihren Präsentationen selbst einsetzen würden. Ähnliches gilt, wenn der Computer zur täglichen Arbeitsumgebung der Zuhörer gehört.
- Welche Medien und welche Qualitätsstandards haben sich in der betreffenden Branche herausgebildet? In Hightech-Unternehmen können Sie eine größere Akzeptanz für elektronische Präsentationen voraussetzen als in traditionellen Branchen.
- Welche Medien und welche Qualitätsstandards haben sich in dem Kulturkreis herausgebildet, in dem ich präsentieren will?

Allgemein gilt

Die Lücke zwischen den Medien, die Sie einsetzen, und den Medien, die der Kunde selbst einsetzt, darf nicht zu groß werden. Beschaffen Sie sich daher im Vorfeld Ihrer Präsentation Informationen über die Präsentationskultur des Kunden. Welche Do's und Dont's sind hierbei zu bedenken?

Eignung als Kurzzeit- oder Dauermedium

Computerbildschirm und Overhead sind typische Kurzzeitmedien. Die Bilder werden gezeigt, erklärt und verschwinden nach kurzer Zeit (daher: Kurzzeitmedium). Aus diesem Grunde ist in der Regel ein ergänzendes Hilfsmittel notwendig, das es erlaubt, bestimmte Informationen über längere Zeit zu zeigen. Typische Dauermedien sind Flipchart, Whiteboard und Pinnwand. Prüfen Sie daher, welche Kombination aus Kurzzeit- und Dauermedien für Ihren Präsentationsanlass und die erwartete Gruppengröße in Frage kommt.

Eignung für Dramaturgie und Interaktion

Die Qualität Ihrer Beziehung zum Zuhörer leidet, wenn Sie als Vortragender durch die Technik zu sehr in den Hintergrund gedrängt werden. Ihr

Auftreten und Ihre Persönlichkeit sind wichtiger für die Vertrauensbildung als eine Powerpoint-Präsentation. Der Technikeinsatz ist im Allgemeinen nur insoweit sinnvoll, als Ihre persönliche Ausstrahlung, Flexibilität und die emotionale Beziehung zum Kunden nicht eingeschränkt werden. Präsentationsmedien haben grundsätzlich nur unterstützenden Charakter.

Wählen Sie Ihren Medien-Mix so aus, dass Sie auf alle Eventualitäten eingestellt sind. Es kann beispielsweise didaktisch oder dramaturgisch geboten sein,

- ad hoc einen schwierigen Sachzusammenhang zu erklären oder Wortbeiträge aus dem Auditorium zu sammeln. Flipchart und Whiteboard sind hier bei Gruppengrößen bis zu 30 Personen taugliche Hilfsmittel.
- einen Informationsmarkt zu visualisieren. Pinnwände oder Magnettafeln eignen sich, um eine Serie von Flipchart-Blättern oder große Bildtafeln aufzuhängen und zu zeigen.
- eine Computerpräsentation zu unterbrechen, um am Flipchart oder Tageslichtprojektor eine spezielle Frage zu erläutern (s.o.).

Eignung für die eigene Persönlichkeit

Besser eine brillante Präsentation am Flipchart als eine dilettantische Darbietung am Computer. Das eingesetzte Medium muss zur Persönlichkeit des Vortragenden passen. Das entscheidende Kriterium bleibt in jedem Fall, das Auditorium zu überzeugen. Ob dies gelingt, hängt mehr von Ihrer Persönlichkeit, Ihrem persönlichen Auftreten und Ihrer Argumentationsstrategie ab als von den eingesetzten Medien. In vielen Fällen eignet sich auch eine Teampräsentation, um das rhetorische Können einer Person mit den multimedialen Fähigkeiten einer anderen Person zu verbinden.

Auf mittlere Frist rate ich allerdings dringend dazu, die notwendige Sicherheit im Umgang mit Powerpoint zu erwerben. Qualifizierte Seminare und Coachings erleichtern Ihnen diesen Weg.

Eignung im Hinblick auf begrenzende Faktoren

Unter diesem Blickwinkel ist bei der Medienauswahl zu prüfen,

- inwieweit die Medien in der Vorbereitungszeit bereitgestellt werden können,
- inwieweit die Charts in der zur Verfügung stehenden Zeit hergestellt werden können,
- inwieweit der Medieneinsatz finanziert werden kann.

IX Präsentation nachbereiten

Im Mittelpunkt dieser Rückschau stehen vier Fragen:

- Was ist nach der Präsentation zu tun?
- Welche Kundeninformationen habe ich gewonnen?
- Wie sind die Gruppe und das Gruppenverhalten einzuschätzen?
- Wie kann ich die Qualität zukünftiger Präsentationen verbessern?

Was ist nach der Präsentation zu tun?

Wegen der Vergessenskurve sollte sich die Nachbereitung möglichst unmittelbar an Ihre Präsentation anschließen. Die Folgeaktivitäten im Anschluss an Präsentationen hängen vom Ziel, vom Sachthema und von den Reaktionen des Auditoriums ab. Häufig werden in der Diskussionsphase einer Präsentation *Folgeaktivitäten* angesprochen. Bei Kundenpräsentationen wird dabei die Initiative eher vom Zuhörerkreis ausgehen. Bei anderen Anlässen wie zum Beispiel bei Präsentationen vor eigenen Mitarbeitern wird der präsentierende Vorgesetzte selbst Folgevereinbarungen anregen oder zu solchen motivieren.

Bei *Überzeugungspräsentationen* können Sie sich etwa diese Fragen stellen:

- Welche Informationen wünscht der Kunde im Nachgang zu der Präsentation?
- Welche Produktmerkmale und Nutzenargumente waren aus der Sicht des Kunden besonders interessant?
- Wo konkret signalisierten die Anwesenden Zustimmung, wo Widerspruch?
- Inwieweit habe ich neue Erkenntnisse gewonnen über den konkreten Bedarf, über Entscheidungskriterien und die Situation des Kunden?
- Welchen Teilnehmern habe ich ergänzende Informationen zugesagt?
- Inwieweit sind Folgetreffen und Folgeaktivitäten vereinbart worden? Welche operativen Schritte sind zu tun?

Wenn Ihre Präsentation darauf gerichtet war, Ihre Zuhörer zu informieren *(Informationspräsentation)*, stehen naturgemäß andere Fragen im Mittelpunkt:

- Inwieweit sind die Kerninformationen verstanden worden?
- Inwieweit zeigten die Zuhörer Akzeptanz oder Widerspruch?
- Welche Fragen wurden gestellt, wie war der Meinungstrend?
- Gibt es Wissensdefizite, die durch ergänzende Informationen ausgeglichen werden können?
- Inwieweit sind Folgeaktivitäten mit den Zuhörern vereinbart worden?
- Plane ich weitere Schritte, die mit der Weiterführung des Themas zu tun haben?

Die Aktionen im Anschluss an Ihre Veranstaltung leisten einen zusätzlichen Beitrag, um Ihre Präsentationsziele oder übergeordnete Unternehmensziele zu erreichen.

Mögliche Aktionen sind zum Beispiel:

- E-Mails mit ergänzenden Informationen,
- Telefonate oder persönliche Gespräche,
- Besprechungen im eigenen Team,
- Erarbeitung und Versand bestimmter Unterlagen (Angebote, technische Berechnungen, Broschüren, Preiskalkulationen usw.),
- Folgeveranstaltungen (Präsentationen, Gespräche, Besprechungen …).

Welche Kundeninformationen habe ich gewonnen?

Dieser Punkt knüpft an Ihren vorbereitenden Überlegungen zur Situations- und Zuhöreranalyse an (siehe Kapitel V, 2). Während Sie im Vorfeld der Präsentation häufig auf Vermutungen und Spekulationen angewiesen waren, haben Sie nun die Chance, die Informationsbasis zu verbessern und zu aktualisieren.

Wichtige Fragen sind:

- Inwieweit habe ich ergänzende und neue Informationen über die Erwartungen und Ziele des Kunden erhalten? (Was sind seine Entscheidungskriterien, seine brennenden Probleme und Bedürfnisse?)
- Inwieweit habe ich ergänzende und neue Informationen über die Vorkenntnisse und Einstellungen der Zuhörer erhalten? (Bei Kundenpräsentationen: Wie stehen die Zuhörer zu unserem Unternehmen, zum Angebot, zum Wettbewerb?)

- Inwieweit habe ich ergänzende und neue Informationen über den persönlichen Bereich und die Persönlichkeitsstruktur der Zuhörer erhalten?
- Inwieweit passten die eingesetzten Medien zur Erwartungshaltung des Kunden?
- Inwieweit habe ich (bei Kundenpräsentationen) Informationen über dessen unternehmerische Strategie, relevante Marktentwicklungen und Trends erhalten?

Wie sind die Gruppe und das Gruppenverhalten einzuschätzen?

Die Dynamik einer Gruppe lässt sich niemals mit Gewissheit voraussagen. Insofern bleibt auch bei akribischer Vorbereitung stets ein Restrisiko. Daher ist es besonders wichtig, Erfahrungen im Umgang mit Gruppen zu sammeln und den Blick für das Gruppenverhalten zu schärfen.

Relevante Fragen sind:

Wie verhielten sich Entscheider und andere Schlüsselpersonen?
- Wer war der informelle Führer in der Gruppe?
- Inwieweit ist es gelungen, ein gutes Klima aufzubauen?
- Welche sachlichen Einwände und Fragen waren schwer zu beantworten?
- Gab es unsachliche Spielarten oder Fangfragen? Wenn ja, welche?
- Welche Rolle spielte der Wettbewerb in der Diskussion?
- Habe ich Konflikte zwischen Teilnehmern beobachten können?
- Zu wem habe ich einen „guten Draht“ aufbauen können?
- Mit wem werde ich Kontakt halten/Kontakte ausbauen?
- Mit wem war es schwierig? Warum?

Wie kann ich die Qualität zukünftiger Präsentationen verbessern?

Um das eigene Präsentationsverhalten weiterzuentwickeln, ist es hilfreich, alle Determinanten zu durchdenken, die den Verlauf und das Ergebnis der Präsentation beeinflusst haben. Bemühen Sie sich darum, Positives zu verstärken und Schwierigkeiten als Lernchance zu betrachten.

Prüffragen zur Qualitätskontrolle:

- Wenn ich die gesamte Präsentation Revue passieren lasse: Was ist gut gelaufen? Was will ich verbessern?
- Wie habe ich mich während der Phasen Einleitung, Hauptteil, Schluss und Diskussion gefühlt?
- Inwieweit habe ich mein Lampenfieber in den Griff bekommen?
- Inwieweit bin ich zufrieden mit der Vorbereitung meines Auftritts, mit Vortrag und Diskussion sowie mit dem Medieneinsatz?
- An welchen Stellen der Präsentation zeigte der Zuhörerkreis besonderes Interesse?
- An welchen Stellen kam Kritik?
- Inwieweit konnte ich Einwände und Fragen überzeugend beantworten (siehe Kapitel III)?
- Wie sind meine Schaubilder und Grafiken angekommen?
- Inwieweit ist es gelungen, die Aufmerksamkeit der Zuhörer auf hohem Niveau zu halten?
- Inwieweit habe ich den zeitlichen Rahmen einhalten können?

Die Beantwortung dieser Fragen hilft Ihnen, konkrete Vorsätze für die nächste Präsentation zu formulieren. Vergessen Sie dabei nicht, Ihr Selbstbild mit dem Fremdbild (wie Ihr Auditorium Sie wahrnimmt) in Einklang zu bringen. In vielen Fällen können Sie Kollegen oder Teilnehmer, die Sie gut kennen, um eine ehrliche und offene Rückmeldung bitten. Wie Sie dabei am besten vorgehen und welche Maßnahmen zudem geeignet sind, Ihr Präsentationsverhalten nachhaltig zu verbessern, erfahren Sie im letzten Kapitel.

X Transferhilfen
Wie setze ich meine Vorsätze im Alltag um?

„Wenn ich einen Tag nicht übe, merke ich es,
wenn ich zwei Tage nicht übe, merken es meine Kritiker,
wenn ich drei Tage nicht übe, merkt es mein Publikum.“
Ignacy Jan Paderewski (Pianist)

In diesem Buch haben Sie sicherlich eine Reihe nützlicher Erkenntnisse und Tipps gefunden, die Sie in Ihre Praxis umsetzen wollen. Nun stehen Sie vor der Frage, wie Sie am besten vorgehen, um das Neue mit Erfolgsaussicht anzuwenden. Einen Teil der Praxishilfen werden Sie bei Bedarf relativ leicht umsetzen können. Dies gilt vor allem für Empfehlungen, die sich auf die Vorbereitung der Inhalte, den Aufbau Ihrer Präsentationen oder auf Visualisierung und Medieneinsatz beziehen. Schwieriger ist es, die Anregungen zur Förderung der persönlichen Überzeugungswirkung bei Präsentationen nachhaltig zu verbessern und sich dabei aus eingefahrenen Denk- und Handlungsabläufen zu lösen.

Dieses Kapitel zeigt Ihnen in vier Abschnitten, wie Sie Ihr Präsentationsverhalten zielgerichtet und nachhaltig verbessern können:

Auf einen Blick:

- Eigene Stärken und Verbesserungspotenziale erkennen
- Praxistipps zur Verhaltensverbesserung im Alltag

Bei der Bestandsaufnahme Ihrer aktuellen Präsentationstechnik können Sie sich an den Kapiteln und Qualitätskriterien von Buch und CD-ROM orientieren. Notieren Sie alle innovativen Ideen, die zur Verbesserung Ihrer eigenen Präsentationen in Frage kommen. Prüfen Sie darüber hinaus, inwieweit die Inhalte geeignet sind, die Präsentationskultur Ihres Teams oder Ihres Unternehmens weiterzuentwickeln.

Wer seine persönlichen Stärken und Schwächen erkennen will, benötigt Informationen darüber, *wie er auf andere wirkt.* Diese Frage kann man nicht durch Selbstanalyse beantworten. Es ist vielmehr notwendig, das Selbstbild (Wie nehme ich mich selbst wahr?) mit dem Fremdbild zu vergleichen (Wie nehmen mich die anderen wahr?). Meine Erfahrungen in Seminaren und Coachings zeigen immer wieder, dass die Selbsteinschätzung meistens schlechter ausfällt als die Einschätzung von anderen.

Unverzichtbar ist daher eine offene und ehrliche Rückmeldung (= Feedback) von anderen. Die Schlüsselfrage: Wie werden Ihr Auftreten, Ihr Sprechen und Präsentieren, Ihr Umgang mit den Medien sowie Ihre Art mit Einwänden und Kritik umzugehen von den Zuhörern wahrgenommen und bewertet?

Diese zwischenmenschlichen Zusammenhänge und die Funktion des Feedbacks lassen sich recht anschaulich mit Hilfe des „Johari-Fensters" (siehe Abbildung 36) erläutern. Die Psychologen Joseph Luft und Harry Ingham haben dieses Fenster konzipiert, daher das Kunstwort *Johari.*

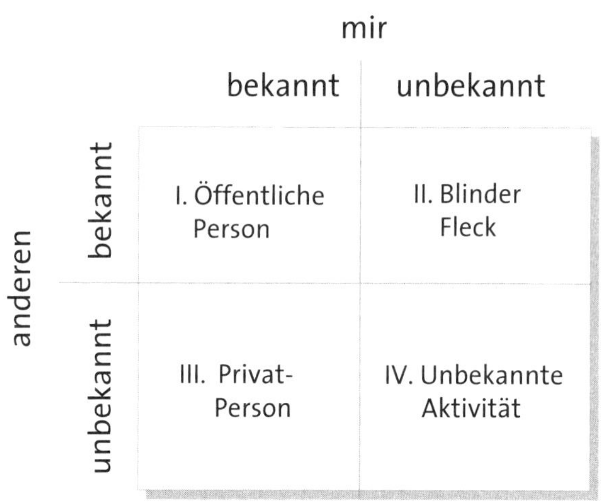

Abbildung 36: Johari-Fenster

Die vier Bereiche im Einzelnen:

Bereich I: „Öffentliche Person“
Dies ist der Bereich Ihrer Person, der Ihnen selbst *und* den anderen bekannt ist. Nach der ersten Präsentation bei einem Neukunden ist dieser Bereich noch klein. Wenn Sie über regelmäßige Kontakte eine vertrauensvolle Beziehung zum Kunden aufgebaut haben, wird dieser Bereich relativ groß sein. Sie haben dann einen großen Teil Ihrer Person für den Kunden öffentlich gemacht.

Bereich II: „Blinder Fleck“
Dieses Feld umfasst den Anteil unseres Verhaltens, der uns selbst unbekannt ist, den die anderen jedoch recht deutlich wahrnehmen. Beispiel: Während der Präsentation zeigen Sie Verlegenheitsgesten und sprechen gleichförmig ohne Modulation. Diese Verhaltensmuster haben beim Publikum einen negativen Eindruck hinterlassen. Ihnen ist dieses Verhalten bisher nicht bewusst gewesen.

Feedbackgespräche bieten Ihnen die Möglichkeit, Ihren blinden Fleck zu verkleinern. Bitten Sie Menschen Ihres Vertrauens, Ihnen ehrlich und offen zu sagen, wie sie Ihr Verhalten erleben. Dieses Feedback ist im Zusammenspiel mit einer Videokontrolle eine unverzichtbare Hilfe, um zu einer realistischen Selbsteinschätzung zu gelangen.

Wer kann Ihnen ehrlich und offen Feedback geben?

- Ehefrau/Ehemann, Freunde, Bekannte
- Kollegen, Vorgesetzte, Mitarbeiter, Sekretärin
- Trainer und Teilnehmer in Seminaren
- Berater und Coaches
- Teilnehmer Ihrer Präsentationen
- Mitglieder der eigenen Delegation und Dolmetscher (im internationalen Geschäft)

Bereich III: „Privatperson“
Dies ist derjenige Teil Ihrer Persönlichkeit („Private Person“), der Ihnen bekannt ist, den Sie aber vor anderen verbergen. Zu diesem Bereich gehören beispielsweise „heimliche Wünsche“ oder „empfindliche Stellen“, über die wir nicht gern sprechen. So werden Sie beim Präsentieren vermutlich darauf achten, Wissenslücken, Produktmängel oder Redehemmungen zu

verbergen. Analog wird ein erfahrener Verkäufer in Kundengesprächen durchgängig positiv argumentieren und nicht über Schwachstellen der eigenen Produkte sprechen.

Bereich IV: „Unbekannt“
Dies ist einmal das Feld des „Unterbewussten“, das zum Beispiel verdrängte Ereignisse oder Handlungen der eigenen Lebensgeschichte beinhalten kann. Zum anderen gehören dazu auch latente Begabungen und Fähigkeiten, die noch nicht in Erscheinung getreten sind. Diese Facetten Ihrer Person sind weder Ihnen noch anderen bekannt. Verborgene Talente und ungenützte Begabungen sind Beispiele hierfür. So ist möglicherweise ein Abteilungsleiter ein begabter Trainer, er hatte aber im Rahmen seiner bisherigen Tätigkeiten noch nie Gelegenheit, seine pädagogischen Talente in Seminaren zu zeigen. Infolgedessen kennen weder er selbst noch seine Vorgesetzten und Mitarbeiter seine Begabung hierfür.

2 Das Präsentations*verhalten* nachhaltig verbessern

Ausgehend von der Stärken-Schwächen-Analyse geht es nun darum, konkrete Aktionen zu planen, um persönliche Stärken auszubauen und Schwachstellen zu überwinden. Wichtig ist hier, dass Sie sich erreichbare Lernziele setzen, die Erfolgserlebnisse ermöglichen. Erfolgserlebnisse sind unverzichtbar, weil sie die Motivation verstärken, das Neue weiterzuverfolgen. Wichtige Ansatzpunkte zur nachhaltigen Verbesserung des Präsentations*verhaltens* sind:
- Anwendungspläne erstellen,
- mit Erinnerungsstützen arbeiten,
- das Neue im Alltag anwenden und, falls nötig,
- kleine Übungen in den Alltag integrieren.

Anwendungsplan erstellen

Notieren Sie Ihre Lernziele und Vorsätze in einem Anwendungsplan. Beschränken Sie sich dabei auf maximal drei Trainingsziele. Achten Sie darauf, dass die zuerst ausgewählten Ziele eine hohe Erfolgswahrscheinlichkeit haben. Wenn Sie ein Teilziel erreicht haben, aktualisieren Sie Ihren Trainingsplan, indem Sie jeweils das folgende Ziel aus Ihrer Rangreihe an die Stelle des bereits erreichten Zieles setzen.

Ein differenziertes Beispiel finden Sie in der Abbildung 37. Es empfiehlt sich, für die einzelnen Vorsätze konkrete Zeitziele einzutragen (*Wann beginnen?* und *Wann Erfolgskontrolle?*). Bei bestimmten Aktionen ist es zudem sinnvoll, in der Spalte *„Mit wem und wie?"* Personen (Teammitglieder, Lernpartner ...) zu notieren, die für die Realisierung der betreffenden Aktion wichtig sind oder beim Transfer helfen können. Falls Sie beispielsweise in Zukunft die Dramaturgie bei Powerpoint Präsentationen verändern wollen, müssen diese Vorhaben vermutlich mit dem Vorgesetzten und anderen Teammitgliedern abgestimmt sein.

Vorsätze/Aktionen	**Wann beginnen?**	**Wann Erfolgskontrolle?**	**Mit wem und wie?**
Für Charts/Schaubilder			
1. Individuelle Checkliste für Charts erstellen	5. Febr.	15. Febr.	Dr. Schneider
2. Bildschirmpräsentationen XY überarbeiten	20. Febr.	Mitte März	Herr Müller (IT-Abteilung)
3. Fotos und Videoclips von Referenzprojekten sammeln	Sofort mit Vorg. besprechen	Mitte des Jahres	Im Team
Für Vortrag			
1. Übung 1 durchführen (aus dem Übungsplan des Buches)	Heute 19.30 bis 19.54 Uhr	Sofort	Allein (Tonband)
2. Standort bewusst wechseln	Nächste Präs.	Nach Präs.	Kollege *Reiner* (Pers. Feedback)
3. Folien „inszenieren"	Nächste Präs.	Nach Präs	Kollege *Reiner* (Pers. Feedback)
4. Geschichten in Storytelling-Logbuch sammeln (Excel-Datei aufbauen)	Sofort	Nach Präs.	Zusammen mit Kollege *Reiner*

Abbildung 37: Muster für einen Anwendungsplan

Beschränken Sie sich auf *wenige* Aktionen und Trainingsziele und achten Sie darauf, dass die zuerst ausgewählten (vermutlich) eine hohe Erfolgswahrscheinlichkeit haben. Wenn Sie ein Teilziel erreicht haben, aktualisieren Sie Ihren Trainingsplan, indem Sie ein neues Ziel an die Stelle des erreichten setzen.

Wenn Sie eine umfassende Qualitätsverbesserung Ihrer Präsentationen und Vorträge anstreben, ist es ratsam, alle Lernfelder auf Verbesserungspotenziale hin zu analysieren. Dabei hilft Ihnen der im Ordner „Checklisten" enthaltene strukturierte Anwendungsplan.

Bei Lernvorsätzen, die mit nachhaltigen Verhaltensverbesserungen im rhetorischen und dialektischen Bereich zu tun haben, ist es unverzichtbar, Erinnerungsstützen und Feedback von anderen sowie Übungsphasen zu installieren, um die erwünschten Ziele zu erreichen. Machen Sie sich stets bewusst, dass Ihr aktuelles Verhalten das Ergebnis einer langen Lerngeschichte ist. Daher sind neben Ihrer persönlichen Motivation (Willensstärke) die nachfolgenden Transferhilfen unverzichtbar, um erfolgreich zu sein.

Mit Erinnerungsstützen arbeiten

Damit Sie Ihr Trainingsvorhaben nicht vergessen, ist es ratsam, schriftliche und symbolische Merkhilfen zu nutzen. Sonst gilt der Satz: „Aus den Augen, aus dem Sinn!" Schaffen Sie daher die Voraussetzungen dafür, dass Ihr Gehirn Ihre Lernvorsätze nicht vergisst.

Sie können zum Beispiel mit Merkzettelchen oder Klebepunkten arbeiten oder sich durch Outlook mit System an Ihre persönlichen Lernziele erinnern lassen.

Konkrete Empfehlungen:

Bringen Sie Merkzettelchen oder Klebepunkte dort an, wo Sie häufig hinschauen, also zum Beispiel in der Brieftasche, auf dem Schreibtisch, in der Dokumentenmappe, auf dem Rahmen der Schutzhüllen, im Zeitplanbuch, im Autocockpit. Im Allgemeinen genügt es, die einzelnen Trainingsziele in einem Wort oder einem Symbol zu notieren (siehe hierzu Übung 14 auf der CD-ROM).

Eine weitere Möglichkeit, der Vergessenskurve ein Schnippchen zu schlagen, besteht darin, ein „persönliches Projekt" zum Thema Rhetorik/Dialektik zu definieren und sich mit Outlook oder einer vergleichbaren Software an die persönlichen Lernvorsätze erinnern zu lassen. In unseren Seminaren und Coachings haben wir sehr gute Erfahrungen mit diesem Häufigkeitsschema gemacht:

- In den ersten 8 Wochen lassen Sie sich an jedem Arbeitstag an Ihre Vorsätze erinnern (Schema: 8 x 5).
- In den folgenden 4 Wochen lassen Sie sich drei Tage an Ihre Vorsätze erinnern (Schema 4 x 3).
- In der Folgezeit erinnert Sie Outlook einmal pro Woche an Ihre Vorsätze, und zwar so lange, bis Sie das erwünschte Präsentationsverhalten

beherrschen. Wenn Sie Ihre Lernziele erreicht haben, ist Ihr Verhalten – wie es die Pädagogik ausdrückt – habituiert. Sie beherrschen dann die erwünschte Fähigkeit, zum Beispiel Storytelling, eine positive und engagierte Gestik oder Folien zu inszenieren. Je nach Bedarf kann auch die freie Rede oder die Fähigkeit, mit schwierigen Einwänden oder Störungen gekonnt umzugehen, zu den Lernvorhaben gehören.

Erinnerungsstützen können nachhaltige Verhaltensänderungen begünstigen. Sie können aber nicht die entscheidende Voraussetzung für den Erfolg ersetzen, nämlich Übung und Anwendung im Alltag.

Das Neue im Alltag üben und anwenden

„Begabungen können sich nur zeigen, wenn man sie auf die Probe gestellt hat" – so Wolfgang Johann von Goethe vor etwa 200 Jahren. Dieser pädagogische Grundsatz ist nach wie vor gültig. Suchen Sie Gelegenheiten, um das Neue anzuwenden, zu wiederholen und zu üben: Jede Präsentation, jeder Vortrag, jede Besprechung ist geeignet, Ihre Überzeugungskraft und Präsentationstechnik weiterzuentwickeln und aus Fehlern zu lernen. Lassen Sie sich dabei nicht durch negative innere Dialoge oder Redehemmungen blockieren. Setzen Sie im Zweifel auf Handeln, denn Handeln besiegt Angst und bringt neue Erfahrungswerte.

Ergreifen Sie die erstmögliche Chance, Ihren Vorsatz durchzuführen. Vorsätze teilen Ihrem Gehirn ein neues „Verhaltensmuster" mit, allerdings nicht, wenn sie getroffen werden, sondern erst, wenn sie Auswirkungen im Alltag haben. Ohne Erfolgserlebnisse wird es nicht gelingen, die erwünschten Verhaltensweisen aufzubauen und auf Dauer zu festigen.

Kleine Übungen in den Alltag integrieren

Es gibt eine Reihe bewährter rhetorischer Übungen, die Sie bei Bedarf in Ihren Alltag einfügen können. Diese Übungen können Sie allein oder zusammen mit einem oder mehreren Lernpartnern durchführen. Ein Tonbandgerät oder eine Videoanlage erleichtert Ihnen die Selbstkontrolle und die schrittweise Verbesserung Ihrer rhetorischen Fähigkeiten.

Das Übungsprogramm dieses Buches auf der CD-ROM ist dreigeteilt. Im Bereich A können Sie Ihre *Vortragstechnik* trainieren. Der Teil B ist darauf gerichtet, Ihre *persönliche Wirkung* zu fördern. Hier finden Sie auch Vorschläge für visuelle Merkstützen und Erinnerungshilfen. Die *dialektischen Übungen* in der Rubrik C haben zum Ziel, den Umgang mit schwierigen Gesprächspartnern und Störungen zu trainieren.

Die CD-ROM als Transferhilfe einsetzen

Die beigefügte CD-ROM unterstützt die Anwendung des Präsentations-Know-hows in vielfältiger Weise, insbesondere wenn Sie unter Zeitdruck stehen:

- Mit Hilfe der Powerpoint-Präsentationen können Sie sich relevante Empfehlungen rasch bewusst machen. Beispielsweise zu den Themen „Auftritt“, „Interaktion“ oder „Tipps und Tricks für Powerpoint.“
- Differenzierte Checklisten zu den Schlüsselthemen des Präsentierens sind im Ordner „Checklisten“ verfügbar. Sie helfen ebenfalls, Zeit zu sparen, und fassen – didaktisch aufbereitet und nach Kapiteln gegliedert – die Kerninformationen zusammen.
- Der Ordner „Aufbaupläne“ enthält Strukturierungshilfen für wichtige Präsentationsanlässe. Diese helfen Ihnen, die darzustellenden Inhalte auch unter Zeitdruck rasch in eine präsentable Form zu bringen.
- Die Firmenpräsentationen namhafter Unternehmen geben Ihnen zusätzliche Anregungen.
- Kommentierte WWW-Links zu den Schlüsselthemen dieses Buches eröffnen Ihnen die Chance, zusätzliche Informationen im Internet zu finden, um die Qualität Ihrer Präsentationen zu optimieren.

Mit der CD-ROM haben Sie einen umfassenden Ratgeber zur Präsentationstechnik stets dabei und können – auch auf Reisen – in kurzer Zeit alle relevanten Informationen auf Knopfdruck finden. Die anwenderfreundliche Menüführung kommt diesem Ziel entgegen.

Chancen des Seminarlernens nutzen

Die Teilnahme an Seminaren bietet – hohe pädagogische und inhaltliche Qualitätsstandards vorausgesetzt – eine Reihe zusätzlicher Chancen: Sie erhalten Gelegenheit, unter fachlicher Anleitung beispielsweise praxisbezogene Präsentationen zu simulieren, Neues zu erproben, Erfahrungen mit anderen Teilnehmern auszutauschen und durch Feedbackgespräche und Videokontrolle Ihren „blinden Fleck“ zu verkleinern.

Unabhängig davon, ob Sie rhetorisches oder dialektisches Know-how aus einem Buch, einem Seminar oder aus Gesprächen mit Fachleuten beziehen, beachten Sie bei der Weiterentwicklung Ihrer Überzeugungsfähigkeiten stets, dass Sie sich treu bleiben. Sie sind am überzeugendsten, wenn Sie eine positive Einstellung zu sich selbst haben, wenn Sie situationsgerecht und wesensgemäß auftreten, wenn Sie sich mit Ihrem Thema identifizieren und wenn Sie wertschätzend mit Ihren Zuhörern umgehen.

Suchen Sie sich aus dem Angebot dieses Ratgebers diejenigen Empfehlungen heraus, die zu Ihren beruflichen Situationen, Ihren Zielen und zu Ihrer Persönlichkeit passen. Bei der Umsetzung der für Sie relevanten Inhalte helfen die vorgeschlagenen Maßnahmen zur Transferförderung. Unverzichtbar sind dabei vor allem eine realistische Stärken-Schwächen-Analyse, ehrliches Feedback von anderen sowie die Bereitschaft, das Neue im Alltag anzuwenden. Übung im Alltag ist durch nichts zu ersetzen. Dieses Motto gilt in besonderer Weise für Ihre Vorsätze im Verhaltensbereich, wenn Sie beispielsweise den Wunsch haben, Ihre Körpersprache, Sprechtechnik oder Dramaturgie zu verändern, Storytelling verstärkt zu nutzen oder mit schwierigen Gesprächspartnern besser zurechtzukommen.

„Präsentieren Sie einfach" – Diese Aufforderung im Buchtitel gilt für Stegreifvorträge genauso wie für vorbereitete Präsentationen. Einfachheit ist das Erfolgsrezept: für Vorträge mit Medienunterstützung und gleichermaßen für die freie Rede. Ziel jeder Präsentation muss es sein, Botschaften kurz, prägnant und klar darzustellen. Deshalb heißt es in den CD-Richtlinien bei DaimlerChrysler: *Einfach ist einfach besser.*

Bei Ihren Vorträgen und Präsentationen wünsche ich Ihnen viele Herausforderungen, die Ihre Begabungen auf die Probe stellen. Möge es Ihnen immer häufiger gelingen, sich auf Ihre Auftritte zu freuen und Lampenfieber als Kraftquelle zu betrachten. Dann haben Sie die beste psychologische Voraussetzung, beim Sprechen vor Publikum „Flow" zu erleben. Das Besondere des Flow-Zustands: Sie sprechen einfach – ohne Ängste und Blockaden. Sie treten selbstbewusst und authentisch auf. Sie wissen: Ich habe eine Botschaft, die für das Publikum wichtig ist.

Rhetorisches Know-how und Präsentationstechniken dieses Buches helfen Ihnen, die Erwartungen Ihrer Zuhörer zu erfüllen oder gar zu übertreffen. Das Publikum wünscht sich nämlich Dialog mit dem Vortragenden und eine hirnfreundliche Präsentation. In jeder Hinsicht. Leitende Maxime sollte sein, selbstüberzeugt, verständlich und anschaulich zu sprechen. Nutzen Sie dabei plastische Beispiele und Geschichten aus der Erfahrungswelt der Zuhörer. Dies sichert einen kurzweiligen Präsentationsstil und hält die Spannung auf einem hohen Niveau. Schließlich freut sich Ihr Publikum, wenn Sie Ihre Botschaften gekonnt personalisieren und Ihrem Unternehmen dadurch ein freundliches und glaubwürdiges Gesicht geben.

Ich hoffe, dass Ihnen das angebotene Know-how hilft, die Qualität Ihrer Präsentationen nachhaltig zu verbessern und Ihre Präsentationstechnik zu einem persönlichen Alleinstellungsmerkmal zu entwickeln.

Eine lange Reihe von Erfolgserlebnissen
wünscht Ihnen
Ihr

Albert Thiele

Gern beantworte ich Ihre Fragen zu Seminaren oder Coachings wie auch zu weiterführenden Themen. Über Ihr Feedback zum Buch und zur CD-ROM würde ich mich besonders freuen: Was hat Ihnen gefallen, was sollten wir in Zukunft besser machen?

Was sich überhaupt sagen lässt,
kann man klar und deutlich sagen,
und über Dinge, über die man nicht sprechen kann,
muss man schweigen.“
Ludwig Wittgenstein

Serviceteil

Hinweise zur Arbeit mit der CD-ROM

Die beiliegende CD verfügt über einen Startprozess (Autoplay), der die Startseite automatisch in Ihrem bevorzugten Browser (Internet Explorer, Firefox o. Ä) öffnet. Sollten Einstellungen in Ihrem System diesen Vorgang unterdrücken oder nicht vorsehen, öffnen Sie bitte die Datei index.html, z.B. durch Doppelklick, um zu dieser Startseite zu gelangen.

Die Links auf dieser Seite führen Sie direkt zu den Präsentationen im Powerpoint-Format und zu den PDF-Dokumenten, die auf der CD-ROM gespeichert sind. Zur Anzeige der Präsentationsdateien wird entweder eine installierte Version der Präsentationssoftware „Microsoft PowerPoint" oder das kostenlos verfügbare Anzeigeprogramm „Microsoft PowerPoint Viewer" benötigt. Die PDF-Dateien können Sie mit dem kostenlosen „Adobe Acrobat Reader" betrachten.

Die Präsentationen sind schreibgeschützt. Je nach Browser kann es zu einer Kennwortabfrage kommen. Bitte klicken sie deshalb auf „Schreibgeschützt", wenn Sie nach dem Kennwort gefragt werden.

Stichwortverzeichnis

Literatur

Atkinson, C.: Erzählen statt aufzählen. Neue Wege zur erfolgreichen PowerPoint-Präsentation. Unterschleißheim 2005.

Atkinson, C. ;Mayer, R.E.: Five Ways to Reduce PowerPoint Overload. 2004.

Behrens, M.: Wie Unternehmer Reden schreiben. Geistreich und treffend formulieren. Frankfurt am Main 2003.

Berckhan, B.: Die etwas intelligentere Art, sich gegen dumme Sprüche zu wehren. München 2001.

Bierschenck, Burkhard, P. (Hrsg.): Der Seminaranbieter: Wertvolle Tipps und Checklisten für Einsteiger und Fortgeschrittene. München 1999.

Bilinski, W.: Rhetorik – Das Trainingsbuch. München 2006.

Blenk, D.: Inhalte auf den Punkt gebracht. 115 Kurzgeschichten für Seminare und Trainings. Weinheim – Basel 2003.

Bruhn, M.; Stauss, B. (Hrsg.): Dienstleistungscontrolling. Forum Dienstleistungsmanagement. Wiesbaden 2006.

Buchacher, W.; J. Wimmer: Das Seminar. Wirksam vortragen und lebendige Seminare gestalten. Wien 2006.

Carnegie, D.: Rede – interessieren, begeistern, überzeugen. Grünberg 1988.

Csikszentmihalyi, M.: Das flow-Erlebnis. Stuttgart 2005.

Fisher, R.; Ury, W.: Das Harvard-Konzept. Sachgerecht verhandeln – erfolgreich verhandeln, Frankfurt/New York 2003.

Flume, P.: Power Stories. Informieren, mitreißen und überzeugen mit PowerPoint-Präsentationen. Erlangen 2003.

Franck, N.; Stary, J.: Gekonnt visualisieren. Medien wirksam einsetzen. Utb 2006.

Frenzel, K.,; M. Müller; H. Sottong: Storytelling. Die Kraft des Erzählens fürs Unternehmen nutzen. München/Wien 2004.

Fricke, W.: Frei reden. Das praxisorientierte Trainingsprogramm. Frankfurt am. M. 2000.

Gaßdorf, D.: Lustreden. Heiterer Leitfaden für mancherlei Reden. Frankfurt a. M. 2003

Geißner, H.: Rhetorik und politische Bildung. Frankfurt a. M. 1993.

Goleman, D.: Emotionale Intelligenz. New York 1997.

Gressmann, M.; Imdahl, R.; Jehn, S.: Präsentation mit elektronischen Medien. Künzell 1999.

Handelsblatt Management Bibliothek, Band 6: Die besten Zitate und Aphorismen für Manager. Frankfurt/New York 2005.

Harnisch, C.; Birkner, M.: Perfekt präsentieren mit PowerPoint, m. CD-ROM. Vmi Buch 2004.

Harmann-Ruess, A.: Speak Limbic – Wirkungsvoll präsentieren. Göttingen 2006.

Hierhold, E.: Sicher präsentieren – wirksamer vortragen. Wien 2005.

Krämer, W.: So lügt man mit Statistik. Frankfurt – New York 2000.

Kratz, H.-J.: Wirkungsvoll reden lernen . Rhetoriktraining in 10 Schritten. Regensburg-Berlin 2006.

Kroeber-Riel, W.: Bildkommunikation. Imagerystrategien für die Werbung. München 1993.

Kushner, M.: Erfolgreich Präsentieren für Dummies. Bonn 2005.

Lowe, D.: PowerPoint 2003 für Dummies. Gegen den täglichen Frust mit PowerPoint. Landsberg 2005.

Meffert, H.; Bruhn, M.: Dienstleistungsmarketing: Grundlagen – Konzepte – Methoden. Wiesbaden 2006.

Mehrabian, A.: Silent messages: Implicit communication of emotions and attitudes (2nd ed.). Wadsworth, Belmont, California 1981.

Meyer, E.: Widmann, S.: Flip-Chart ART. Erlangen 2006.

Molcho, S.: Alles über Körpersprache. München 2002

Molcho, S.: Körpersprache des Erfolgs. München 2005.

Negrino, T.: Präsentationen mit PowerPoint. München 2005.

Nöllke, M.: Schlagfertigkeit: Das Trainingsbuch. Freiburg i. Breisgau 2002.

O'Connor; J. Seymour: Neurolinguistisches Programmieren. Freiburg 2005.

Pöhm, M.: Präsentieren Sie noch oder faszinieren Sie schon. Der Irrtum PowerPoint. Augsburg 2006.

Reusch, F.: Der kleine Hey – Die Kunst des Sprechens. Mainz 2000.

Rizk-Antonious, R.: Qualitätswahrnehmung aus Kundensicht. Wiesbaden 2002.

Rohner, E.: Taschenbuch Rhetorik. Heidelberg 2000.

Sarnoff, D.: Auftreten ohne Lampenfieber. Frankfurt - New York 1992.

Saul, S.: Führen durch Kommunikation. Weinheim - Basel 1999.

Schiecke, D.: Das Ideenbuch für kreative Präsentationen m. CD-ROM. Unterscheißheim Deutschland 2006.

Schiecke, D.; P. Bork; E. Pfeifer: Das Handbuch Microsoft PowerPoint 2003. Unterschleißheim 2006.

Schulz von Thun, F.: Miteinander reden 1 – 3, Reinbek b. Hamburg 2006.

Seifert, J. W.; S. Pattay: Visualisieren - Präsentieren – Moderieren. Speyer 2005.

Spies, S.: Authentische Körpersprache. Hamburg 2004.

Textor, A. M.: Sag es treffender. Hamburg 1985.

Thiele, A.: Wie Manager überzeugen. Ein Coaching für Ihre externe Kommunikation. Frankfurt 2005.

Thiele, A.: Argumentieren unter Stress. 6. Aufl. Frankfurt a. M. 2007.

Ueding, G.: Grundriss der Rhetorik – Geschichte, Technik, Methode. Stuttgart 2005.

Ury, W. L.: Schwierige Verhandlungen. Wie Sie sich mit unangenehmen Kontrahenten vorteilhaft einigen. Frankfurt/New York 1992.

Von Trotha, T.: Reden professionell vorbereiten. Regensburg/Düsseldorf/Berlin 2002.

Weidenmann, B.: 100 Tipps & Tricks für Pinnwand und Flip-Chart. Weinheim/Basel 2003.

Weidenmann, B.: Gesprächs- und Vortragstechnik. Weinheim/Basel 2002.

Weidenmann, B.: Handbuch Active Training. Die besten Methoden für lebendige Seminare. Weinheim/Basel 2006.

Will, H.: Vortrag und Präsentation. Für Ihren nächsten Auftritt vor Publikum. Weinheim/Basel 2006.

Wüst, P.: Self Branding für Manager. Oder die Kunst, sich besser zu positionieren. Zürich 2006.

Zelazny, G.: Wie aus Zahlen Bilder werden. Der Weg zur visuellen Kommunikation. Wiesbaden 2006.

Abbildungsverzeichnis

Bildnachweise CD-ROM:

Angela Merkel, Copyright: Bundesbildstelle

Christian Wulff, Copyright: Bea Marquardt

Günther Jauch, Copyright: RTL Television GmbH

Ranga Yogeshwar, Copyright: WDR

Der Autor

Dr. Albert Thiele ist Trainer und Coach für Führungskräfte aller Ebenen und Funktionsbereiche. Er gilt als einer der besten Präsentations- und Dialektiktrainer Deutschlands. Thiele leitet die Unternehmensberatung Advanced Training in Düsseldorf.

Advanced Training gehört seit 20 Jahren zu den führenden Anbietern in den Bereichen: Präsentationstechniken, Rhetorik und Dialektik, Gesprächsführung sowie Hörfunk- und Fernsehtraining. Mehr als 30.000 Teilnehmer konnten sich von den hohen Qualitätsstandards der Seminare überzeugen.

Für die Qualität der Seminare und Beratungen bürgen auch die Kooperationspartner von Advanced Training, die allesamt erste Referenzen und ein Studium mit wirtschaftspädagogischem, kommunikativem oder journalistischem Schwerpunkt mitbringen. Im Bereich der Fernseh- und Hörfunktrainings arbeitet Thiele mit erfahrenen Medienprofis und Journalisten zusammen, zum Beispiel Helmut Rehmsen, Ulrich Kienzle und Heiner Bremer.

Zu den Kunden gehören erste Adressen wie Bundesverband der Deutschen Industrie (BDI), VDI-Wissensforum IWB, Deutsche Bahn, Akademie Deutscher Genossenschaften (ADG), Commerzbank, WHU Otto Beisheim School of Management, Convent/F.A.Z.-Institut, RWE, ThyssenKrupp, DaimlerChrysler, BITKOM, RWTH Aachen, Deutsche Post, Haus der Technik, Deutsche Telekom.

Thiele führt seit Jahren Führungskräfte-Seminare für das F.A.Z.-Institut (Convent-Seminare) durch. Die Themen: „Überzeugend präsentieren“ und „Argumentieren unter Stress“.

E-Mail: Dr.Thiele@t-online.de
Internet: http://www.albertthiele.de